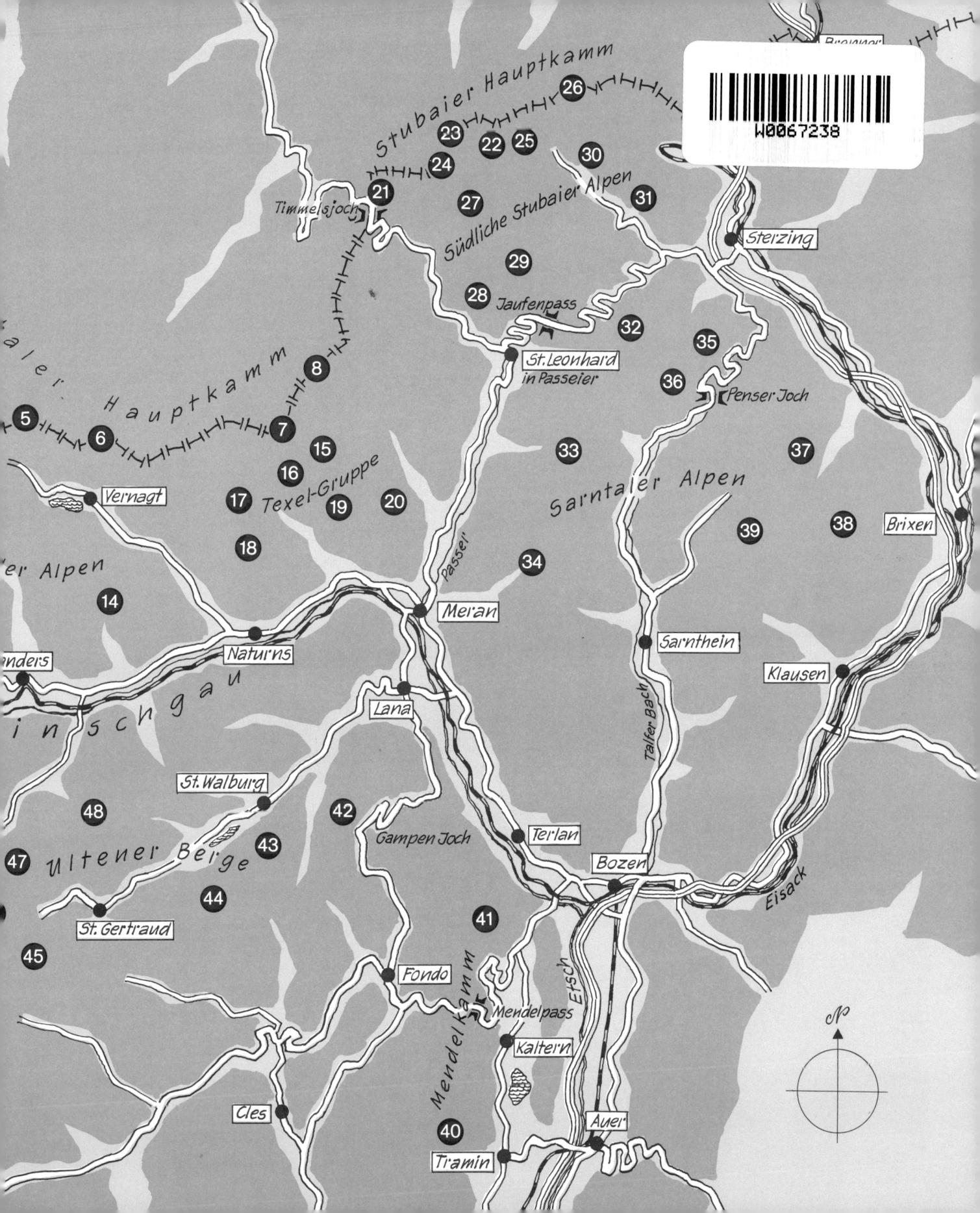

Sepp Schnürer

Südtirol zwischen Bozen und Reschen

Bergwandern und Bergsteigen

BLV Verlagsgesellschaft
München Wien Zürich

CIP-Titelaufnahme der Deutschen Bibliothek

Schnürer, Sepp:
Südtirol zwischen Bozen und Reschen:
Bergwandern u. Bergsteigen / Sepp Schnürer.
[Zeichn.: Hellmut Hoffmann]. –
2. Aufl. – München; Wien; Zürich:
BLV Verlagsgesellschaft, 1988
(BLV Kombi-Bergsteigerbuch)

1. Aufl. als: Bergsteigen in Südtirol /
Sepp Schnürer; Bd. 2
ISBN 3-405-13608-3

Literaturnachweis
Athesia-Verlag: Südtiroler Gebietsführer
Fischer/Klier: König Ortler
Dondio, Willy: Schutzhütten in Südtirol
Lehner, Wilhelm: Julius Payers Bergfahrten
Menara, Hanspaul: Südtiroler Bergtouren,
    Südtiroler Schutzhütten
Rampold, Josef: Etschtal, Vinschgau
Richter: Die Erschließung der Ostalpen
Schnürer, Sepp: Hohe Route Ostalpen
    Hohe Routen Ortler, Adamello, Brenta
Führerliteratur: Siehe Tourensteckbriefe

Zweite Auflage von
»Bergsteigen in Südtirol, Band 2«

© 1981 BLV Verlagsgesellschaft mbH,
München 1988
8000 München 40

Zeichnungen: Hellmut Hoffmann, München

Satz und Druck: Passavia Passau
Bindung: Conzella, Urban Meister, München

Printed in Germany · ISBN 3-405-13608-3

Erläuterung der Kartensymbole

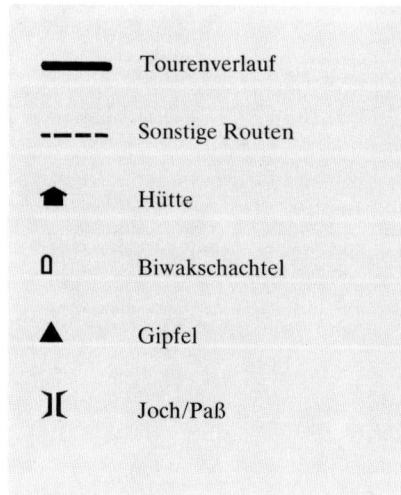

▬	Tourenverlauf
- - - -	Sonstige Routen
⌂	Hütte
◨	Biwakschachtel
▲	Gipfel
)(	Joch/Paß

*Die Empfehlung »Bergsteigen in Südtirol«
möchte für bergbegeisterte Sommerurlauber
wie ein Magnet wirken, denn wo sonst im
Ostalpenraum öffnet das Gebirge so vielver-
sprechend einen prächtigen Tourenraum, in
dem sich alle Spielarten des Alpinismus tum-
meln können.*

*Das Titelbild entstand in den Südlichen
Stubaier Alpen an der Hohen Ferse und läßt die
stille Wanderfreude ahnen, die dort auf
nicht schwierigen Gipfelrouten den Berggeher
erwartet.*

*Das Bild Seite 2/3 verweilt am Stubaier
Hauptkamm bei der Magdeburger Hütte und
lobt das Tourenerlebnis im Eis und Urgestein
des Südtiroler Hochgebirges, das mit seinen
Gletscherregionen den erfahrenen, gut ausge-
rüsteten Bergsteiger begeistert.
Die drei Bergsteiger betrachten den Aglskamm
mit der Aglsspitze (rechts) und den Abfluß des
Feuersteinferners.*

Inhaltsübersicht

Ötztaler Hauptkamm

Die Ötztaler Alpen sind der bedeutend-ste Abschnitt im prächtigen Eis- und Ur-gesteinsmosaik der Zentralalpen. Ihr Raum zwischen dem Nordtiroler Inntal, dem Südtiroler Vinschgau, dem Re-schenpaß im Westen und dem Timmels-joch im Osten gilt als die größte Massen-erhebung der Ostalpen mit der mächtig-sten Vergletscherung. Das Rückgrat der Ötztaler Alpen bildet ihr Hauptkamm (= Zentralalpenkamm), von dem lang-gestreckte, parallele Seitenkämme nach Norden zum Inntal ziehen und das Ge-birge gliedern. Der Hauptkammverlauf beginnt im Westen am Reschenpaß, sinkt im Osten zum Timmelsjoch ab und trägt seit 1920 die neue Staatsgrenze zwischen Österreich und Italien. Seine Aufwerfung ist die Wasserscheide zwi-schen dem Schwarzen Meer und der Adria, aber auch eine Wetterscheide zwischen Nord und Süd.

In diesem Tourenbuch betrachten wir den Ötztaler Hauptkamm aus der Sicht von Südtirol. Es stellt – von West nach Ost – bedeutende Gipfel vor, die aus den Nordtiroler Tälern auf allseits be-kannten, klassischen Eisrouten bestie-gen werden, aber auch aus den sonnigen Südtiroler Talschaften mit nicht weniger interessanten Anstiegen immer mehr Freunde gewinnen. Im Gegensatz zur Nordseite ist die Vergletscherung im Südabfall des Hauptkammes wesentlich geringer, zum Teil überhaupt nicht vor-handen, und ermöglicht fast eisfreie Anstiege zu einigen hohen und belieb-ten Dreitausendern. Wie der Ötztaler Hauptkamm beginnt unser Tourenbo-gen am Reschenpaß mit der aus festem Gneis gebauten Klopaierspitze. Das Langtauferer Tal führt in das Gletscher-reich der Weißkugel, das Schnalstal zu Fineilspitze, Similaun und Hochwilde und das Pfelderer Tal zum Hinteren Seelenkogel.

Die Weißkugel (im Anstieg zur Weißseespitze) ist im Ötztaler Hauptkamm der bedeutendste Gipfel und gleichzeitig die höchste Grenz-scheide zwischen Nord- und Südtirol.

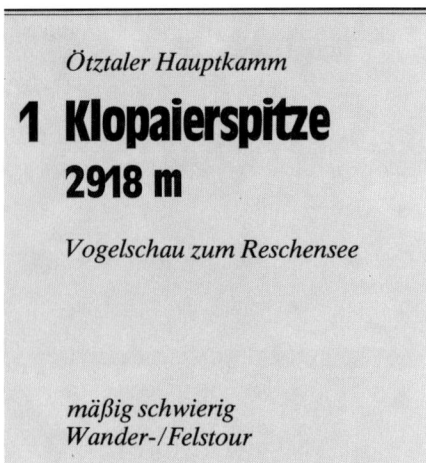

Ötztaler Hauptkamm

1 Klopaierspitze
2918 m

Vogelschau zum Reschensee

mäßig schwierig
Wander-/Felstour

Der Name »Reschen«, ein Wort deutschen Ursprungs, steht für eine Landschaft, in der der größte Fluß Südtirols, die vielbesungene Etsch, in Meereshöhe von 1586 Meter als kleine Quelle entspringt; als schmale Wasserader rinnt sie nach Süden, hinein in den Reschensee. Der ebenfalls am Reschenpaß zutage tretende Stillerbach fließt nach Norden, hinab zum Inn, und so kommt dem kaum angehobenen Scheitel in der breiten Paßfurche die Bedeutung einer Wasserscheide zwischen Adria und Schwarzem Meer zu.

Die Grenze zwischen Österreich und

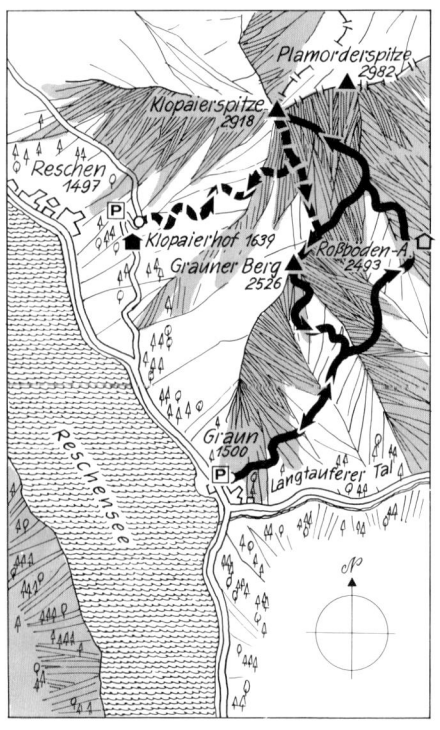

Italien verläuft seit dem Jahr 1920 nördlich des Passes. Ausnahmsweise setzten sich die Grenzzieher über die damals herrschende Wasserscheiden-Theorie hinweg und vollzogen die Staatentrennung entlang dem Grenzverlauf der Gemeinde Reschen.

Im Hauptkamm der Zentralalpen bildet der weite Wiesensattel des Reschenpasses (1504 m) ein Tor zum Süden, mit einer Bedeutung, die bis zur Römerzeit zurückreicht. Die »Via Claudia Augusta« war die erste Straße, die das Talbecken von Meran durch den Vinschgau über den Reschen mit dem Inntal verband. Der spätere sogenannte »Oberdeutsche Weg« über den Reschenpaß war die beste Verbindung: Augsburg–Bozen–Venedig. Handel und Wandel und das Kriegsvolk zogen ein Jahrtausend hindurch auf schmaler Fahrstraße am Ostufer dreier Seen entlang, dem Reschensee, dem Mittersee und dem Haider See, und weiter über die Malser Haide dem Etschwasser nach, hinab in den Vinschgau. Aber keiner der deutschen Kaiser, die während eines halben Jahrtausends 66mal über den Brenner nach Italien zogen, hat je den Reschen betreten.

Die Orte Reschen, Graun und St. Valentin entstanden, Bauernfleiß nützte seit Generationen die weiten, frischen Wiesenflächen zwischen den Seen zur Viehhaltung; nach der Grenzziehung 1920 war über Jahrzehnte hinweg die bescheidene Welt am Reschen wieder in Ordnung. Eine neuerliche Zäsur brachten die Jahre 1948–1950: Bei St. Valentin wurde ein Staudamm errichtet, und die Wasser der beiden oberen Seen vereinigten sich zu einem einzigen großen Spiegel, dem heutigen Reschensee. Darin versanken Teile der Ortschaft Reschen und zur Gänze das alte Dorf Graun, von dem nur der dem See entragende Kirchturm als weithin sichtbares Denkmal erhalten blieb.

Im Oktober 1980 begann im Dorf Neu-Graun mit einer Feier das Gedenkjahr »30 Jahre Seestauung Gemeinde Graun«. In diesen vergangenen Jahrzehnten heilten Wunden, der Stausee verleiht der Landschaft im Verein mit dem reizvollen Gebirge über seinen Ufern einen neuen Glanz, lockend genug, in den Dörfern am Reschen zu verbleiben, im Winter zum Skilauf, im Sommer zum Wassersport, Wandern und Bergsteigen.

Schaut man von Reschen hinauf zum Gebirge, wird der Wanderer von den sanft gerundeten Grenzhöhen hinüber zur Schweiz angezogen; den Bergsteiger dagegen reizt das sichtbare Gipfelkreuz der im Osten über dem Ort Reschen aufragenden, schroffen Klopaierspitze, 2918 Meter. Der Ötztaler Hauptkamm setzt mit dieser Spitze einen markanten Eckpfeiler.

Wenn auch in den gängigen Karten und in der Literatur verschiedene Anstiege als möglich ausgewiesen werden (z. B. Kompass-Wanderkarte Plamord-Westgrat), so ist davon abzuraten. Die Tour beginnt günstig in Graun vom Parkplatz am See (1500 m) aus. Die Dorfstraße führt an der Kirche vorbei zu den letzten Häusern, ein Wegweiser nennt unter anderem auch die Klopaierspitze. Ein alter Saumweg (Nr. 4) zieht durch ein Waldstück in freie, sonnige Wiesenhänge, quert einen breiten Rücken und gewinnt über einen Bachlauf die Höhe eines Wegekreuzes. Das Almgelände wird übersichtlicher, in weit ausholenden Kehren führt der nun mehr und mehr verfallene Saumweg höher, Grauner Alm und Grauner Berg bleiben links. Vorbei an der Viehtränke der Roßböden-Alm erreicht die Route eine auffallende Kammhöhe (ca. 2700 m) und läuft aus. Gegenüber erhebt sich ein hoher, gezackter Felskamm, zwei Kreuze kennzeichnen darin im Norden die Plamorderspitze und im Westen die Klopaierspitze. Der Vorteil dieses Standortes liegt neben dem bequemen Zugang darin, daß der Normalanstieg durch die Südostflanke der Klopaierspitze, eine steile, deutlich erkennbare Geröllrinne, bis in die Gipfelregion gut eingesehen werden kann und damit das »Rätsel« der richtigen Route gelöst ist. Freilich müssen bis zum Einstieg 100 Meter Höhe hinab in einen Blockkessel verschenkt werden, aber dann leiten Steigspuren in der Rinne rasch höher zu festem Fels und bald zum alten, wetterzerzausten Gipfelkreuz, das den Reschensee fast 1500 Meter überragt.

Der Schlußanstieg zur Klopaierspitze ist mühsam und nicht ganz leicht, er fordert einen erfahrenen, sicheren Berggeher. Doch die »Vogelschau« auf das geschichtsträchtige Land am Reschen, der Ausblick in die Eiswelt der Weißkugel und nach Süden zum Ortler und die Einsamkeit ihres Gipfels erheben sie zu einem überaus reizvollen Tourenziel.

Tourensteckbrief

Ausgangsort
Graun 1500 m *oder* Reschen 1497 m am Reschensee.

Die Tour in Stichworten
Graun 1500 m – Roßböden-Alm 2493 m – Klopaierspitze 2918 m; *oder* Reschen 1497 m – Klopaierhof 1639 m – Grauner Alm ca. 2200 m – Grauner Berg 2526 m – Klopaierspitze – Graun oder Reschen.

Schwierigkeit/Anforderung
II = mäßig schwierig, Tagestour, große Anforderung, Wander-/Felstour.
Ab Graun nach Markierung Nr. 4 auf altem Saumweg über die Roßböden-Alm hinauf zur Höhe eines begrünten Kammes (Grauner Alm und Grauner Berg bleiben links). Hier Auslauf der gut ausgeprägten, aber schwach markierten Trasse bei ca. 2700 m (rechts der Kammhöhe, etwas tiefer, die Ruinen alter Militärbauten). Nun wegloser Abstieg nach Westen gegen die Klopaierspitze (ca. 100 m) in einen Blockkessel, der sich unter der Klopaier- und der Plamorderspitze ausbreitet und aus dem die Südostflanke der Klopaierspitze mit steilem Fels aufsteigt. Eine auffallende, deutlich erkennbare graue Geröllrinne durchreißt die Flanke bis in die Gipfelregion. In ihr (nur Steigspuren) steil und mühsam hinauf, dann nach links über festen, blockigen Fels zum Gipfel (Route von der Kammhöhe gut übersichtlich!).

Oder: Ab Reschen vorbei am Klopaierhof und auf einer neuen Almstraße (gesperrt) hinauf zur Grauner Alm, über weglose, steile Grashänge zum Grauner Berg und einer nächsten, mit Steinmann bezeichneten Kammhöhe (ca. 2650 m); von dort Abstieg nach Norden in den Blockkessel und auf Steigspuren zum Beginn der grauen Geröllrinne (siehe oben).

Tour nur für erfahrene, trittsichere und ausdauernde Berggeher, nur bei sicherem Wetter unternehmen.

Höchste Wegestelle/Gipfel
Klopaierspitze 2918 m.

Anstiegsleistung
Ab Graun oder Reschen 1500 Höhenmeter.

Abstieg
Wie Anstieg; *oder,* günstig, über Grauner Berg und Grauner Alm weglos zurück zum Saumweg.

Gehzeiten
Graun 1500 m – Roßböden-Alm 2493 m: 2 Stunden; Roßböden-Alm – Klopaierspitze 2918 m: 2 Stunden; *oder* Reschen 1497 m – Klopaierhof 1639 m – Grauner Alm ca. 2200 m: 2 Stunden; Grauner Alm – Grauner Berg 2526 m – Klopaierspitze: 2½ Stunden. Abstieg Graun oder Reschen: 3 Stunden. Gesamtgehzeit: 7–7½ Stunden.

Hütten/Stützpunkte
Roßböden-Alm 2493 m, *Grauner Alm* ca. 2200 m, keine Übernachtung.

Karten/Literatur
Kompass-Wanderkarte 1:50000, Blatt 42, Nauders – Reschenpaß; Freytag-Berndt-Wanderkarte 1:50000, Blatt S2, Vinschgau – Südliche Ötztaler Alpen.

»Reschen gehört zusammen mit Graun und St. Valentin wegen seiner bergfrischen Lage zu den berühmtesten Sommeraufenthalten von Tirol« schreibt Josef Rampold im Band »Vinschgau« der Südtiroler Landeskunde. Die Klopaierspitze (linke Spitze) überragt die Ortschaft Reschen um 1400 Höhenmeter und ist ein hervorragendes Gipfelziel für Bergsteiger.

2 Weißseespitze
3526 m

*Das Eisdach
des Gepatschferners*

**wenig schwierig
Gletschertour**

Die vielen Wanderer, die den Höhenweg zwischen der Haider Alm und Schöneben, hoch über dem Westufer des Reschensees, begehen, genießen an klaren Tagen im Blick nach Osten ein großräumiges, hochalpines Landschaftsbild: Aus der Grauner Bucht am Reschensee zieht der grüne Wiesengrund des Langtauferer Tales hinein zum vergletscherten Ötztaler Hauptkamm, den aus dieser Sicht ein mächtiger, ebener Firngiebel, die Weißseespitze, schmückt. Dort vereinigen sich die fast arktischen Eisebenen des Gepatschferners und der Weißseeferner zu einem aus Eis gebildeten Gipfelplateau; ein erstrebenswertes Ziel, das aus dem Langtauferer Tal, vom

letzten Ort Melag (1915 m), mit Stützpunkt Weißkugel-Hütte (2560 m), auf einer landschaftlich ungemein reizvollen, für den geübten Bergsteiger einfachen Route einen günstigen Zugang bereithält.

Dieses Erlebnis des vergletscherten Hochgebirges, das die Weißseespitze auch einem im Eis weniger geübten Bergsteiger schenkt, gehört in einen ausreichenden Zeitrahmen: Man sollte schon am Vortage von Melag aus den Zwei-Stunden-Anstieg zur Weißkugel-Hütte einplanen. Ab Hütte beginnt die Tour auf dem markierten »Richterweg«, der aussichtsreiche Steig führt zu den Vernaglwänden und damit zu einer

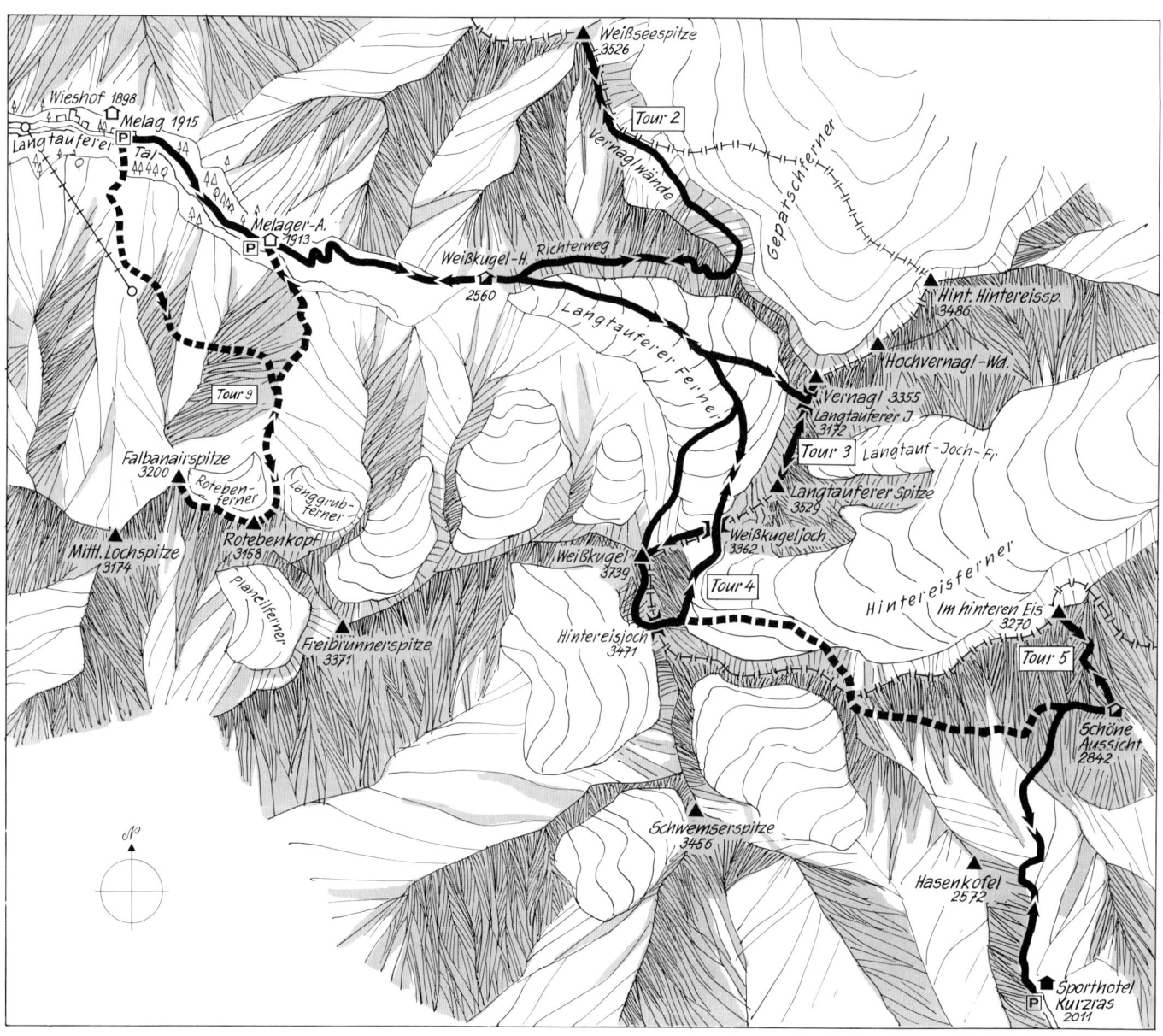

kirchturmhohen Abbruchkante, den so-genannten »Eisbrüchen« des Gepatsch-ferners hinab in den Langtauferer Fer-ner. Am Rande der »Eisbrüche« über-windet die Steiganlage, teilweise ausge-setzt, doch überraschend einfach, die schwarze Urgesteinsmauer der Vernagl-wände und leitet zu Steinmännern, die auf etwa 3100 Meter den Übertritt in den Gepatschferner anzeigen.

Der Anstieg im Eis, die ersten 100 Me-ter bis hinauf in die ausgedehnte, fast spaltenfreie Hochfläche des Gletschers, erfordert mitunter Steigeisen; eine meist vorhandene Trasse übernimmt die Füh-rung nach Nordwesten. Flache, weite Gletscherwellen dehnen sich schier end-los im makellosen Weiß bis zum schmucklosen Gipfelplateau – Meeres-höhe 3526 Meter! Das große Bergerlebnis der Weißseespitze wird vom Ge-patschferner bestimmt: Nach Osten bis zur Vereinigung mit dem Kesselwand-ferner, in der Nord-Süd-Distanz vom Rauhen Kopf bis zur Hochvernaglwand erstreckt er sich über 5 Kilometer Breite – ein Eisreservat, das in dieser Mächtig-keit und Geschlossenheit in den Ost-alpen einmalig ist.

Die Weißseespitze ist das westliche Wi-derlager des gewaltigen Weißkammes, in dem die Wildspitze im Osten das Ge-gengewicht hält.

Tourensteckbrief

Ausgangsort
Melag 1915 m, im Langtauferer Tal.

Die Tour in Stichworten
Melag (Parkplatz) 1915 m – Weißkugel-Hüt-te 2560 m – »Richterweg« – Weißseespitze 3526 m – Weißkugel-Hütte – Melag.

Schwierigkeit/Anforderung
I = wenig schwierig, 1½-Tage-Tour, mittlere Anforderung, Gletschertour.
Von Melag markierter Steig Nr. 2 zur Weiß-kugel-Hütte. Ab Hütte markierter Felssteig = »Richterweg«, teilweise abschüssig, mäßig steil zu den »Eisbrüchen« (ca. 3000 m) bei den Vernaglwänden. Dort sehr steiler, aber gesicherter Felssteig zum Gepatschferner und Beginn des Gletscheranstieges. Nach kurzem Steilhang sanft geneigte, fast spal-tenfreie Gletscherroute nach Nordwesten, meist Trasse, zur Weißseespitze.
Einfache Gletschertour, aber Eisausrüstung erforderlich; nur bei guter Sicht unterneh-men. Spaltengefahr am Gipfelplateau!

Höchste Wegestelle/Gipfel
Weißseespitze 3526 m.

Anstiegsleistung
Ab Melag 1600, ab Weißkugel-Hütte 1000 Höhenmeter.

Abstieg
Wie Anstieg.

Gehzeiten
Melag 1915 m – Weißkugel-Hütte 2560 m: 2 Stunden; Weißkugel-Hütte – »Richterweg«
– »Eisbrüche« ca. 3000 m: 1½ Stunden; »Eis-brüche« – Weißseespitze 3526 m: 2 Stunden. Abstieg wie Anstieg zur Weißkugel-Hütte: 2½ Stunden.
Gesamtgehzeit: Ab Hütte 6 Stunden.

Hütten/Stützpunkte
Weißkugel-Hütte 2560 m, CAI-Sektion De-sio, 44 Betten und Matratzenlager, bewirt-schaftet von Anfang Juli bis Mitte Sep-tember.

Karten/Literatur
Kompass-Wanderkarte 1:50000, Blatt 52, Vinschgau; Freytag-Berndt-Wanderkarte 1:50000, Blatt S2, Vinschgau – Südliche Ötztaler Alpen; Alpenvereinskarte 1:25000, Ötztaler Alpen, Blatt Weißkugel. Alpenver-einsführer »Ötztaler Alpen«.

Tip
Für erfahrene und sichere Bergsteiger bietet sich abseits der Normalroute der interessante Westanstieg an: Weißkugel-Hütte – Falgintal – Falginferner – Westgrat – Gipfel.

Der Bergsteiger befindet sich auf dem Langtau-ferer Gletscher im Anstieg zur Weißkugel. Die Horizontlinie bildet das Gletscherdach des Gepatschferners, das am Gipfel der Weißsee-spitze kulminiert. Deutlich sind die »Eisbrüche« zu erkennen, an ihrem linken Rand gewinnt der »Richterweg« von der Weißkugel-Hütte her den Gepatschferner und damit den Gipfelbereich der Weißseespitze.

3 Langtauferer Spitze
3529 m

Das Vis à vis der Weißkugel

*mäßig schwierig
Gletschertour*

Die Namensgebung für unser Bergziel und für den Gletscher, über den wir es erreichen wollen, kam aus dem Langtauferer Tal. Verweilen wir deshalb kurzzeitig in dieser Talschaft und betrachten diesen nordwestlichen Winkel Südtirols.

Das Langtauferer Tal war noch bis weit in das vorige Jahrhundert hinein eine vergessene Welt. Damals maß man die Entfernungen noch in Gehstunden, und so war von Graun (1500 m) bis zur letzten und höchsten Höfegruppe, dem Weiler Melag (1915 m), ein Fußmarsch von 2¹/₂ bis 3 Stunden das Übliche. Heute bietet sich uns eine gut ausgebaute

Straße bis zum Parkplatz in Melag mit einer Fahrstrecke von etwa 10 Kilometern an. Die Dörfer und Weiler, die wir dabei passieren, gehen auf die sogenannten »Schwaighöfe« zurück (Lexikon der Alpen: Schwaigen, von Grundherren errichtete Viehwirtschaften im Gebirge, oft über der Getreideanbaugrenze), die schon im 15. Jahrhundert mit acht an der Zahl im Langtauferer Tal genannt wurden. Das »Lange Taufen« (urkundlicher Name) durchfließt der Karlinbach, er sammelt die Gletscherwasser, muß aber ihre urtümliche, unverbrauchte Kraft zum Großteil der technischen Nutzung abgeben.

In der zweiten Hälfte des 19. Jahrhunderts waren es wohl die Bergsteiger, die das malerische Langtaufers aus seiner Einschicht weckten. Der aufblühende Alpinismus erkannte schnell die günstigen Zugänge aus dem Talschluß hinauf zu den Gletschergipfeln im Westabschnitt des Ötztaler Hauptkammes, vor allem zur Weißseespitze und zur Weißkugel. Die damaligen Bergsteiger sahen nur die hochalpinen Ziele und beachteten das sonstige Bergland nur wenig. Heute blüht in Langtaufers neben dem Hochalpinismus auch der Wandertourismus, besonders der »Sonnenberg«, auf den südseitigen Hängen des Hauptkammes, bietet reizvolle Wanderungen.

Eine Betrachtung der hochalpinen

Landschaft vom Standort der Weißkugel-Hütte (2560 m) aus würdigt die dominierende Position der Langtauferer Spitze über ihrem Tal. Die gut 200 Meter höhere Weißkugel muß aus dieser Sicht durch einen Knick im Verlauf des Hauptkammes zurücktreten. Schaut man den Fluß des Langtauferer Ferners gradlinig aufwärts, findet man die schmale, vergletscherte Einsattelung des gleichnamigen Joches. Von ihm schwingt über einen breiten, steil aufgerichteten Felsunterbau eine weiße Firnlinie über eine Schulter nach Süden, rundet den höchsten Punkt des Berges und verbindet sich im Abfall nach Südwest mit dem Weißkugeljoch. Damit gibt sich ab Hütte die Anstiegsroute zur Langtauferer Spitze deutlich zu erkennen.

Der Alpenvereinsführer »Ötztaler Alpen« schreibt: »Die Ersteigung erfordert auf allen Wegen Eiserfahrung und Ausdauer.« Aus Nordtirol führt der einfachste Anstieg vom Hochjoch-Hospiz über den Hintereisferner und den Langtauferer-Joch-Ferner; am Langtauferer Joch vereinigen sich beide Routen.

Aus der alpinen Geschichte ist herauszulesen, daß der Übergang von Vent nach Langtaufers über das Joch (kürzeste Verbindung) besonders im steilen, spaltenreichen Abstieg gefürchtet war. Die Höhenunterschiede haben sich nicht geändert, aber durch den Rückgang der

Gletscher nahm die Böschungsneigung eher zu. Im Anstieg von der Weißkugel-Hütte macht sich die Spaltengefahr im Mittelabschnitt des Langtauferer Ferners in Höhe der Vernagl-Eisbrüche erstmals bemerkbar. Verwöhnt vom sorglosen Gehen in dem Geröllstreifen des aperen Gletscherflusses wähnt man sich auch auf der dünnen Firndecke des unteren Gletscherbeckens (ca. 2800 m) vielleicht noch sicher, aber dort lauert bereits die Gefahr langgezogener Querspalten. Überlegtes Gehen am Seil ist erstes Gebot über eine Steilstufe hinauf zum oberen Becken, aus dem erst im Schlußanstieg zum Langtauferer Joch (3172 m) die Gefahr zurückbleibt. Im Schneekolk des Joches hält man gerne eine kurze Rast, ehe die restlichen 350 Höhenmeter hinauf zur Firnschulter, zuerst über einen meist aperen Kammrükken, gute Kondition fordern. Eine mäßig geneigte, dem Kammverlauf folgende Gletscherroute erreicht einen Firnsattel, von Osten her gewinnt man den kleinen, felsigen Gipfel. Seine hervorragende Position wird nur von einer Stangenmarkierung festgehalten.

Im Blick auf die Erschließungsgeschichte der Ötztaler Alpen sei ein Kuriosum vermerkt: Die englischen Touristen Freshfield, Fox und Tuckett wollten am 24. Juni 1865 mit ihren Schweizer Führern die zweite Besteigung der Weißkugel unternehmen. Aber ihr Anstieg von Vent durch das Rofental und über den Hintereisferner führte sie irrtümlich zum Langtauferer Joch, und von dort ging es nur noch aufwärts zur – bis dahin jungfräulichen – Langtauferer Spitze! Am Gipfel sahen die tüchtigen Briten das eigentliche Ziel, die Weißkugel, im Südwesten; 3½ Stunden später standen sie, nach einem Abstieg zum Hintereisferner und Wiederanstieg über das Hintereisjoch, auf ihrem Wunschgipfel.

◁ *Die Weißkugel-Hütte hoch im Talschluß des Langtauferer Tales ist ein hervorragender Stützpunkt für hochalpine Gipfelziele, so auch zur Langtauferer Spitze, die das Bild beherrscht. Links die Vernagl-Wände und der Eisgiebel des Gepatschferners.*

Die Langtauferer Spitze bildet den Abschluß ▷ des Langtauferer Tales. Aus dem Hochbecken des Langtauferer Ferners läuft die Anstiegsroute zum Langtauferer Joch (links) und von dort zum Gipfel.

Tourensteckbrief

Ausgangsort
Melag 1915 m, im Langtauferer Tal.

Die Tour in Stichworten
Melag (Parkplatz) 1915 m – Weißkugel-Hütte 2560 m – Langtauferer Joch 3172 m – Langtauferer Spitze 3529 m – Langtauferer Joch – Weißkugel-Hütte – Melag.

Schwierigkeit/Anforderung
II = mäßig schwierig, 1½-Tage-Tour, mittlere Anforderung, Gletschertour.
Anstieg Weißkugel-Hütte siehe Tour 2.
Ab Weißkugel-Hütte auf markiertem Steig hinab zur Gletscherzunge des Langtauferer Ferners (ca. 2500 m). Auf der Mittelmoräne sanft ansteigend in das von vielen Querspalten durchzogene untere Gletscherbecken und über ein Hochbecken steiler Anstieg zum sichtbaren Langtauferer Joch. Ab Joch nach Süden über einen felsigen Kammrücken zur Firnschulter, dann Gletscherroute, wenig Spalten, häufig Trasse, zum Felsgipfel der Langtauferer Spitze.
Nur für im Eis erfahrene und dafür ausgerüstete Bergsteiger.

Höchste Wegestelle/Gipfel
Langtauferer Spitze 3529 m.

Anstiegsleistung
Ab Melag 1600, ab Weißkugel-Hütte 1000 Höhenmeter.

Abstieg
Wie Anstieg; *oder* Überschreitung der Langtauferer Spitze auf Gletscherroute zum Weißkugeljoch (3362 m) und auf dem Langtauferer Ferner zurück zur Hütte.

Gehzeiten
Melag 1915 m – Weißkugel-Hütte 2560 m: 2 Stunden; Weißkugel-Hütte – Langtauferer Joch 3172 m: 2 Stunden; Langtauferer Joch – Langtauferer Spitze 3529 m: 1½ Stunden. Abstieg auf Anstiegsweg zur Weißkugel-Hütte: 3 Stunden.
Gesamtgehzeit: Ab Hütte 6½ Stunden.

Hütten/Stützpunkte
Weißkugel-Hütte 2560 m, siehe Tour 2.

Karten/Literatur
Kompass-Wanderkarte 1:50 000, Blatt 52, Vinschgau; Freytag-Berndt-Wanderkarte 1:50 000, Blatt S2, Vinschgau – Südliche Ötztaler Alpen; Alpenvereinskarte 1:25 000, Ötztaler Alpen, Blatt Weißkugel; Alpenvereinsführer »Ötztaler Alpen«.

Ötztaler Hauptkamm

4 Weißkugel
3739 m

Höchste Grenzscheide zwischen Nord- und Südtirol

sehr schwierig
Gletschertour

Die Weißkugel-Hütte war Stützpunkt für die beiden vorangegangenen Tourenvorschläge. Diese Hütte ist aber auch für die beliebten und alpinistisch hervorragenden Anstiegswege zur Weißkugel aus dem Langtauferer Tal unentbehrlich. Grund genug, in dem kleinen Schutzhaus Quartier zu nehmen, in der alpinen Chronik zu blättern und vergangenen Zeiten nachzuspüren.

Das Werk »Die Erschließung der Ostalpen« erschien 1894; es schreibt: »Die Weisskugel 3746 m, der zweithöchste Gipfel der gesammten Oetzthaler Alpen, ist in mancher Hinsicht populärer als die Wildspitze, welche nur jenen Bergwanderern sichtbar wird, die durch eines der nach Norden sich öffnenden grossen Thäler ganz in das Innere der Gruppe eingedrungen sind. Dagegen zeigt sich der wuchtige, über und über mit Firn verkleidete Bau der Weisskugel auch dem Strassenwanderer, welcher von Prad nach Trafoi dem Stilfserjoch zustrebt oder von diesem kommend in den Vintschgau niedersteigt.« Im Blick auf die Tourentätigkeit an der Weißkugel wird vermerkt, daß die meisten Besteigungen aus dem nach Süden, zum Vinschgau absinkenden Matscher Tal über die »Karlsbader Hütte« (später Höller-Hütte, 2702 m) erfolgten. Bis 1893 war diese Hütte der einzige Stützpunkt für die Weißkugel, aber in diesem Jahr zog die Sektion Frankfurt a.M. des damaligen Deutschen und Österreichischen Alpenvereins nach und weihte die Weißkugel-Hütte ein. 1910 übernahm die Berliner Sektion Mark Brandenburg die Hütte, verlor sie aber 1920 mit der neuen Grenzziehung an den italieni-

schen Staat. Die CAI-Sektion Desio (Club Alpino Italiano) erhielt das Haus zugesprochen und benannte es nach ihrem prominentesten Mitglied, dem damaligen Papst Pius XI. So kommen heute die italienischen Bergsteiger zum »Rifugio Pio XI alla Pala bianco«, die deutschen Bergfreunde aber nach wie vor zur Weißkugel-Hütte.

Ein Bild aus alten Tagen zeigt die Weißkugel-Hütte klein und bescheiden inmitten der großen Bergwelt ihrer Umgebung. Bis in unsere dreißiger Jahre hat sich an ihrer Erscheinung nichts geändert; ein kleiner, gemauerter Anbau kam 1936 hinzu, aber wäre nicht in den siebziger Jahren ein großzügiges Holzhaus angefügt worden und die Bewirtschaftung wieder in sehr gute Südtiroler Hände gekommen, könnte die Weißkugel-Hütte dem heutigen Besuch nicht mehr genügen. In Langtaufers blüht der Berg- und Wandertourismus und lockt an schönen Tagen viele »Nur-Hütten-Wanderer« an, die mit dieser Höhe zufrieden sind und sich freuen, den Hauch der Gletscherwelt in Atemnähe zu verspüren.

Die Höller-Hütte im Matscher Tal besteht nicht mehr. Dieses früher prächtige, von dem damals reichen Karlsbad großzügig ausgestattete Haus ist seit 1945 eine Brandruine; es soll jedoch wegen der hervorragenden Tourenmöglichkeiten im Salurnkamm wieder erstehen. Aber von Südtirol gibt es neben dem Anstieg aus Langtaufers noch eine zweite Hauptroute zur Weißkugel. Das private Gasthaus »Schöne Aussicht« (2842 m) am Hochjoch, diesem historischen Übergang zwischen Schnals und Vent, ist für viele Weißkugelfreunde noch immer der beste Ausgangsort; ein guter Wanderweg führt aus dem Schnalstal, vom hintersten Ort Kurzras (2011 m), in 2 Stunden zur Hütte.

Für den Plan, der Weißkugel, aber auch der Fineilspitze einen günstigen Stützpunkt zu geben, nützte der Bauer und Gastwirt Serafin Gurschler aus Kurzras die Blütezeit des Hochalpinismus und erbaute in den Jahren 1896/97 die »Schöne Aussicht« als einfache, kleine, aber bewirtschaftete Unterkunft. Nach mehrmaliger Erweiterung ist das Gasthaus im Zugang von Nordtirol, aber vor allem aus Südtirol eine beliebte Bergsteigereinkehr geworden. Kurzras, früher ein nur dem Bergsteiger und den Tirolern selbst bekannter, entlegener Bau-

erngasthof, ist heute vielbesuchtes Sportzentrum und ein Begriff im Südtiroler Fremdenverkehr. Die »Schnalstaler Gletscherbahn« erschließt mit Start in Kurzras und der Bergstation an der Grawand (3250 m) ein Sommerskigebiet, das seinen Spielraum auf dem Hochjochferner bis hinab zur »Schönen Aussicht« beansprucht; das Schutzhaus selbst bleibt etwas abseits am Rande der Pisten, die Zeiten aber, als die Bergsteiger dort noch unter sich waren, sind vorbei.

Die Tour zur Weißkugel läuft von der »Schönen Aussicht« zuerst auf dem Hüttenzugang etwas zurück, zweigt mit der Wegenummer 5 in südseitige Hänge, hinauf gegen das Teufelsegg. Westseitig davon erreicht der Steig die Kammhöhe, bleibt auf dem meist aperen Felsrücken und quert in Nähe des Steinschlagjoches (3278 m) mit nur wenig Höhenverlust in den Hintereisferner. Die Steilflanke hinauf zum Hintereisjoch (3471 m) können Wächten bedrohen, aber der folgende Anstieg auf einem breiten Firnrücken zu zwei plattigen Felsköpfen rückt den Erfolg in greifbare Nähe. Das Kreuz lockt – doch nur Aufmerksamkeit und sorgfältiges Queren des felsigen Gipfelkammes garantieren die gute Ankunft am höchsten Punkt der Weißkugel.

Von Jahr zu Jahr befreunden sich immer mehr Weißkugel-Anwärter mit dem Anstieg aus Langtaufers. Die Tour ist, ab Weißkugel-Hütte, etwas anspruchsvoller, doch sie kann wegen der möglichen Varianten ganz nach Lust und eigenem Können gestaltet werden. Jeder Bergsteiger aber, der aus dem Langtauferer Ferner entweder über den vergletscherten Nordgrat oder ab Weißkugeljoch über die firnige, steile Ostflanke das Gipfelkreuz erreichen möchte, muß eine solide Berg- und Gletschererfahrung mitbringen.

Nach dem Übertritt von dem Moränensteiglein (ab Weißkugel-Hütte) in den Langtauferer Ferner bestimmen nur die Verhältnisse im Eis, das verborgene und gefährliche Spiel der Gletscherspalten

Nach Norden, zur Weißseespitze, zeigt die Weißkugel mit dem Bärenbartkogel ein besonders schönes Bergbild. Von der Weißkugel-Hütte führen die Anstiege über den Langtauferer Ferner zum Weißkugeljoch (linker Bildrand) und von dort zum Gipfel oder aus dem Ferner-Hochbecken nach rechts über den Nordgrat.

Das Gipfelkreuz der Weißkugel ist das Ziel vieler Bergsteiger, die von Nordtirol oder von Südtirol aus den Anstieg unternehmen.

die zum Glück immer übersichtliche Route hinauf zum Weißkugeljoch (3362 m). Dort fällt die Entscheidung: entweder durch die vereiste, oft von Spuren durchzogene Ostflanke im Direktanstieg zum Gipfel oder Gletscherquerung zum Hintereisjoch und einfädeln in den Normalweg, der von der »Schönen Aussicht« kommt. Die direkte Route entlang der abwärts geschichteten Felsen des Ostgrates ist logisch und viel begangen, je nach den Verhältnissen und der eigenen Erfahrung sollte man aber für den Abstieg den »Umweg« über das Hintereisjoch einkalkulieren! Erst nahe dem Gipfel, eine Seillänge unter der Firnkante des Nordgrates, wird das fast 400 Meter hohe Ostschild zahmer – die Spannung verebbt.
Die Nordgratgeher queren aus dem Hochbecken des Langtauferer Ferners nach rechts hinauf zur Firnschneide, die sich der Weißkugel zu von einem mar-

kanten Felsspitz abhebt (AV-Karte P. 3254). Von dort sind sie bis zum Auslauf am höchsten Punkt die Gefangenen eines kompromißlosen, steilen und schmalen Firngrates, nur dem Blick ist ein Ausweichen nach rechts oder links gegönnt.
Das schiefe, vom Wetter arg geschundene hölzerne Gipfelkreuz mit der eingeschnitzten Jahreszahl 1949 vereinigt alle Anstiege. Die Weißkugel mit 3739 Meter ist die höchste Grenzscheide zwischen den beiden Tirol: Ein Bergsteigerziel, das seit der Erstbesteigung durch den tüchtigen Wiener Hochalpinisten Josef Anton Specht im September 1861 nichts von seiner Faszination einbüßte.

Ötztaler Hauptkamm

5 Im hinteren Eis
3270 m

*Wander-Dreitausender
über Kurzras*

wenig schwierig
Wandertour

Die Bergsteiger befinden sich von Kurzras aus im Anstieg zur Salurnspitze. Über ihnen markiert der deutliche Geländeeinschnitt die Position des beliebten Schutzhauses »Schöne Aussicht«, von dem über die freien Hänge nach links ein leichter, eisfreier Anstieg hinauf zum »Im hinteren Eis« führt.

Das Schutzhaus »Schöne Aussicht« am vergletscherten Hochjoch wirbt, wie es der Name verspricht, mit seiner schönen Aussicht. Wer aber dort dem Wink der kleinen Hinweistafel »Zum hinteren Eis« folgt, kann das Aussichtserlebnis unerwartet aufstocken. Über das nahe Jochköfel, immer in der Richtung weithin sichtbarer Steinmänner, führt eine leichte, eisfreie Wanderroute über Geröllhänge zu unscheinbaren, plattigen Felskuppen, die auf der Karte mit »Im hinteren Eis 3270 m« eingezeichnet sind. Der Gipfelsteinmann beschert eine »Bella vista«, mit der die vom Hochjoch nicht konkurrieren kann! Vor allem in Bewunderung der nahen Weißkugel und der Eislandschaft des Hintereisferners freut man sich über den Entschluß, noch das »Hintere Eis« zu besuchen.

Tourensteckbrief

Ausgangsort
Kurzras 2011 m, im Schnalstal.

Die Tour in Stichworten
Kurzras 2011 m – Gasthaus »Schöne Aussicht« 2842 m – »Im hinteren Eis« 3270 m – »Schöne Aussicht« – Kurzras.

Schwierigkeit/Anforderung
I = wenig schwierig, Tagestour, mittlere Anforderung, Wandertour.
Ab Kurzras auf Weg Nr. 3 zum Wirtshaus »Schöne Aussicht«, weiter auf markiertem Steig entlang großer Steinmänner nach Nordwesten; mäßig steile, übersichtliche und eisfreie Route zum Gipfel.

Höchste Wegestelle/Gipfel
»Im hinteren Eis« 3270 m.

Anstiegsleistung
Ab Kurzras 1200 Höhenmeter.

Abstieg
Wie Anstieg.

Gehzeiten
Kurzras 2011 m – »Schöne Aussicht« 2842 m: 2 Stunden – »Im hinteren Eis« 3270 m: 1 Stunde. Abstieg nach Kurzras: 2 Stunden. Gesamtgehzeit: 5 Stunden.

Hütten/Stützpunkte
Schutzhaus »Schöne Aussicht« (»Bella vista«) 2842 m; siehe Tour 4.

Karten/Literatur
Siehe Tour 2.

6 Fineilspitze
3516 m
Similaun
3606 m

Die Wächter am Niederjoch

schwierig – mäßig schwierig
Gletschertouren

Fineilspitze und Similaun – der Klang dieser Namen im Ötztaler Hauptkamm ist Sommer für Sommer ein Anreiz für viele Ostalpenbergsteiger, die in Eis und Urgestein Großes unternehmen wollen. In der Ötztaler Gipfelparade gebührt diesen Bergen ein Platz in der Prominenz. Aber ob die Tour aus Nordtirol, herauf von Vent, unternommen wird oder aus dem Südtiroler Schnalstal läuft, der Start zum Gipfelsturm oder die Einkehr »zur Feier des Tages« kann die Similaun-Hütte (3019 m) am Niederjoch kaum ausklammern.

Viel Gemeinsames verbindet die seit langem überlieferten Bezeichnungen Hochjoch und Niederjoch. Hier wie dort ein Einschnitt im Ötztaler Hauptkamm, waren beide Jöcher den Tirolern schon bekannt und von ihnen auch regelmäßig begangen, als der Begriff »Alpinismus« noch fremd war. Die historische Überlieferung erzählt glaubhaft, daß die Besiedelung des inneren Ötztales von Süd nach Nord, aus dem Schnalstal über die genannten Jöcher erfolgte. Noch heute beanspruchen in jedem Jahr die Vinschgauer Bauern ihre Jahrhunderte zurückreichenden Weiderechte über die Staatsgrenzen Italien–Österreich hinweg, hinab durch die Täler zum Nordtiroler Vent. Zu Tausenden überqueren die Schafe, geführt von wenigen Hirten, das Hoch- und das Niederjoch, um Mitte September in endlos langer Reihe lebhaft blökend wieder die Rückwanderung anzutreten – ein urhaftes, fast archaisches Bild, das einen tiefen Eindruck hinterläßt.

Der rührige Serafin Gurschler, Gastwirt und Kurzhofbauer aus Kurzras, erkannte auch am Niederjoch die Zeichen der Zeit und errichtete 1899 den Erstbau der Similaun-Hütte. Noch von Gurschler erweitert, erwarb im Jahre 1912 ein Vernagter Gastwirt die Hütte – die Familie Platzgummer besitzt und bewirtschaftet seitdem dieses vielbesuchte Haus. Von außen wirkt das zweigiebelige Gebäude unansehnlich, zudem muß es den eisfreien Platz am Niederjoch mit häßlichen Finanz- und Militärbauten teilen. Der Nimbus der Similaun-Hütte an der magischen Dreitausendergrenze, in Nachbarschaft großer, vergletscherter Berge, ist so stark, daß auch Hüttenwanderer den steilen, mühsamen 3¹/₂-Stunden-Anstieg von Vernagt (1711 m) herauf nicht scheuen, vielleicht weil – auch nach der Überlieferung – am Niederjoch der Rotwein besonders gut schmecken soll. Solcherart aufgemuntert, können die Eisanstiege zur stolzen Fineilspitze und zum Firndom des Similaun ihre Schrecken verlieren, besonders der Anblick des leichteren Similaun begünstigt eine Unterschätzung.

Beide Gipfel kann ein geübter Bergsteiger mit guter Kondition ab Similaun-Hütte ohne Zeitdruck in einen einzigen Tourentag hineinpacken, auch der Talabstieg ist noch möglich. Die Gunst eines sicheren Wetters sollte man deshalb zielstrebig nützen, die Frage »wohin zuerst?« beantworten der Sonnenstand

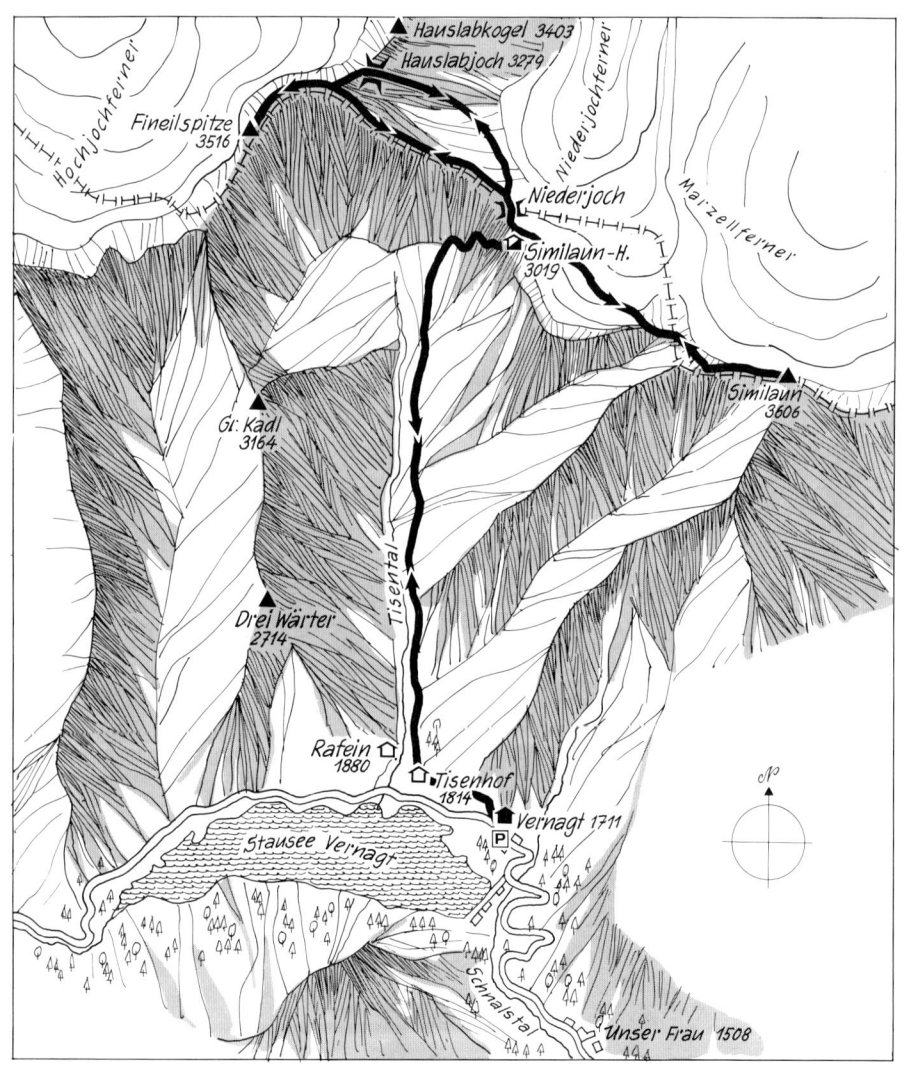

Der Similaun trägt zu Recht den Beinamen »Firndom über dem Schnalstal«. Sein Gipfel gilt als überaus lohnendes Bergsteigerziel der Ötztaler Alpen – am einfachsten im Anstieg von der Similaun-Hütte (Bild).

und die Eisverhältnisse. Die Morgensonne wirkt an der Fineilspitze. Wer vorteilhaft gleich an der Hütte die Felsroute zum Hauslabjoch (3279 m) einschlägt, kommt erst ab Joch, im Gipfelanstieg, in das Eis und kann auf der schmalen, steilen Firnschneide meist den festen Stapfen von Vorgängern folgen. Zur Rast am massiven Holzkreuz des Gipfels, im Blick aus 3516 Meter auf die Ferner und den Kreuzkamm fast bis hinab nach Vent, paßt gut ein Gedenken an den Gletscherpfarrer und Mitbegründer des Deutschen Alpenvereins, Franz Senn. Der Kurat von Vent war mit Zyprian Granbichler und Josef Gstrein am 8. September 1865 Ersteiger der Fineilspitze. Zyprian Granbichler war Senns ständiger Begleiter, so auch am 7. November 1868, als beide vom Schnalstal über das Hochjoch nach Vent zurück wollten, in einen fürchterlichen Schneesturm kamen und nur Franz Senn überlebte.

Der Similaun glänzt am hellsten in der Nachmittagssonne. Von der Hütte kann die Anstiegsroute gut eingesehen werden, man bemerkt sogleich: Probleme ergeben sich keine. Das flache, fast spaltenfreie Nährbecken des Hochjochferners schließt zum Westrücken auf, eine meist vorhandene Trasse zieht dorthin, erklimmt den Firnfirst und schwingt in einem sanften Bogen, nicht ohne im Tiefblick nach Nord und Süd die Nerven zu reizen, zum Gipfelkreuz. Wer dort auf 3606 Meter Meereshöhe an einem klaren, sonnigen Tag rastet, zieht ein großes Los! Der Hauptkamm zeigt seine Firnschätze, Bergkämme und Täler formieren sich zu einem übersichtlichen Ganzen; man begreift den Zusammenhang einer Zentralalpengruppe, die unter dem Sammelbegriff »Ötztal« ein Tourenparadies in Eis und Urgestein anbietet.

Die Similaun-Hütte am Niederjoch (Bildmitte) ist ein vorzüglicher Stützpunkt für die Tour zur Fineilspitze. Ab Hütte zieht die Anstiegsroute hinauf zum Hauslabjoch (rechts oben), weiter über den Firngrat zum Gipfel.

Tourensteckbrief

Ausgangsort
Vernagt 1711 m, am Stausee Vernagt im Schnalstal.

Die Tour in Stichworten
Vernagt 1711 m – Similaun-Hütte 3019 m – Hauslabjoch 3279 m – Fineilspitze 3516 m – Similaun-Hütte – Similaun 3606 m – Similaun-Hütte – Vernagt.

Schwierigkeit/Anforderung
III = schwierig, II = mäßig schwierig, 1½-Tage-Tour,
große Anforderung, Gletschertouren.
Ab Vernagt nach Weg Nr. 2 steil durch das Tischental hinauf zum Niederjoch und zur Similaun-Hütte.
Fineilspitze: Hinter der Hütte nach Nordwesten in den Fels. Nach Steigspuren auf dem meist aperen, breiten Felsrücken über das Jochköfel (AV-Karte Pt. 3143) mäßig steil zum Hauslabjoch. Aus dem Joch zum breiten Firnsockel des Nordostgrates, in zunehmender Steilheit und Ausgesetztheit in Eis und Fels zum Vorgipfel und zum höchsten Punkt.
Similaun: Ab Hütte nach Osten über den Niederjochferner zum Felsausläufer des Similaun-Westgrates, steil hinauf zum breiten Firnrücken des Similaun und auf dem Firngrat mäßig steil, teilweise ausgesetzt, zum Gipfel.
Beide Touren meist Trasse, aber Trittsicherheit erforderlich, nur für im Eis erfahrene Bergsteiger.

Höchste Wegestelle/Gipfel
Fineilspitze 3516 m, Similaun 3606 m.

Anstiegsleistung
Fineilspitze und Similaun ab Similaun-Hütte je 600 Höhenmeter, Anstieg Vernagt – Hütte 1300 Höhenmeter.

Abstieg
Jeweils wie Anstieg.

Gehzeiten
Vernagt 1711 m – Similaun-Hütte 3019 m: 3½ Stunden; Similaun-Hütte – Hauslabjoch 3279 m – Fineilspitze 3516 m: 2½ Stunden; Abstieg Hütte: 1½ Stunden; Similaun-Hütte – Similaun 3606 m: 2 Stunden; Abstieg Hütte: 1 Stunde.
Gesamtgehzeit: Für beide Gipfel ab Similaun-Hütte 7 Stunden.

Hütten/Stützpunkte
Similaun-Hütte 3019 m, private Bewirtschaftung, 70 Betten und Matratzenlager, bewirtschaftet von Ende Juni bis Ende September.

Karten/Literatur
Alpenvereinskarte »Ötztaler Alpen« 1:25 000, Blatt Weißkugel; Kompass-Wanderkarte 1:50 000, Blatt 52, Vinschgau; Freytag-Berndt-Wanderkarte 1:50 000, Blatt S2, Vinschgau – Südliche Ötztaler Alpen; Alpenvereinsführer »Ötztaler Alpen«; Sepp Schnürer »Hohe Route Ostalpen«.

7 Hohe Wilde
3482 m
(Südgipfel)

Begehrter Gipfel aus Südtirol

mäßig schwierig
Felstour

»Das Bild, welches der Anblick dieses Berges, zumal vom Ramolhause (Norden) aus, mit dem blendenden Vordergrunde des Grossen Gurgler Ferner bietet, ist ein vornehmes, und ein gewisser Nimbus, vielleicht auch einigermassen durch den Namen bedingt, kommt dem Berge zustatten. Dass er in näherer Umgebung Alles überragt und gleichzeitig als südöstlicher Eckpfeiler der ganzen Gruppe stolz in die Lande blickt, schafft ihm die Gewähr einer ungemein lohnenden Rundschau.« So stellt das Werk »Die Erschließung der Ostalpen« die Hohe Wilde vor und geht auf die Ersteigungsgeschichte des Berges ein. Der höchste Punkt der Hochwilde wurde im Jahre 1852 aus dem Pfelderer Tal, von Süden, im Zuge der damaligen k.u.k. Militär-Triangulierung (Landesaufnahme) erstmals bestiegen. »Eine 8 Fuss hohe, solide erbaute Steinpyramide wurde damals erbaut«, so berichtet die Überlieferung.

Der höchste Punkt an der Hochwilde ist der Südgipfel mit 3482 Meter; der Nordgipfel, durch einen schmalen, langgeschwungenen Felsgrat vom Südgipfel abgerückt, muß sich mit 3461 Meter Höhe begnügen. Aber bei ihm vereinigt

sich in einem von Norden gesehenen außerordentlich großartigen Landschaftsbild das Eis des Gurgler Ferners mit dem des Langtaler Ferners. Die erste Ersteigung des Nordgipfels, herauf von Gurgl, gelang im August 1871. Dieser Anstieg, heute mit dem Stützpunkt Hochwilde-Haus (2883 m), besitzt seitdem den unbestrittenen Ruf, eine große, klassische Eisfahrt in den Ötztaler Alpen zu sein – eine Hochtour, die nur der geübte, gletschererfahrene Bergsteiger unternehmen sollte!

Der Südgipfel dagegen lockt mit einer fast eisfreien Felsroute vom Südtiroler Eisjöchl (2908 m) aus; ein Vorzug, der die frühe Erstersteigung ermöglichte und den seitdem auch die vielen im Eis weniger erfahrenen Bergfreunde dankbar annehmen. Die günstige Position des Südgipfels bewog die alpenferne Sektion Stettin des damaligen Deutschen und Österreichischen Alpenvereins in den Jahren 1895–97, knapp unter dem Eisjöchl die Stettiner Hütte (2875 m) zu errichten. Von diesem hochgelegenen

Stützpunkt läuft über den in den folgenden Jahren angelegten »Hans-Grützmacher-Weg« hinauf zur Firnschulter unter dem Gipfel der überaus beliebte Südtiroler Anstieg.

Im Zugang zur Stettiner Hütte wetteifern mit nahezu gleichen Chancen zwei Täler: das aus dem Schnalstal bei Karthaus abzweigende Pfossental mit Parkplatz am Vorderkaser (1693 m) und das im Osten bei Moos im Passeier zum Eisjöchl hochziehende Pfelderer Tal mit dem Ausgangsort Pfelders (1622 m). Wo man den jeweiligen Vier-Stunden-Anstieg (!) günstig beginnt, bestimmt die Lage des eigenen Urlaubsortes. Die Bewunderer der Hohen Wilde – im Sprachgebrauch ist Hochwilde geläufig – kommen deshalb in den Nachmittagsstunden von zwei Seiten zur Stettiner Hütte.

Das von den Stettinern noch vor dem Ersten Weltkrieg mehrmals erweiterte zweistöckige Haus kam 1931 unter eine Lawine und ist, aus dem verbliebenen Material wiedererrichtet, nur noch ein

Nach Norden, hinab zum Gurgler Tal in Nordtirol, bietet die Hochwilde den Anblick eines mächtigen Gletscherberges. Nach Südtirol dagegen lockt die Hochwilde mit einem eisfreien Felsanstieg, der über den »Hans-Grützmacher-Weg« (Bild) zum höchsten Punkt des Berges, zum Südgipfel, führt.

»Hüttchen« mit sehr bescheidenem Platzangebot. Das Militär hat zum Glück eine Blechbaracke zurückgelassen, und so »regiert« der Hüttenwirt derzeit über 28 Übernachtungsplätze, die oft kaum noch der Nachfrage genügen.

Der mäßig steile Felsanstieg, zuerst auf einer Südrippe, dann in einer offenen, sonnigen Südostflanke, ist ab Hütte markiert, der »Hans-Grützmacher-Weg« zudem ausgeprägt und gut erhalten; ohne Wegsuche bilden die Gipfelanwärter in der Morgensonne eine leuchtende, bunte Schlange, die hinauf zum sichtbaren Firnsattel östlich unter dem Gipfel strebt. An den Rechtsanwalt Hans Grützmacher, den Stifter des Weges, erinnert auf halber Strecke eine noch unbeschädigte Platte aus Laaser Marmor. Die Eisschulter des Langtaler Ferners schließt in einer Höhe von 3340 Meter von Norden her an den Hauptkamm an; sie bildet einen kleinen, steilen Firnsattel hinüber zum festen, blockigen Gipfelfels. Die Erbauer des

»Grützmacher-Weges« legten auch noch einige Steintreppen in diesen hohen Fels, damit der Südgipfel auch im Schlußanstieg möglichst gefahrlos erreicht werden konnte.

Das mit Kupfer beschlagene Kreuz in 3482 Meter Höhe grüßt nach Süden, hinab nach Südtirol, wie es die Inschrift: »Gott schütze unsere Heimat« verlangt. Bei gutem, sicherem Wetter lockt dieses Kreuz auch die Bergsteiger vom Nordgipfel herüber; die etwa einstündige Überschreitung dieser ausgesetzten Felsroute, der »Gustav-Becker-Weg«, ist nur guten Bergsteigern mit Seilausrüstung und Klettererfahrung vorbehalten. Der Südgipfel der Hohen Wilde ist ein Ziel, mit dem jeder Bergsteiger in der Gipfelrast an einem guten Tag auf das Beste zufrieden sein wird und auf das er stolz sein darf. Die Ötztaler Alpen zeigen von ihrem südöstlichen Eckpfeiler noch letzte, bisher verborgene Geheimnisse des Kammverlaufes und vor allem ihren attraktiven Südausläufer, die nahe Texel-Gruppe, in vorteilhaftem Licht.

Tourensteckbrief

Ausgangsort
Pfelders 1622 m, im Pfelderer Tal, oder Vorderkaser 1693 m, im Pfossental.

Die Tour in Stichworten
Pfelders 1622 m – Stettiner Hütte 2875 m; oder Vorderkaser 1693 m – Eishof 2069 m – Eisjöchl 2908 m – Stettiner Hütte – »Hans-Grützmacher-Weg« – Hohe Wilde Südgipfel 3482 m – Stettiner Hütte.

Schwierigkeit/Anforderung
II = mäßig schwierig, 1½-Tage-Tour, mittlere Anforderung, Felstour.
Von Pfelders auf markiertem Steig Nr. 8 über die Lazins-Alm (1782 m); oder ab Parkplatz Vorderkaser im Pfossental über den Eishof auf Weg Nr. 39 zum Eisjöchl und zur Stettiner Hütte (je 4 Stunden). Ab Stettiner Hütte markierter Felssteig (»Hans-Grützmacher-Weg«), Querung der steilen Südostflanke zu einer Gletscherschulter (ca. 3350 m), die in den östlichen Gipfelaufbau reicht; auf etwa 50 m einzige Gletscherberührung (Langtaler Ferner). Nach Markierungen steil, wenig ausgesetzt, zum felsigen Südgipfel.
Auch für trittsichere, geübte Bergwanderer geeignet, Pickel nützlich!

Höchste Wegestelle/Gipfel
Hohe Wilde Südgipfel 3482 m.

Anstiegsleistung
Ab Pfelders oder Vorderkaser 1800, ab Stettiner Hütte 600 Höhenmeter.

Abstieg
Wie Anstieg.

Gehzeiten
Pfelders 1622 m; oder Vorderkaser 1693 m – Stettiner Hütte 2875 m: je 4 Stunden; Stettiner Hütte – Hohe Wilde Südgipfel 3482 m: 2 Stunden. Abstieg zur Hütte: 1½ Stunden. Gesamtgehzeit: Ab Stettiner Hütte 3½ Stunden.

Hütten/Stützpunkte
Stettiner Hütte 2875 m, CAI-Sektion Meran, 6 Matratzenlager in der Hütte, 22 Matratzenlager in einer Militärbaracke, bewirtschaftet von Anfang Juli bis Ende September.

Karten/Literatur
Kompass-Wanderkarte 1:50000, Blatt 53, Meran; Alpenvereinskarte 1:25000, Ötztaler Alpen, Blatt Gurgl; Alpenvereinsführer »Ötztaler Alpen«; Ellmenreich »Die Meraner Bergwelt«; Sepp Schnürer »Hohe Route Ostalpen«.

Tip
Ab Stettiner Hütte markierter Steig zur verfallenen Zwickauer Hütte unter dem Seelenkogel (siehe Tour 8) und Abstieg nach Pfelders. Aussichtsreiche, aber lange, anstrengende Route, wenig begangen; nur für trittsichere Bergsteiger.

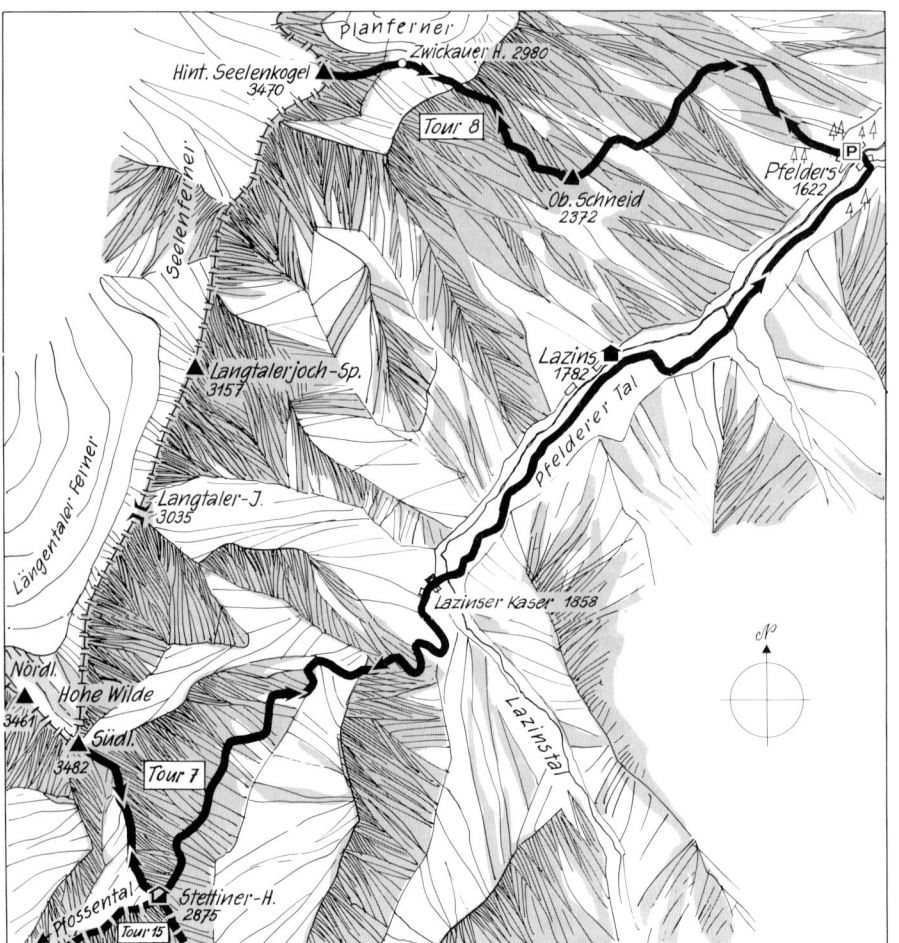

Ötztaler Hauptkamm

8 Hinterer Seelenkogel 3470 m

Hochgipfel über Pfelders

mäßig schwierig
Felstour

Die Seelenkögel (Vorderer 3290 m, Mittlerer 3426 m, Hinterer 3470 m) erheben sich als drei Fels- und Firngipfel in dem Scheidekamm zwischen dem Langtaler Ferner und dem Rotmoosferner. In der alpinen Namensgebung trägt die Bezeichnung »Hinter« immer der Gipfel, der dem Hauptkamm am nächsten bzw. in ihm steht und damit auch meist der höchste ist. Der Hintere Seelenkogel gehört dem Gurgler Kamm an, der ab Hohe Wilde bis zum Timmelsjoch ein Teil des Ötztaler Hauptkammes ist. Der Name der drei Kögel leitet sich von »See-len« = Seelein ab, gemeint sind kleine Wasser in den Abhängen zum Langtaler Ferner.

Der Hintere Seelenkogel gilt seiner Position und Höhe wegen seit jeher als hervorragender Aussichtspunkt. Diese Auszeichnung und der Vorzug eines direkten, eisfreien Zuganges aus dem Südtiroler Pfelderer Tal bewog die Alpenvereinssektion Zwickau in den Jahren 1896–99 zum Bau der Zwickauer Hütte (2980 m). Das kleine Schutzhaus stand bis zu seiner Sprengung 1967 auf einem selten schönen Aussichtspodium, dem sogenannten »Weißen Knott«, am Südrand des Planferners. Eine dürftige Nothütte wurde als Unterstand eingerichtet, aber mit der Erstellung einer Materialseilbahn hat die CAI-Sektion Meran das Signal für den Hüttenneubau gegeben. Das Drahtseil der Bahn dient dem Steig von Pfelders zur Hütte immer als Richtungsweiser. Über die Gipfelroute gibt es keine Zweifel: Das hohe Kreuz ist längst sichtbar, das steile, blockige Urgestein des Ostgrates bietet sich an für

eine Genußtour in festem, eisfreiem Fels, über 500 Höhenmeter bis zum Gipfel in 3470 Meter.

Tourensteckbrief

Ausgangsort
Pfelders 1622 m, im Pfelderer Tal.

Die Tour in Stichworten
Pfelders 1622 m – Ruine Zwickauer Hütte 2980 m – Hinterer Seelenkogel 3470 m – Zwickauer Hütte – Pfelders.

Schwierigkeit/Anforderung
II = mäßig schwierig, Tagestour, große Anforderung, Felstour.
Ab Pfelders nach Markierung Nr. 6 A teils auf Viehweg mäßig steil zur sichtbaren Schneid-Alm und auf steilem, aber gutem Steig zur Ruine der ehemaligen Zwickauer Hütte (Ende der Materialseilbahn, 1980 noch nicht in Betrieb). Ab Nothütte nach Steigspuren und Steinmännern über den langen, mäßig schwierigen Ostgrat, teils ausgesetzt und steil, zum Gipfel.
Grat nur bei guten Verhältnissen begehen (schneefrei!); nur für ausdauernde, erfahrene Berggeher.

Höchste Wegstelle/Gipfel
Hinterer Seelenkogel 3470 m.

Anstiegsleistung
Ab Pfelders 1800 Höhenmeter.

Abstieg
Wie Anstieg.

Gehzeiten
Pfelders 1622 m – Ruine Zwickauer Hütte 2980 m: 3½ Stunden; Zwickauer Hütte – Hinterer Seelenkogel 3470 m: 1½ Stunden. Abstieg nach Pfelders: 4 Stunden. Gesamtgehzeit: Ab Pfelders 9 Stunden.

Hütten/Stützpunkte
Keine; *Zwickauer Hütte* nur kleine Notunterkunft.

Karten/Literatur
Kompass-Wanderkarte 1:50 000, Blatt 53, Meran; Alpenvereinskarte 1:25 000, Ötztaler Alpen, Blatt Gurgl; Alpenvereinsführer »Ötztaler Alpen«; Ellmenreich »Die Meraner Bergwelt«.

Das Dorf Pfelders ist der Ausgangsort für die Tour zum Hinteren Seelenkogel. Sein Felsgipfel (Bild) überragt das Tal mit einem Höhenunterschied von 1800 Meter.

Südwestliche Ötztaler Alpen

In der alpin-geographischen Aufteilung der Ötztaler Alpen ist der Begriff »Südwestliche Ötztaler Alpen« unbekannt, aber er umschreibt deutlich, welcher Teil der Ötztaler Alpen damit gemeint ist; das Wissen, daß die Ötztaler Alpen über den Hauptkamm hinweg bis hinab zum Vinschgau greifen, gehört jedoch dazu. Der Blick auf eine Landkarte ordnet den Südwestlichen Ötztaler Alpen das gesamte Bergland zwischen dem Hauptkamm – mit Beginn am Reschenpaß – und dem Vinschgau bis hinab zum Schnalstal zu.

Die offizielle Gliederung der Ötztaler Alpen, der größten Zentralalpengruppe, richtet sich nach ihrem Hauptkamm und den mächtigen Nordzügen der stark ausgeprägten Gebirgskämme hinab zum Inntal. Die im Gegensatz dazu nur mäßige Ausbreitung der Ötztaler Alpen nach Süden wird gut durch die Täler gegliedert, die vom Vinschgau hinein zum Hauptkamm ziehen: vom Reschenpaß abwärts das Langtauferer Tal, Planeiltal, Matscher Tal, Schlandrauner Tal und das Schnalstal. Die Alpengeographie verwendet für diesen Südwestabschnitt nur zwei Täler namensgebend, das Planeiltal und das Schlandrauner Tal, und unterteilt dementsprechend dieses ausgedehnte Gebirge in »Planeiler Berge« und »Schlandrauner Berge«.

Die Sektionen des früheren Deutschen und Österreichischen Alpenvereins waren zur Gründerzeit bis kurz vor dem Ersten Weltkrieg auch in den »Südwestlichen Ötztaler Alpen« mit Hüttenbauten aktiv, aber nur die Weißkugel-Hütte überstand unbeschadet den Wandel der Zeiten. Die Ruinen der Höller-Hütte und der Heilbronner Hütte zeigen schmerzliche Lücken in diesem großartigen und einsamen Bergland, das die folgenden Tourenvorschläge 9 bis 14 nur unvollkommen darstellen können.

Langgestreckte Gebirgszüge gliedern die Südwestlichen Ötztaler Alpen. Im Bild der zum Teil noch vergletscherte Salurnkamm und das Matscher Tal mit den Glieshöfen.

9 Rotebenkopf
3158 m
Falbanairspitze
3200 m

*Wanderparadies
über Langtaufers*

wenig schwierig
Wandertour

Bergsteiger, die mit hochalpiner Ausrüstung wie Pickel, Steigeisen und Seil nach Langtaufers, zum Parkplatz am Weiler Melag (1915) kommen, streben ausschließlich hinauf zur Weißkugel-Hütte. Dem ebenen Weg hinein zur Melager Alm (1913 m) begegnen breitgefächert und in eiligem Fluß die Wildwasser des Karlinbaches, die sich nahe der Alm in einen engen Felsdurchlaß unter einer Holzbrücke zwängen müssen. Die »Hochalpinen« richten sich hier nach

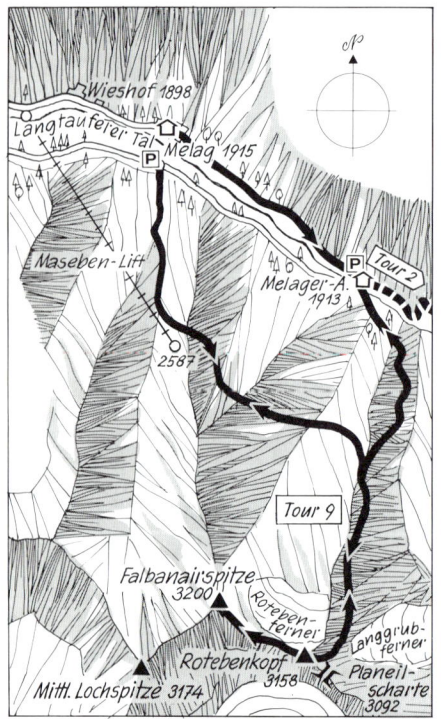

dem Schild, das ihre Hütte anzeigt. Für tüchtige Bergwanderer kann aber an der Brücke die Tafel: »Planeilscharte – Matscher Joch« mit der Wegenummer 5 von großem Interesse sein. Sie weist, ohne die Namen zu nennen, zu zwei Dreitausender-Gipfeln, die es wert sind, einmal ihretwegen hinein nach Langtaufers zu fahren und diese eindrucksvolle Tagestour zu unternehmen. Eine Eisausrüstung ist dazu nicht notwendig, trotzdem darf man den Rotebenkopf, 3158 Meter, und die ihm benachbarte Falbanairspitze, 3200 Meter, nur selbständigen Berggehern, und dies auch nur bei normalen, sommerlichen Verhältnissen, empfehlen.

Jenseits des Baches liegt inmitten einer gewellten, zum Bergwald sanft ansteigenden Wiese die beschauliche Melager Alm. Fast fühlt man sich versucht, mit der Morgensonne im Rücken, sich auf einen schon warmen Stein zu setzen, lange zu verweilen, über die holzbeschindelten alten Dächer hinaus nach Melag zu schauen, dessen weiße Häuser im Langtauferer Talschluß blitzen. Doch der bequeme, vom Militär in der Mussolini-Zeit angelegte Saumweg, der in den Waldgürtel zieht und als Ziel die Planeilscharte (3092 m) anvisiert, gibt Auftrieb.

Der Name dieses hohen Überganges weist auf das südlich eingeschnittene Planeiltal hin, das aus dem Vinschgau, vom Fuß der Malser Haide bis unter den Rotebenkopf und die Falbanairspitze ansteigt; ein weiter, viele Stunden langer Marsch führt vom letzten Talort Planeil hinauf zur gleichnamigen Scharte. Aus dem Langtauferer Tal war zu den Zeiten, als die Höller-Hütte noch bestand, die Route von der Planeilscharte zum Matscher Joch eine wichtige touristische Verbindung; heute ist sie ein einsamer, fast vergessener Übergang, wenn auch das Schild an der Melager Alm das Matscher Joch anzeigt.

Unseren Anstieg lenkt der gemütliche Weg in einer Höhe von etwa 2100 Meter aus dem dichten Bergwald in den freien Lebensraum der Lärchen und Zirben, mit mäßiger Steigung windet er sich kräftesparend höher in das baumlose Gelände der Melager Hochalm und trifft bei etwa 2400 Meter den Steig, der von Maseben und Roßeben herüberkommt. Man kann aus Langtaufers mit Hilfe eines Sessellifts von Hinterkirch bis Maseben auffahren und von der Bergstation

Wegekreuz im Matscher Tal, rechts die Höhen des Salurnkammes.

die Tour auf dem Weg 15 B hierher zu dieser Einmündung beginnen. Aber es springt kein Zeitgewinn dabei heraus, das Wandervergnügen auf dem alten Saumweg ist ungleich größer, und es bleibt bei uns, bis die Trasse bei einer Höhe von 2750 Meter in einem Kessel unter der Planeilscharte ausläuft. Über den Firnfleck des Langgrubferners legt vielleicht eine Stapfenspur die Richtung zur sichtbaren Scharte fest, aber auch ohne diese Hilfe kann der steile Anstieg entweder im Firn oder nach alten Markierungen rechts an seinem Saum, entlang der Felsen des Rotebenkopfes, nicht verfehlt werden. Knapp vor der Scharte weisen deutliche Steigspuren in plattigem rötlichen Geröll nach rechts hinauf zu einem breiten Plateau, das mit einer zweiten Stufe den Gipfel des Rotebenkopfes bildet. Auf dieser Höhe offenbart sich ein neues und bis heute einsam gebliebenes Gebirge, das auch im Sommer oft tagelang kein Mensch betritt.

Die alpine Literatur gibt dieser Bergwelt den Namen »Planeiler Berge«. Dazu gehören das Planeiltal und das Matscher Tal und die beiden Kämme, die das Langtauferer Tal vom Planeital und

Tourensteckbrief

Ausgangsort

Melag 1915 m, im Langtauferer Tal.

Die Tour in Stichworten

Melag 1915 m – Melager Alm 1913 m – Rotebenkopf 3158 m – Falbanairspitze 3200 m – Rotebenkopf – Melager Alm – Melag.

Schwierigkeit/Anforderung

I = wenig schwierig, Tagestour, große Anforderung, Wandertour.
Ab Melag auf Almweg (Markierung 2 und 5) entlang des Baches bis zur Brücke, dort Abzweigung nach rechts, Weg-Nr. 5, zur Melager Alm. Ab Alm auf gutem Saumweg (Nr. 5) durch Wald und über Almweiden hinauf zu einem Hochkessel (ca. 2750 m), in den der kleine Langgrubferner ausläuft. Aus dem Geröllkessel nach rechts zum rötlichen Fels des Rotebenkopfes und entlang dem Rand dieses Ewig-Schnee-Feldes Richtung Planeilscharte (3092 m) höher; *oder* bei guter Firnauflage im spaltenlosen Gletscher mäßig steil aufwärts und nach rechts im gerölligen, wenig schwierigen Fels des Rotebenkopfes auf Steigspuren zum Gipfel. (Die Planeilscharte bleibt links und braucht nicht berührt zu werden.) Ab Rotebenkopf kurzer, wegloser Abstieg zu einem Sattel (ca. 3050 m), leichter Übergang mit Wiederanstieg über einen blockigen Aufschwung zur nahen Falbanairspitze.

Tour für erfahrene, trittsichere Bergwanderer, Pickel nützlich.

Höchste Wegestelle/Gipfel

Rotebenkopf 3158 m, Falbanairspitze 3200 m.

Anstiegsleistung

Ab Melag 1400 Höhenmeter.

Abstieg

Wie Anstieg; *oder* (für selbständige, gute Geher): Falbanairspitze, Überschreitung nach Südwesten Richtung Mittlere Lochspitze und bei Einsicht in das Falbanairtal über Firnflecken wegloser, steiler Abstieg in dieses Tal (Vorsicht, teils Felsabbrüche!), hinab zur sichtbaren Bergstation eines Sesselliftes (Masebenlift – Talstation Hinterkirch, 2 km vor Melag); Abfahrt mit dem Lift oder auf Almweg und Steig direkter Abstieg zum Gasthof Weißkugel nahe Melag.

Gehzeiten

Melag 1915 m – Melager Alm 1913 m: ¹/₂ Stunde; Melager Alm – Rotebenkopf 3158 m: 3 Stunden; Rotebenkopf – Falbanairspitze 3200 m: 1 Stunde. Abstieg wie Anstieg: 2¹/₂ Stunden.
Gesamtgehzeit: 7 Stunden.

Hütten/Stützpunkte

Gasthaus an der *Bergstation Masebenlift,* ca. 2500 m, keine Übernachtung.

Karten/Literatur

Kompass-Wanderkarte 1:50000, Blatt 52, Vinschgau; Freytag-Berndt-Wanderkarte 1:50000, Blatt S2, Vinschgau – Südliche Ötztaler Alpen; Alpenvereinskarte 1:25000, Ötztaler Alpen, Blatt Weißkugel; Alpenvereinsführer »Ötztaler Alpen«.

Tip

Abstieg wie Anstieg bis zur Abzweigung 15 B und auf diesem markierten Steig hinüberwandern zur Bergstation des Sesselliftes.

Der Weiler Melag im hintersten Langtauferer Tal ist eine der höchsten Ortschaften Südtirols. Über dem Ort der Westausläufer des Ötztaler Hauptkammes, im Talschluß breitet sich die Melager Alm. Hier beginnt auf einem Saumweg die Tour zum Rotebenkopf und zur Falbanairspitze.

dieses vom Matscher Tal trennen. In einem Bogen umschließen beide Züge an der Planeilscharte das gleichnamige Tal und entsenden mit Gabelung an der Freibrunner Spitze (3371 m) – noch zu den Planeiler Bergen gehörend – den stark vergletscherten Weißkugelkamm über die Bärenbartkögel zum Bärenbartjoch (3292 m) nahe der Weißkugel. Die prächtige Reihe der mächtigen Hängegletscher von der Freibrunner Spitze über die Bärenbartkögel bis zur Weißkugel sind ein Stiefkind des Sommertourismus, die Gipfel in den Kammzügen beidseits des Planeiltales hinab zum Vinschgau nur Namen auf der Karte, meist ohne Weg und Steg.

Die gleich dem Rotebenkopf einsame Falbanairspitze erhebt sich, von einem Sattel abgetrennt, im Nordwesten des Rotebenkopfes, nur eine halbe Wegestunde entfernt. In der Umschau am Gipfelsteinmann gehört das Interesse vor allem dem Auslauf des Ötztaler Hauptkammes von der Weißseespitze bis zur Klopaierspitze über dem Reschensee, aber auch den einsamen Hochkaren und den langen grünen Tälern. Wir sehen, welch großzügiges Tourengebiet auch drüben in der »Sonnseit'n« des Langtauferer Tales noch auf die Entdeckung wartet.

10 Portlesspitze
3071 m

*Ein Berg
ohne Weg und Steg*

*wenig schwierig
Wandertour*

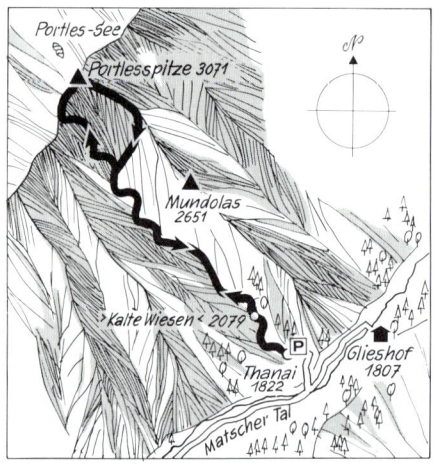

Die Portlesspitze erhebt sich im östlichen Kamm der Planeiler Berge als letzte Dreitausender-Höhe. Nach dem Felskopf der »Portles« vollziehen nur noch sanft gerundete Höhen die Trennung des Planeiltales vom Matscher Tal bis hinab zum Vinschgau.

Die nur wenig bekannte und daher einsame Portlesspitze wird von Eingeweihten gerade deshalb und ihrer weiten Sicht wegen geschätzt. Zur Empfehlung eignet sich wohl am besten der Anstieg aus dem Matscher Tal, von der abgelegenen, aber auf guter Straße erreichbaren Höfegruppe Thanai (1824 m) aus. Auf dem Waldsträßchen (gesperrt) zur Hochalm »Kalte Wiesen« (2079 m) beginnt die Tour. Bei der letzten Heuhütte, am oberen Almzaun, wird im Zweifel über die Richtung klar, welchen Besuch die Portlesspitze erwartet: Freunde der Einsamkeit, selbständige, erfahrene Bergwanderer, die auf Weg und Steg und Markierungen verzichten können! Im dichten Bodenwuchs der unteren Hänge zwischen Zirben und einzelnen Lärchen zieht, immer gerade empor, der steile, mühsame Anstieg. Weit oben, im Geröll eines Hochkares, plagen immer noch Zweifel über den richtigen Gipfel das Gemüt. Die Portlesspitze gibt sich erst an einem Steinmann mit Stange und einer kleinen Tafel aus Laaser Marmor zweifelsfrei zu erkennen.

Tourensteckbrief

Ausgangsort
Thanai 1824 m, im Matscher Tal.

Die Tour in Stichworten
Thanai 1824 m – »Kalte Wiesen« 2079 m – Portlesspitze 3071 m – »Kalte Wiesen« – Thanai.

Schwierigkeit/Anforderung
I = wenig schwierig, Tagestour, mittlere Anforderung, Wandertour.
Ab Thanai auf Almfahrweg zur Hochalm »Kalte Wiesen«, schräg links über die Almwiesen nach Nordwesten zum Almzaun nahe einer Heuhütte, über den Zaun und durch den lockeren jungen Zirbenbestand (einzelne verwachsene Steigkehren) direkt steil hinauf gegen einen waagrechten rotbraunen Gerölldamm. Ein Gratkamm mit einem blockigen, markanten Gratköpfl (Mundolas 2651 m) bleibt immer rechts! Der Gerölldamm schließt bei ca. 2800 m ein Hochkar ab, das von einem Felskamm gerahmt wird, in dem sich die Portlesspitze wenig auffallend erhebt. (Rechts markiert deutlich eine Stange einen blockigen Nebengipfel.) Aus dem Hochkar führt der günstigste Anstieg nach links hinauf zu einem Felskamm (Kompass-Wanderkarte P. 2954 m) und in seiner nur wenig schwierigen, reizvollen Überschreitung (Trittsicherheit vorausgesetzt) über eine kleine Gratsenke zum Gipfel.
Route nicht markiert, nur für erfahrene Berggeher.

Höchste Wegestelle/Gipfel
Portlesspitze 3071 m.

Anstiegsleistung
Ab Thanai 1300 Höhenmeter.

Abstieg
Wie Anstieg; *oder,* besser, von der Portlesspitze östlich zu dem stangenbezeichneten Nebengipfel, dort nach Süden auf dem gut gangbaren Grat tiefer, bis Geröllhänge eine schnelle »Abfahrt« nach rechts, zurück in das Hochkar, erlauben.

Gehzeiten
Thanai 1824 m – »Kalte Wiesen« 2079 m: 1 Stunde; »Kalte Wiesen« – Portlesspitze 3071 m: 2^1/$_2$ Stunden. Abstieg Thanai: 2^1/$_2$ Stunden.
Gesamtgehzeit: 6 Stunden.

Hütten/Stützpunkte
Keine.

Karten/Literatur
Kompass-Wanderkarte 1:50000, Blatt 52, Vinschgau; Freytag-Berndt-Wanderkarte 1:50000, Blatt S2, Vinschgau – Südliche Ötztaler Alpen; Alpenvereinsführer »Ötztaler Alpen«.

Tafelinschrift:
*»PORTLESSPITZ 3060 METR. ü. d. MEER
JOH. SCHÖPF AUS MALS 1895«.*

Südwestliche Ötztaler Alpen

11 Spitzige Lun
2320 m

Beliebter Malser Hausberg

wenig schwierig
Wandertour

Die Spitzige Lun im oberen Vinschgau
bekanntzumachen, hieße »Eulen nach
Athen tragen«. Jeder auf Bergwandern
eingestellte Vinschgauer Sommergast
kann den Hausberg von Mals nicht übersehen. Mit der Spitzigen Lun setzt der
Kammrücken zwischen den Tälern von
Planeil und Matsch seinen Fuß in die
Malser Haide.
Wer von Reschen talabwärts in den
Vinschgau fährt, sieht nach St. Valentin,
dort, wo das Gelände sich anschickt,
über die »Haide« stetig abzufallen, ein
viele Meter hohes Kreuz. Dieses berühmte und legendäre »Langkreuz« der
Malser Haide, oft zerstört, aber immer
wieder aufgerichtet, (das heutige Langkreuz 1950), ist eine uralte Landmarke,
deren Ursprung bis in das 13. Jahrhundert zurückgeht. Der gefürchtete, scharfe »obere Wind« herab vom Reschen ist
ihm feindlich und auch den Ebereschen
entlang der Staatsstraße hinab nach
Mals, die es aber gelernt haben, sich de-
mütig vor ihm zu beugen. Die Malser
Haide ist der größte Murkegel der Alpen. Unzählige Bauerngenerationen haben dem rauhen Klima durch Düngung
und künstliche Bewässerung (Waale) einen fruchtbaren, bis zum letzten Schnitt
im Herbst leuchtend grünen Wiesenplan
abgerungen – mit den Bergen ringsum
bildet er ein Landschaftsjuwel von her-
bem Reiz. Die geltende Landeskunde
läßt den Obervinschgau – früher auch
»Staudenvinschgau« genannt – am Reschenpaß beginnen; tatsächlich aber
zählte man im Österreich vor dem Ersten Weltkrieg noch Nauders hinzu. Der
Tiroler Volksmund von damals beschreibt den Vinschgau auf seine Art:

Nauders, ein Ort des Schauders;
Mals – ist noch nit alls;
Schlanders – da werdts schon anders,
Meran – gehts Leben an.

Die Wanderung zur Spitzigen Lun kann
von drei Ortschaften aus beginnen. Den
direkten und daher kürzesten Anstieg
vollzieht ab Planeil (1599 m) ein steiler
Steig im waldreichen Nordhang. Das
Planeiltal ist dort so eng, und die Hänge
sind so steil, daß das kleine Dorf fast
zum Riegel für das Tal wird und ein
Haus auf das andere hinunterschaut.
Der schmale Parkplatz am Ortseingang
hält alle Fahrzeuge auf und damit auch
die laute Welt, die keinen Zugang in die
Einschicht des Planeiltales findet.
Auf der Ostseite der Spitzigen Lun liegt
im Matscher Tal auf einer großräumige-
ren Rampe das Dorf Matsch (1564 m);

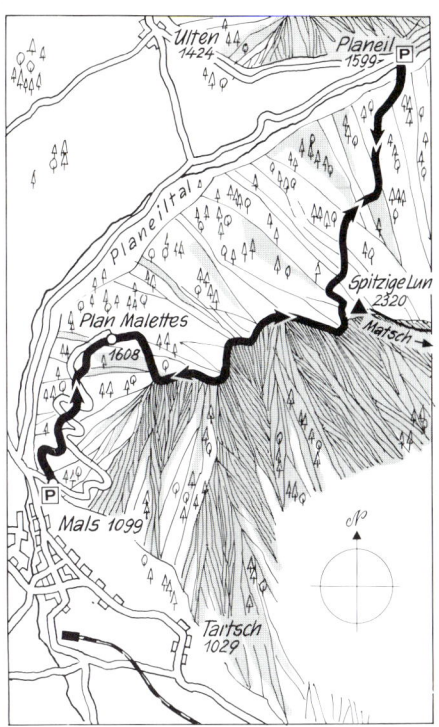

Im Anstieg von Mals zur Spitzigen Lun grüßt inmitten lichter Lärchen auf einer Höhe von 1500 Meter diese alte Wegekapelle die Wanderer.

29

es empfiehlt über Plantavillas (2057 m) eine aussichtsreiche Wanderroute zum Gipfel. Am schönsten und angenehmsten, wie geschaffen zum sorglosen, genießerischen Wandern – wenn auch etwas länger – ist jedoch der Weg von Mals (1099 m) über Plan Malettes (1608 m).

Der Marktflecken Mals gilt unbestritten als das Zentrum von Handel und Wandel im Obervinschgau. Auch die Vinschgauer Schmalspurbahn erkennt diese Bedeutung an; seit ihrer Schienenlegung im Jahre 1906 quält sie sich von Meran über 800 Höhenmeter hinauf zum nach der Brennerlinie höchsten Bahnhof in Südtirol. Erst ab Mals, dem unteren Rand der Malser Haide, in dem Bogen nach Osten Richtung Meran, wird der Vinschgau das fruchtbare, mit Obst- und Gemüsekulturen und viel Sonne gesegnete Land, das seinen Ruf begründet.

Die Spitzige Lun schaut mit ihrem Gipfelkreuz hinein in den Marktplatz. In der reinen Luft eines Herbsttages scheint es sehr nahe zu sein, und man möchte die 3½ Stunden Anstiegszeit kaum glauben. Die Wegenummer 12 und eine deutliche rot-weiße Markierung führen durch einen umfriedeten Naturpark, der noch auf die Zeit des früheren Deutschen und Österreichischen Alpenvereins zurückgeht.

Ein Trimmpfad begleitet den Weg und mahnt die Malser Sommergäste zu gelegentlicher sportlicher Anstrengung, aber welcher Trimmpfad kann letztlich mit einer Bergtour wetteifern? Eine Forst-

straße bringt den Wanderer gemächlich hinauf zu einem alten Kapellchen und damit auf die Höhe von etwa 1500 Meter. Das Schild: »Spitzige Lun«, die Nummer 12 und die Markierungen zeigen von der Forststraße nach rechts zu einem Steig, der bald durch dichten Fichtenwald höherzieht zu einem Almplateau, dem Plan Malettes, 1608 Meter. Zu dieser lichten Wiese gehören ein Holzkreuz und ein selten großer, aus einem Granitblock herausgehauener Wassertrog mit der Jahreszahl 1880! Auch die Forststraße kommt zum Plan Malettes und führt zu einer großen Alm; ein Steig schlängelt sich abwechslungsreich weiter über die freien Südosthänge der Spitzigen Lun hinauf zur »Hasenwarte« und zu einem runden Seeauge (ca. 2000 m). In diesem Wasser könnte sich der nahe Gipfel spiegeln, würde nicht eine kleine Grasinsel darin schwimmen und ihm sein Bild verwehren. In Höhe der Alm sieht der Wanderer plötzlich zwei Gipfelkreuze vor sich, aber die Markierungen und die Orientierung am Seelein ordnet das rechte, nach Osten versetzte Kreuz dem »Niederen Joch« (2476 m) und das nähere, das auf einem Felsvorsprung steht, der Spitzigen Lun zu. Ein Waldgürtel schiebt sich nochmals dazwischen, der Steig durchschneidet ihn, erklimmt in Serpentinen den Gipfelfels und verhält endlich am Kreuz, an der wohl herrlichsten Aussicht: zur Ortler- und Sesvenna-Gruppe, zum Obervinschgau und zur Malser Haide und zur Seenstufe von Reschen!

Tourensteckbrief

Ausgangsort
Mals 1099 m, im Vinschgau; *oder* Planeil 1599 m, im Planeiltal; *oder* Matsch 1564 m, im Matscher Tal.

Die Tour in Stichworten
Mals 1099 m – Plan Malettes 1608 m – Spitzige Lun 2320 m – Plan Malettes – Mals; *oder* Planeil 1599 m; *oder* Matsch 1564 m – Spitzige Lun.

Schwierigkeit/Anforderung
I = wenig schwierig, Tagestour, mittlere Anforderung, Wandertour.
Im folgenden wird der gebräuchlichste Anstieg ab Mals beschrieben:
Ab Mals immer nach Markierung 12 teils auf Waldweg und (gesperrter) Forststraße zu einer kleinen Wegekapelle, dort Steig nach rechts hinauf zum Plan Malettes; auf der Forststraße weiter zu einer großen, neuen Alm, ein Steig führt bald nach links, über die »Hasenwarte« und letzte Serpentinen zum Gipfel.
Durchgehend gut markierte Wanderroute, für alle gehtüchtigen Wanderer.

Höchste Wegestelle/Gipfel
Spitzige Lun 2320 m.

Anstiegsleistung
Ab Mals 1300 Höhenmeter.

Abstieg
Wie Anstieg (wegen der Aussicht und des besseren Weges zu empfehlen); *oder* auf Waldsteig hinab nach Planeil (kürzester Abstieg); *oder* nach Weg Nr. 13 über Plantavillas (2057 m) nach Matsch.

Gehzeiten
Mals 1099 m – Plan Malettes 1608 m: 1½ Stunden; Plan Malettes – Spitzige Lun 2320 m: 2 Stunden. Abstieg nach Mals: 2½ Stunden; nach Planeil: 1½ Stunden; nach Matsch: 3 Stunden.
Gesamtgehzeit: 5–6½ Stunden je nach Routenwahl.

Hütten/Stützpunkte
Keine.

Karten/Literatur
Kompass-Wanderkarte 1:50000, Blatt 52, Vinschgau; Freytag-Berndt-Wanderkarte 1:50000, Blatt S2, Vinschgau – Südliche Ötztaler Alpen.

◁ *Die Spitzige Lun, von Reschen den Vinschgau abwärts auf der linken Talseite, ist ein berühmter Aussichtsgipfel. Im Bild die beiden Reschenseen, links die Ausläufer der Sesvenna-Gruppe.*

Rast auf der Lazaun-Alpe, darüber das vergletscherte Salurnjoch, von dem nach links über den Nordgrat der Anstieg zur Salurnspitze führt. ▷

12 Salurnspitze
3435 m

*Selten besuchter Gipfel
über Kurzras*

*sehr schwierig
Gletscher-/Felstour*

Im Raum der »Südwestlichen Ötztaler Alpen« erhält eine Bergkette besondere Bedeutung: Der am Quelljoch (3273 m), nahe der Weißkugel, vom Ötztaler Hauptkamm nach Süden streichende Salurnkamm verdient in hohem Maße bergsteigerische Aufmerksamkeit! Dieser Stichkamm hinab zum Vinschgau besitzt einige hervorragende Gipfelziele, die an Höhe und mit ihrem Gletscherschmuck der allseits bekannten »Prominenz« im Ötztaler Hauptkamm kaum nachstehen. Aber die Schwemser Spitze (3456 m), die Salurnspitze (3435 m) mit der Lagaunspitze (3438 m) und die Gipfelreihe bis hinab zum Hochalt (3284 m) sind, obwohl sich

ihr Bild aus der Sicht vom Schnalskamm verführerisch darbietet, bis heute noch wenig gefragt. Vor dem Ersten Weltkrieg, in der ersten Blütezeit des Hochalpinismus, war neben Kurzras die günstig gelegene, aber jetzt zerstörte Höller-Hütte (2702 m) im Matscher Tal ein vorzüglicher Ausgangsort für Touren im Salurnkamm. Kurzras (2011 m) im Schnalstal blieb uns erhalten, wenn es auch heute nicht mehr die alte und bei den Bergsteigern beliebte »Kurzhof-Einkehr« von einst sein kann.
Das Kurzras unserer Tage lebt von der »Schnalstaler Gletscherbahn« und der lauten, bunten Skiwelt, die zu ihr gehört. Wanderer und Bergsteiger können dem

Trubel – wenn nicht unbedingt die »Schöne Aussicht« das Ziel sein soll – leicht und mit wenigen Schritten entfliehen, wenn sie sich entweder zu einer Wanderung hinein in das Langgrubtal oder hinauf zur Lazaun-Alpe entschließen. Zu dieser schwebt ab Kurzras ein Sessellift zur Bergstation (2460 m), er schenkt wertvolle Höhenmeter und auch Anstiegszeit, die man für die Tour zur Salurnspitze gut gebrauchen kann. Dadurch rückt auch ohne Hüttenstützpunkt die Salurnspitze in den Bereich einer normalen Tagestour.

Die Bergstation am Rande der Lazaun-Alpe stellt unser Tourenziel vor. Wir sehen ein formschönes vergletschertes Bergmassiv, dem zwei Gipfel, links die Lagaunspitze und rechts die Salurnspitze als Hauptgipfel, entragen. Die 3 Meter niedrigere Salurnspitze dominiert deshalb, weil sie in der Kammlinie steht und als ein trigonometrischer Punkt gilt, während die Lagaunspitze einen Nebengipfel nach Südosten, hinab zur Lagaun-Alpe, bildet. Die Salurnspitze entsendet nach Norden einen Felsgrat zum Firnsattel des Salurnjoches (3225 m), von dem der Lazaunferner herab zur gleichnamigen Alpe fließt und die Anstiegsrichtung aufzeigt.

Von der Bergstation laufen Steigspuren entlang des Lazaunbaches fast eben in den hintersten Alpwinkel und über den glatten Rücken der inneren, linken Moräne hinauf zu ersten Steinmännern im Vorfeld des Gletschers. Im Chaos von Felsblöcken, Sandinseln, Wasserrinnsalen und blankem Eis sucht man sich die Route hinauf zur obersten Moränenkrone, die bei einer Höhe von etwa 2900 Meter in den Gletschersaum hineinreicht. Die Differenz von 300 Höhenmetern über den Lazaunferner zum Salurnjoch erprobt, ohne allzu große Anforderungen, das Können und die Umsicht, die jede Seilschaft mitbringen muß, um den Gefahren des spaltenreichen Gletschers zu begegnen. Ab Salurnjoch baut der Nordgrat eine steile und auch teilweise brüchige, schmale Felstreppe über die restlichen 200 Anstiegsmeter auf. Dies war auch der Weg der ersten bekanntgewordenen touristischen Ersteigung am 7. September 1876 von Kurzras aus. Der Versuchung, Steigeisen und Pickel am Joch zurückzulassen, sollte man nicht nachgeben: eingelagerte schmale Firnsattel – im Spätsommer Blankeis – können bei fehlender Ausrüstung den Gipfelsieg noch knapp vor dem Ziel vereiteln!

Das Ansehen der Salurnspitze, ihr hochalpines Tourenangebot und die großartige Aussicht haben schon die Ersterseiger und die alpine Literatur gewürdigt. Aber der Vermerk: »Selten besuchter Gipfel« gilt noch immer!

Tourensteckbrief

Ausgangsort
Kurzras 2011 m, im Schnalstal.

Die Tour in Stichworten
Kurzras 2011 m – Bergstation Sessellift Lazaun-Alpe ca. 2460 m – Salurnspitze 3435 m – Bergstation Sessellift – Kurzras.

Schwierigkeit/Anforderung
IV = sehr schwierig, Tagestour, große Anforderung, Gletscher-/Felstour.
Ab Kurzras mit Lift oder nach Steig Nr. 11 zur Bergstation des Lazaun-Sesselliftes. Ab Bergstation dem Bach entlang über die fast ebenen Weiden der Lazaun-Alpe und links mäßig steil zum Fuße der sandigen, innersten Moräne. Auf ihrem Rücken nach Steigspuren und Steinmännern in das Becken unter dem rechten, nördlichen Abfluß des Lazaunferners; teilweise steil über mehrere Terrassen (Spaltengefahr!) empor zum Gletschersattel des Salurnjoches (3225 m). Von dort über den blockigen, teils steilen und brüchigen Nordgrat (II) zum Vorgipfel und fast eben zum Hauptgipfel. *Oder* aus dem Hochbecken des Lazaunferners die kurze, aber steile Eisflanke nach links hinauf zu einem Firngrat und über ihn direkt zum Hauptgipfel.
Nordgrat nur bei aperen Verhältnissen begehen, Firnflanke braucht günstige Schneeauflage, sonst Eisarbeit! Tour nur für in Fels und Eis erfahrene und dafür ausgerüstete Bergsteiger!

Höchste Wegestelle/Gipfel
Salurnspitze 3435 m.

Anstiegsleistung
Ab Kurzras 1400 Höhenmeter.

Abstieg
Wie Anstieg.

Gehzeiten
Kurzras 2011 m – Bergstation Sessellift Lazaun-Alpe ca. 2460 m: 1 Stunde; Bergstation – Salurnjoch 3225 m: $2^1/_2$ Stunden; Salurnjoch – Nordgrat – Salurnspitze 3435 m: 1 Stunde. Abstieg Kurzras: $3^1/_2$ Stunden. Gesamtgehzeit: Ab Kurzras 8 Stunden.

Hütten/Stützpunkte
Bergstation des Lazaun-Sesselliftes ca. 2460 m, keine Übernachtungsmöglichkeit.

Karten/Literatur
Kompass-Wanderkarte 1:50000, Blatt 52, Vinschgau; Freytag-Berndt-Wanderkarte 1:50000, Blatt S2, Vinschgau – Südliche Ötztaler Alpen; Alpenvereinsführer »Ötztaler Alpen«.

Tip
Übergang von der Salurnspitze zur Lagaunspitze, 3438 Meter, möglich.
Die Schwemserspitze (3456 m, nördlich der Salurnspitze) ist mit Ausgangsort Kurzras ein weiteres lohnendes Tourenziel für den erfahrenen, selbständigen Bergsteiger.

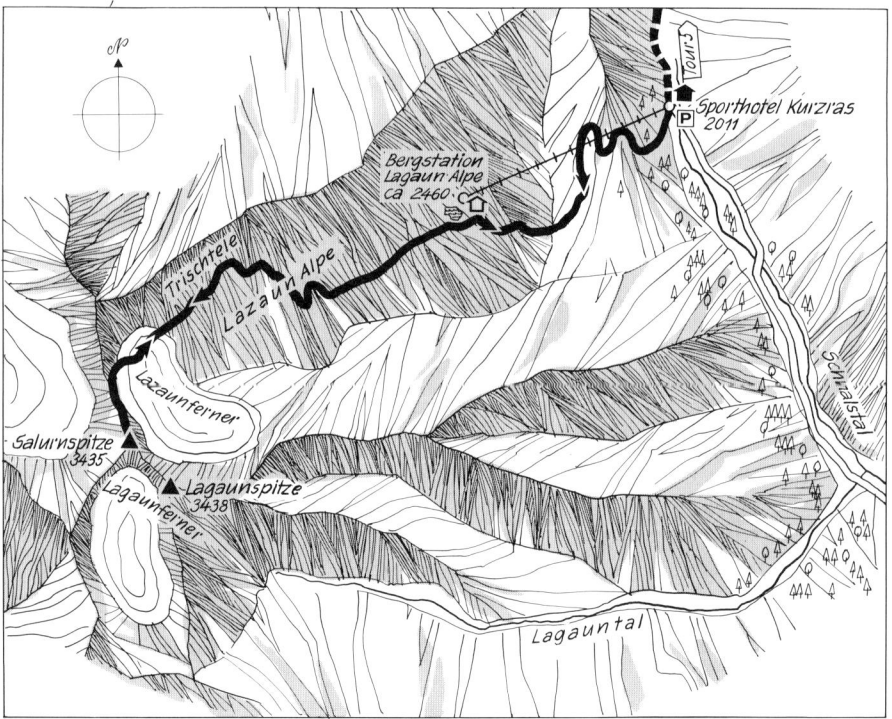

13 Hohes Kreuzjoch

2986 m

Aussichtsloge zum Ortler

wenig schwierig
Wandertour

Der Salurnkamm hält vom Quelljoch (3273 m) am Ötztaler Hauptkamm bis zum Oberen Salurnkopf (3428 m) eine strenge Südrichtung ein, verzweigt aber nach diesem Gipfel östlich zur Mastaun-Gruppe und nach Westen zur Litzner Spitze. Zur Mastaun-Gruppe (Mastaunspitze 3200 m) gehört der Bergraum vom Schlandrauner Tal nach Osten zum Schnalstal; der westliche Zweig mit der Litzner Spitze (3205 m) als Hauptgipfel bildet das verästelte Gebirge vom Schlandrauner Tal zum Matscher Tal. Der Vinschgau schließt diese Südausläufer der Ötztaler Alpen ab, die im Begriff »Schlandrauner Berge« einen guten Namen erhalten haben. Das überaus trockene Vinschgauer Klima nahm den Schlandrauner Bergen, obwohl viele Gipfel die Dreitausend-Meter-Grenze überschreiten, schon frühzeitig jeglichen Gletscherschmuck: So gilt die Litzner Spitze als höchster unvergletscherter Berg der gesamten Ostalpen! Nur der Salurnkamm hütet bis zum Oberen Salurnkopf noch gut gefüllte Eiskammern. Diese Kurzmonografie zeigt deutlich, welch beträchtlichen Spielraum die Schlandrauner Berge dem Wandertourismus bieten. Alpenvereinshütten, die als Stützpunkte dienen könnten, sucht man jedoch vergeblich. Die im Jahre 1910 von der Sektion Heilbronn erbaute Heilbronner Hütte (2772 m) am Tascheljöchl war nach dem Ersten Weltkrieg sich selbst überlassen; das einmal

mit viel Liebe gebaute Haus verfiel und brannte 1933 ab. Die Schlandrauner Berge blieben einsam wie eh und je. Aber deshalb vielleicht ist ihre Bergwelt ein Anreiz für den erfahrenen und selbständigen Bergwanderer, der gewohnt ist, großzügig auszuschreiten – hinweg über Berg und Tal. Eine Tour, die derartigen Vorstellungen nahekommt, ist die Besteigung und, wenn man das Erlebnis voll haben möchte, die Überschreitung des Hohen Kreuzjochs, 2986 Meter.
Von der Litzner Spitze, dem Mittelpunkt zwischen den Tälern von Matsch und Schlandraun, zieht ein Sporn nach Südost. Bevor er jedoch entscheidend an Höhe verliert, bildet er das Hohe

Kreuzjoch aus und gibt ihm eine weithin sichtbare, beherrschende Position über dem mittleren Vinschgau. Dieser Tourenvorschlag empfiehlt das Hohe Kreuzjoch in einer Stichtour aus dem Matscher Tal.
Das Tal hat seinen Ursprung am Matscher Joch (3188 m) unter der Freibrunner Spitze, nahe der Weißkugel. Von dieser Höhe fällt es in einer gekrümmten Furche etwa 20 Kilometer lang bis auf 900 Meter bei Schluderns im Vinschgau ab – noch vor 100 Jahren seiner Verlassenheit wegen eine »Heimat der Wölfe« genannt. Auch heute fristen im Innern des Tales nur die paar Thanaier Bergbauern (1824 m) und die Glieshöfe ein

Das Dorf Matsch, im Blick von der Runner Alm, bietet sich als Ausgangsort für eine Besteigung des Hohen Kreuzjoches an.

Auskommen. Der Kirchgang ruft die Talbewohner nach Matsch (1564 m). Die enge, verschachtelte Bauweise des Ortes erinnert an Planeil, doch Matsch liegt auf einer weiträumigeren Rampe hoch über dem Talgrund, den der Saldurbach durchfließt.

In den Wiesen- und Waldhängen jenseits von Matsch beginnt bei einer Straßengabelung (ca. 1700 m) der Anstieg über die Runner Alm (2058 m) zum Hohen Kreuzjoch. Ein altes, hölzernes Schöpfrad, das Almkreuz, die kleine Hütte mit der Anschrift »Runer Alpe« und Mauerreste bilden ein Idyll, drüben am Sonnenhang auf der anderen Talseite glänzt die weiße Häuserzeile von Matsch. An einem Stein zeigen die Anschrift »Kreuzjoch« und ein Pfeil den bequemen Waldweg hinauf zur lichten, freien Weite der Alpweiden unter dem Kammzug zwischen Runner Köpfl und dem Hohen Kreuzjoch. Immer gut markiert, aber oft nur fußbreit durchzieht ein schmaler Steig den steilen Gras- und Schrofenhang zu einer Scharte auf der Kammhöhe (ca. 2550 m); von links grüßt der nahe Steinmann am Runner Köpfl (2593 m), nach rechts, in Südrichtung, ist das Kreuzjoch angeschrieben. Für diese 400 Höhenmeter in Überschreitung des wenig auffallenden Unteren Kreuzjochs (2763 m) braucht ein mit den Bergen vertrauter Wanderer keinen Steig. Der blockige Fels bildet bald Terrassen aus, die in Stufen höher leiten. Die Route bleibt immer am Kammrücken, mäßig steil führt sie hinauf zu einem weit nach West und Süd offenen, mit einem hohen Kreuz geschmückten Plateau, an dem sich die Bergkämme »kreuzen«. Der nach Osten weisende Arm trägt den höchsten Punkt des Kreuzjochs, 2986 Meter, den nur ein Steinmann kennzeichnet.

Der Gipfel überrascht mit einer Sicht, die vor allem der Ortler-Gruppe gehört. Die Frontberge zum Vinschgau stellen ihre vordersten Vertreter, die Laaser Spitze und die Tschengelser Hochwand, besonders vorteilhaft zur Schau. Dazwischen schimmert die Gletscherschüssel des Laaser Ferners und verrät die Standorte des Hohen Angelus und der Vertainspitze. Über dem Eingang des Suldentales zeigen sich das Stilfser Joch und die Kette hoher Firngipfel, die am Ortler kulminiert. Besonders aber beeindruckt die Schau hinab zur fruchtbaren, in einem Jahrtausend gewachsenen Kulturlandschaft des mittleren Vinschgaues – mit ihren Dörfern und Kirchen und den Bergbauern am Hang gewiß eine Kostbarkeit, die es zu erhalten gilt.

Tourensteckbrief

Ausgangsort
Matsch 1564 m, im Matscher Tal.

Die Tour in Stichworten
Matsch 1564 m – Runner Alm 2058 m – Hohes Kreuzjoch 2986 m – Runner Alm – Matsch.

Schwierigkeit/Anforderung
I = wenig schwierig, Tagestour, mittlere Anforderung, Wandertour.
Bei Tartsch Auffahrt aus dem Vinschgau und (günstig) bei km 5, noch vor dem Dorf Matsch, auf einer neuen, schmalen, für den öffentlichen Verkehr freigegebenen Forststraße nach rechts Abfahrt in den Talgrund, wieder Auffahrt bis zu einem Hof links an der Straße bei einer Brücke (günstiger Parkplatz, ca. 1460 m). Weiterfahrt nach rechts noch einige Kehren höher durch den Bergwald möglich, bis bei ca. 1700 m, kurz vor dem obersten Hof eine gesperrte Forststraße beginnt (wenig Parkmöglichkeit!). Nach Markierungen zuerst auf der Forststraße, dann scharf links auf einem Steig zur Runner Alm und den Markierungen (Nr. 22) folgend durch Bergwald hinauf zu Hochweiden (Schluderner Alm) und zu einer Scharte (ca. 2550 m) im Kammzug darüber. Ab Scharte weglos (das nahe, mit einem Steinmann markierte Runner Köpfl bleibt links) mäßig steil nach Süden, immer am breiten Kammverlauf über das nur wenig ausgeprägte Untere Kreuzjoch (2763 m) zum Hohen Kreuzjoch. Wandertour, aber Ausdauer und Erfahrung vorausgesetzt.

Höchste Wegestelle/Gipfel
Hohes Kreuzjoch 2986 m.

Anstiegsleistung
Ab Parkplatz im Talgrund 1500 Höhenmeter.

Abstieg
Wie Anstieg.

Gehzeiten
Tal-Parkplatz ca. 1460 m – Runner Alm ca. 2058 m: 1 1/2 Stunden; Runner Alm – Hohes Kreuzjoch 2986 m: 3 Stunden. Abstieg zum Parkplatz: 3 Stunden.
Gesamtgehzeit: Ab Parkplatz im Talgrund 7 1/2 Stunden.

Hütten/Stützpunkte
Keine.

Karten/Literatur
Kompass-Wanderkarte 1:50 000, Blatt 52, Vinschgau; Freytag-Berndt-Wanderkarte 1:50 000, Blatt S2, Vinschgau – Südliche Ötztaler Alpen.

Tip
Überschreitung des Hohen Kreuzjoch, markiert, ab Kreuz Abstieg über den breiten Kammrücken: Schwarzer Knott (2781 m) – Köpflplatte (2318 m) – Schluderns (919 m). Aussichtsreiche Wanderung!

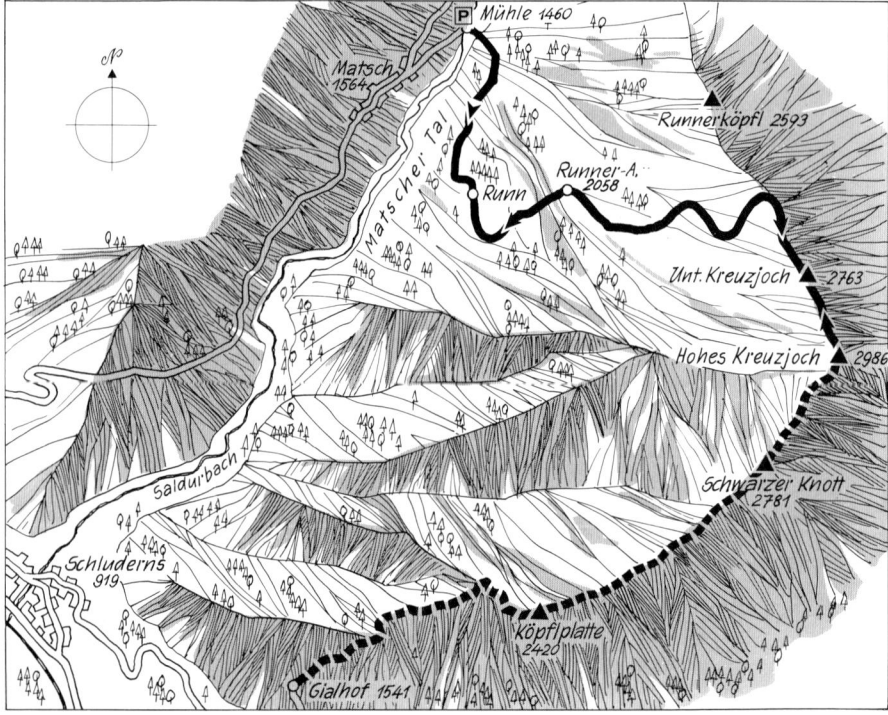

14 Vermoispitze
2929 m

Der Gipfel
über »St. Martin im Kofel«

wenig schwierig
Wandertour

Im Gegensatz zur Bergeinsamkeit, die dem Wanderer auf Schritt und Tritt sonst in den Schlandrauner Bergen begegnet, kann sich die Vermoispitze kaum über mangelnden Besuch beklagen. Aber diesen Vorzug verdankt die im mittleren Vinschgau weithin sichtbare Spitze nur der Seilbahn vom Marktort Latsch (641 m) nach St. Martin am Vorberg (1736 m), richtiger »St. Martin im Kofel« genannt. 1100 Höhenmeter durcheilt die kleine Kabine in 9 Minuten – wenig Zeit, die steppenartigen Kahlflächen im steilen Vinschgauer Sonnenhang zu betrachten und über die Wiederaufforstungsprobleme nachzudenken, die sich in der Vinschgauer »Sonnleit'n« ergeben. Oben beim Wallfahrtskirchlein St. Martin lockt schon das Kreuz der Vermoispitze, aber im gleichmäßigen Wandern auf einem Fahrweg hinauf zu einer paradiesischen Almlichtung mit einem kleinen See bleibt Zeit genug, über Arbeit und Leben der Bergbauern auf dieser Höhe nachzudenken. Die Vermoispitze ist angeschrieben, der Weg markiert, auch droben im hohen Hang der Goldrainer Alpe als steiler Steig nicht zu verfehlen. In einer Höhe von etwa 2700 Meter verläßt die Markierung den bisherigen Anstiegsrücken, quert nach rechts eine Schrofenmulde zu einer mittleren Felsrippe und überschreitet diese; mühsam und steil erfolgt der Schlußanstieg zum hohen Gipfelkreuz. Jede Aussicht im Vinschgauer Sonnenhang bewundert die Ortler-Gruppe. Die große Schau von der Vermoispitze gehört dem Martelltal und dem Bergrahmen, der es bis hinauf zur Zufallspitze umschließt.

Tourensteckbrief

Ausgangsort
Latsch 641 m, im Vinschgau.

Die Tour in Stichworten
Latsch 641 m – Kabinenbahn St. Martin 1736 m – Goldrainer Alpe – Vermoispitze 2929 m – St. Martin – Latsch.

Schwierigkeit/Anforderung
I = wenig schwierig, Tagestour, mittlere Anforderung, Wandertour.
Ab Latsch mit der Kabinenbahn nach St. Martin, nach Markierung Nr. 8 zu einer Almlichtung mit See, auf Steig durch Wald und über die Hochweiden der Goldrainer Alpe in steiles Schrofengelände. Nach Steigspuren Überschreitung zweier Gratrücken, in einer breiten Schrofenrinne zum Gipfel. Route durchgehend markiert. Nur für ausdauernde Bergwanderer.

Höchste Wegestelle/Gipfel
Vermoispitze 2929 m.

Anstiegsleistung
Ab St. Martin 1200 Höhenmeter.

Abstieg
Wie Anstieg.

Gehzeiten
St. Martin 1736 m – Vermoispitze 2929 m: 3¹/₂ Stunden. Abstieg nach St. Martin: 2¹/₂ Stunden.
Gesamtgehzeit: Ab St. Martin 6 Stunden.

Hütten/Stützpunkte
Keine.

Karten/Literatur
Siehe Tour 11.

St. Martin im Kofel mit Ausblick hinab zum Vinschgau und zur Ortler-Gruppe.

Texel-Gruppe

»Die Texel-Gruppe ist mit den ›Tyrolis Alpen‹ der alten Landkarten identisch. Der Name leitet sich von der historischen Burg des Grafen von Tirol ab.« So stellt der Alpenvereinsführer »Ötztaler Alpen« dieses Gebirge vor. Die Texel-Gruppe gehört demnach als südlicher Anhang zu dieser großen, übergeordneten Zentralalpengruppe.

Am Eisjöchl unter der Hochwilde verbinden sich die Texelberge mit dem Ötztaler Hauptkamm. Das Pfossental und das Pfelderer Tal vollziehen die Nordgrenze, das Schnalstal, der untere Vinschgau und das Passeiertal von Meran bis nach St. Leonhard umschließen die Texel-Gruppe von Westen, Süden und Osten. Das bergsteigerische Augenmerk richtet sich vor allem zum Westteil der Gruppe, dort locken hohe, vergletscherte Gipfel. Das Zieltal in seinem Verlauf von Partschins zur Lodner-Hütte ist die ideale Eingangspforte in dieses hochtouristische Zentrum. Den weniger besuchten östlichen Abschnitt hinab zum Passeiertal und zum Pfelderer Tal gliedern mehrere Bergkämme und einsame Täler. Lediglich das Spronser Tal mit seiner Seenplatte ist ein beliebtes und allseits bekanntes Wandergebiet. Seit dem Jahre 1976 wird diese an Naturschönheiten so reiche Bergwelt durch den »Naturpark Texelgruppe« gesetzlich geschützt. Die Parkgrenzen greifen über die Gruppe hinaus bis zum Zentralalpenkamm, aber alle ganzjährig bewohnten Berghöfe, Weiler und Siedlungen bleiben außerhalb des Naturparks.

Die vorgeschlagenen Touren 15 bis 20 weisen die Wege zu den gefragtesten Gipfelzielen, ohne aber alle lohnenden Bergfahrten der Texel-Gruppe aufzählen zu können – eine Lücke, die ein erfahrener, selbständiger Berggeher gerne selber schließt.

Dieses Bild zeigt den Nordabschnitt der Texel-Gruppe in der Betrachtung vom Similaun. Die Hochwilde dominiert am linken Bildrand, von ihr zieht die Berglinie hinab zum Eisjöchl, dem Standort der Stettiner Hütte, das die Verbindung zur Texel-Gruppe herstellt. Die Hohe Weiße (Bildmitte) und der Lodner (rechts) gehören zur Prominenz der Texelberge.

Texel-Gruppe

15 Hohe Weiße
3281 m

»Königin« der Texel-Gruppe

schwierig
Fels-/Gletschertour

Die Texel-Gruppe gleicht einem Januskopf – auch sie besitzt zwei Gesichter. Zum Untervinschgau, in das Meraner Becken, zeigt sie steile, von der Südsonne ausgeglühte, kahle rotbraune Felsklötze mit einem abschreckenden Höhensturz ins Tal. Nach Norden ist der Abfall in das Pfossental weit weniger steil, obwohl die Gipfel dort – im Hauptkamm der Gruppe – durchschnittlich 200 Meter höher sind. Von der Texelspitze (3317 m) bis zur Hohen Weiße (3281 m) bildet der Hauptkamm mit dem zum Inneren der Gruppe abgesetzten Lodner (3219 m) eine interessante, firngeschmückte hochalpine Kulisse aus Eis und Urgestein.

In Betrachtung von der Hochwilde, dem besten Aussichtspunkt hinein zur Texel-Gruppe, möchte man nach der Rückkehr zur Stettiner Hütte am liebsten sogleich wieder den Rucksack aufnehmen, um entweder über die Johannesscharte (2876 m) zur Lodner-Hütte zu wandern oder von der Stettiner Hütte aus sofort die Hohe Weiße anzugehen, denn der Schlüssel zu ihr liegt auf dieser Seite.

»Die Hohe Weiße, 3281 Meter, ist jener, aus marmorweißem Kalk aufgebaute, firngekrönte Felsgipfel, aus welchem der schmale Verbindungsgrat abzweigt, welcher sich nach der Einsattelung des ›Eisjöchls am Bild‹ zur Hohen Wilden aufschwingt und dergestalt die Texel-

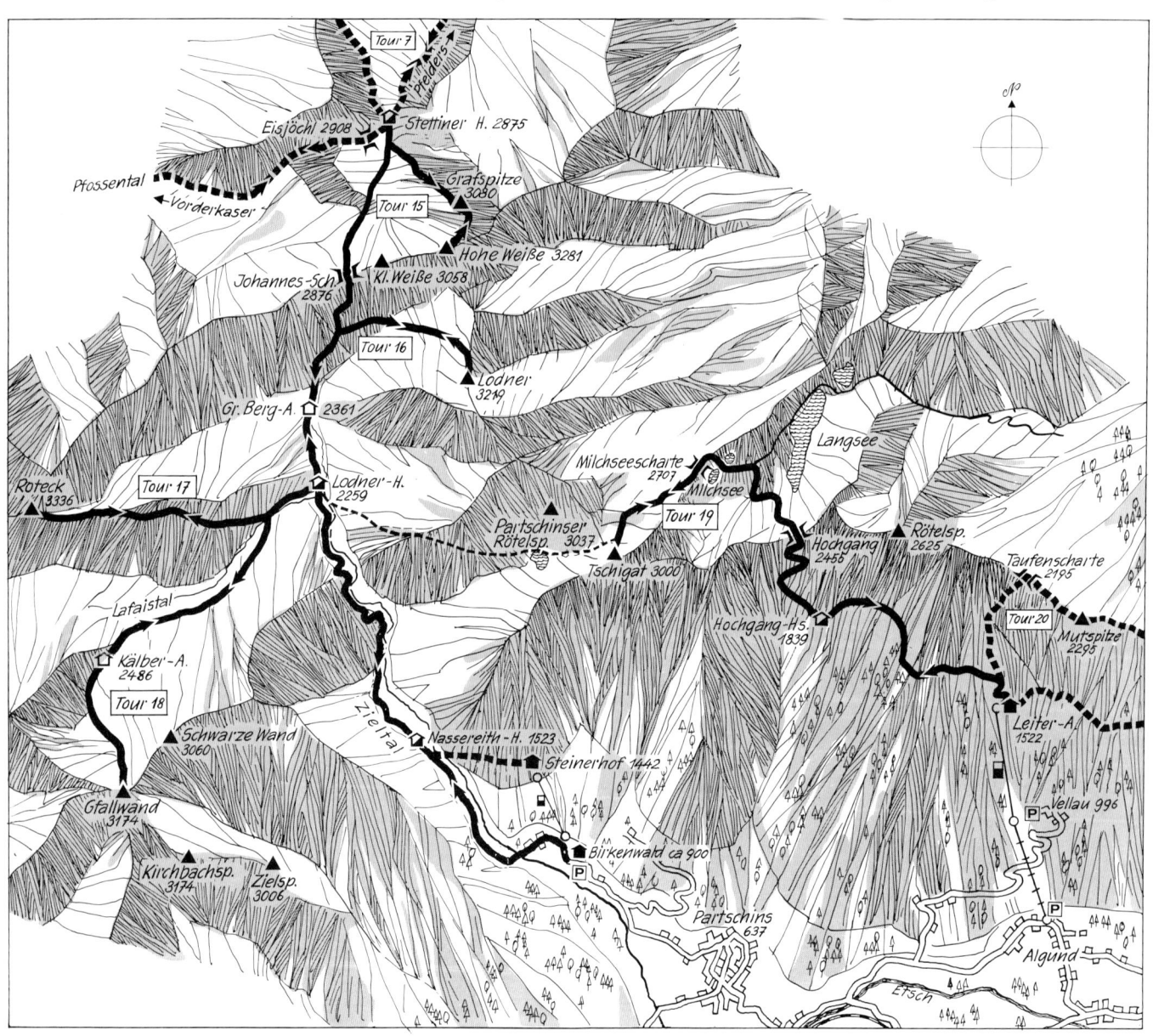

Gruppe mit dem Schnalser Hauptkamm verbindet. Dieser so sehr abgelegene Gipfel wurde am 7. September 1871 von Dr. Victor Hecht mit Rochus Raffeiner zum ersten Male erstiegen.« So stellt die »Erschließung der Ostalpen« die Hohe Weiße vor und meint mit der alten Bezeichnung »Eisjöchl am Bild« den späteren Standort der Stettiner Hütte. Näher als an dieser hochgelegenen Hütte kann man der Hohen Weiße nicht sein, und der Anstieg über die Felskuppen der Grafspitzen, auf dem längst als verfallen geglaubten »Willy-Ahrens-Weg« ist ein Auftakt, wie er schöner nicht sein könnte.

Die Grafspitzen, ein dem Eisjöchl vor-gelagerter Gipfelkamm, verbergen den Grubferner mit seinem hohen Gletschersattel, der die Verbindung mit der Hohen Weiße herstellt. Von der Stettiner Hütte aus liegt südlich über einem Firnfleck die Grafscharte (2930 m), ab Scharte erhebt ein steiler Grat den ersten, westlichen Felskopf der Grafspitze und schwingt auf zur nächsten Höhe. Die Hohe Weiße steht genau gegenüber der Grafscharte als abweisende, helle Steinpyramide und zeigt mit glatten, sehr steilen Plattenschüssen, Felsrippen und einem Firnhaupt, daß ein Besuch bei ihr nicht jedermanns Sache sein kann. Zudem schützt sie sich, meist bis weit in den Sommer hinein, mit Steilfirn,

dann sind alle Annäherungsversuche ohne Steigeisen und Pickel vorzeitig zum Scheitern verurteilt. Ein routinierter Allroundbergsteiger erkennt demnach die Hohe Weiße als eine sehr reizvolle »Adresse« der Texel-Gruppe und wird kaum von der Stettiner Hütte Abschied nehmen wollen, ohne vorher bei ihr gewesen zu sein.

Der Gipfelaufbau der Hohen Weiße, gesehen von der Grafscharte. Vom Sattel des Grubferners läuft die Route zu den deutlich erkennbaren Felsrippen und in ihrer Fallinie steil und ausgesetzt zum Gipfel.

Der steile Anstieg zur weißen Kalkhaube der Westlichen Grafspitze (ca. 3080 m) gewinnt die Dreitausender-Marke und überrascht am Gipfel mit dem Willy-Ahrens-Weg. Eine Marmortafel unterrichtet: »erbaut 1914–19, Sektion Stettin des Deutsch-Österreichischen Alpenvereins.« Die vergangenen Jahrzehnte haben dieser vergessenen Weganlage kaum geschadet, mit Genuß steigt man auf der sorgfältig gelegten Steintreppe über den schmalen Grat zu einem kleinen Schartl, das die Querung in den schuttigen braunen Südhang der Grafspitze und hinab zum Firnsattel des Grubferners freigibt.

In Distanz zur Stettiner Hütte zeigt sich die Hohe Weiße, dieser dritthöchste Gipfel der Texel-Gruppe, als imponierende Gestalt, gibt aber keine volle Einsicht in ihre Nordflanke preis, durch die der Anstieg erfolgt; dieses letzte Geheimnis lüftet der »Willy-Ahrens-Weg«. Erst er verrät die möglichen Anstiegsrouten aus dem Firnsattel zum im Jahre 1977 von der katholischen Jugend von Untermais aufgestellten und meist einsamen Gipfelkreuz auf 3281 Meter Höhe.

An der Hohen Weiße kann eine frühzeitige Besteigung, noch vor dem Wegschmelzen des Firnmantels, für gewandte Eisgeher von Vorteil sein. So kam der große führerlose Bergsteiger Ludwig Purtscheller zu Ostern 1893 zur Lodner-Hütte; er bestieg neben anderen Gipfeln auch den Lodner und bereits am 2. April die Hohe Weiße!

Ihr kahler Sommerfels wirkt eher abschreckend als ermutigend. Noch im Ungewissen über die günstigste Route steigt man über Geröll den Gipfelsockel hinan, wählt dann vielleicht die schuttige Steilrinne zwischen zwei Felsrippen oder auch die rauhe Oberfläche des plattigen Kalksteins, die aber einen kletterererprobten Bergsteiger voraussetzt. Für einen sicheren Geher lösen sich die Probleme schnell, doch sollte man den – nicht ungefährlichen – Abstieg nicht vergessen!

Tourensteckbrief

Ausgangsort
Pfelders *oder* Vorderkaser; siehe Tour 7.

Die Tour in Stichworten
Stettiner Hütte 2875 m – »Willy-Ahrens-Weg« – Westl. Grafspitze ca. 3080 m – Hohe Weiße 3281 m – »Willy-Ahrens-Weg« – Stettiner Hütte.

Schwierigkeit/Anforderung
III = schwierig, 1^1/$_2$-Tage-Tour, mittlere Anforderung, Fels-/Gletschertour. Zur Stettiner Hütte, siehe Tour 7.
Ab Hütte kurzer Abstieg nach Süden zu dem kleinen Eissee, über den Firnfleck in Richtung Grafscharte (2930 m), noch vor ihr nach Steigspuren steil hinauf zum Westgipfel der Grafspitze, ca. 3080 m. Der »Willy-Ahrens-Weg« führt über Graterhebungen in den Gletschersattel des Grubferners; aus dem Firn (ca. 3100 m) nach Steigspuren in die sehr steile Gipfelflanke, entweder durch eine Schuttrinne zwischen zwei hellen Kalkrippen oder rechts entlang, je nach den Verhältnissen (im Frühsommer Steilfirn) zum Gipfel. (Von der Grafscharte Abstieg zum Grubferner und aus dem Hochbecken Anstieg zum Firnsattel nicht vorteilhaft.)
Tour nur für sichere, in Fels und Eis erfahrene Bergsteiger.

Höchste Wegestelle/Gipfel
Hohe Weiße 3281 m.

Anstiegsleistung
Ab Pfelgers *oder* Vorderkaser 1600, ab Stettiner Hütte 400 Höhenmeter.

Abstieg
Wie Anstieg.

Gehzeiten
Pfelders 1622 m; *oder* Vorderkaser 1693 m – Stettiner Hütte 2875 m: Je 4 Stunden; Stettiner Hütte – Hohe Weiße 3281 m: 2^1/$_2$ Stunden. Abstieg Hütte: 1^1/$_2$ Stunden.
Gesamtgehzeit: Ab Stettiner Hütte 4 Stunden.

Hütten/Stützpunkte
Stettiner Hütte 2875 m, siehe Tour 7.

Karten/Literatur
Siehe Tour 17.

◁ *Westlich der Hohen Weiße ermöglicht die Johannesscharte (Bild) den Übergang von der Stettiner Hütte zur Lodner-Hütte.*

Die Stettiner Hütte am Eisjöchl ist für die ▷ *Hochwilde und für die Hohe Weiße ein günstiger, gipfelnaher Stützpunkt. Im Bild die Hohe Weiße, links die Grafspitzen, die Trittspur weist zur Grafscharte.*

16 Lodner
3219 m

Begehrt, aber nicht leicht

schwierig
Gletscher-/Felstour

Die Lodner-Hütte (2259 m) liegt inmitten einer hufeisenförmigen Umrahmung des Texel-Hauptkammes, hoch oben im Zieltal, und gilt als idealer Stützpunkt für die gefragtesten Gipfelanstiege. Ihr Talzugang kommt von Partschins (637 m) über die Nassereith-Hütte (1523 m) durch das Zieltal herauf und fordert eine Gehzeit von $2^1/_2$ bis 4 Stunden, je nach Laune, ob mit oder ohne Benützung der kleinen Seilbahn von Birkenwald zum Steinerhof (1442 m). Die Route von Norden, der Übergang von der Stettiner Hütte über die Johannesscharte (2876 m), ist nicht ganz einfach und benötigt ca. 3 Stunden; der »Franz-Huber-Weg«, eine aussichtsreiche Höhentrasse mit Start am Hochgang-Haus (1839 m), kostet gar einen guten Halbtagesmarsch.

Straßen und auch kleine Seilbahnen ermöglichen heute diese im Vergleich zu früher kürzeren Anstiegswege, denn als am 17. September 1891 die Alpenvereinssektion Meran die Lodner-Hütte einweihte, mußten natürlich die Gäste bereits ab Partschins zu Fuß gehen. In mehrmaligen Erweiterungen (Endausbau 1908) investierten die Meraner Texelfreunde viel Geld und Idealismus; 1923 wurde die Hütte vom Staat enteignet und dem Club Alpino Italiano – Sektion Meran, mit dem Namen »Rifugio Cima Fiammante« (= Lodner) übergeben.

Zum Lodner gibt es mehrere Anstiegswege, die je nach Jahreszeit ihren Vorzug haben. »Der Normalweg führt von Nordwesten über den Lodnerferner und bietet je nach den Verhältnissen Schwierigkeiten I. und II. Grades; Gehzeit $3^1/_2$ Stunden«, schreibt Helmut Ellmenreich in seinem Führer »Die Meraner Bergwelt«. Der Alpenvereinsführer »Ötztaler Alpen« läßt an der Gletscherroute nichts Gutes und empfiehlt als leichter und ungefährlicher die Felsroute (II) über den langgestreckten weißen Kalkaufsatz des Nordwestgrates. Dieser Weg ist seiner Länge und Ausgesetztheit wegen kaum in Reichweite so mancher Lodnerfreunde, die aber bei guter Firnauflage einen Eisanstieg wohl meistern können. So müssen die Jahreszeit, die eigene Erfahrung und die jeweiligen Verhältnisse Ratgeber sein, welche Route gewählt werden soll.

Zum Eisanstieg führt ab Lodner-Hütte ein Steig im Zieltal aufwärts Richtung Johannesscharte, bis zu einem Kessel, in den die Gletscherwasser des Lodner fließen. Die Abzweigung (ca. 2600 m) zum Lodner ist angeschrieben, die Route aus dem hintersten Firnwinkel unter der felsigen Lodnerscharte (3048 m) im Blickfeld. Entweder erlaubt eine steile Stapfenreihe in festem Firn ein relativ gefahrlos erkauftes Glück auf dem weiten, fast ebenen kreuzgeschmückten Gipfelplateau, oder gefährliches Blankeis zwischen gelbem, ausgeapertem Fels vereitelt bei fehlender Ausrüstung oder mangelndem Können die Tour. Zweifelnd vielleicht blicken dann die Eisgeher zu den Kletterern am Nordwestgrat hinüber – aber ob diese zufriedener sind, wird sich erst am Nachmittag in der Lodner-Hütte bei lebhaftem Erfahrungsaustausch erweisen!

Drei markante Texelberge: von rechts Lodner, Partschinser Rötelspitze und Tschigat.

Tourensteckbrief

Ausgangsort
Partschins 637 m, oberhalb Meran.

Die Tour in Stichworten
Partschins 637 m – Parkplatz Gasthaus Birkenwald ca. 900 m – Nassereith-Hütte 1523 m – Lodner-Hütte 2259 m – Lodner 3219 m – Lodner-Hütte.

Schwierigkeit/Anforderung
III = schwierig, 1½-Tage-Tour, große Anforderung, Gletscher-/Felstour.
Ab Partschins Auffahrt zum Parkplatz am Gasthaus Birkenwald, nach Steig Nr. 8 zur Nassereith-Hütte; *oder* nach dem Parkplatz mit der privaten Seilbahn zum Steinerhof (1442 m) und von dort auf einem Waldweg zur Nassereith-Hütte, empfehlenswert! Ab Nassereith wieder auf Steig Nr. 8 zur Lodner-Hütte. Nun in Richtung Johannesscharte in den innersten Kessel des Zieltales (»Schalen« 2595 m, großer Steinmann, Abzweigung auf einem Stein angegeben). Von dort über Geröllhänge zum hintersten Abfluß des Lodnerferners und über ihn zum flachen, teilweise mit Firn bedeckten Gipfeldach (am Fels Kettensicherung, Ausstieg sehr steil, Steinschlaggefahr); *oder* Klettertour über den langen Nordwestgrat (Schwierigkeit II Alpenskala), Zugang ebenfalls ab den »Schalen«. Der Abstieg erfolgt fast immer über den Lodnerferner!
Beide Routen nur für in Fels und Eis erfahrene, sichere Bergsteiger!

Höchste Wegestelle/Gipfel
Lodner 3219 m.

Anstiegsleistung
Ab Birkenwald 2300, ab Steinerhof 1800, ab Lodner-Hütte 1000 Höhenmeter.

Abstieg
Siehe Routenverlauf.

Gehzeiten
Birkenwald ca. 900 m – Nassereith-Hütte 1523 m: 2 Stunden, bei Seilbahnbenützung zum Steinerhof: ½ Stunde; Nassereith-Hütte – Lodner-Hütte 2259 m: 2 Stunden. Lodner-Hütte – Lodner 3219 m: 3½–4½ Stunden. Abstieg Hütte: 3 Stunden.
Gesamtgehzeit: Ab Lodner-Hütte 6½–7½ Stunden.

Hütten/Stützpunkte
Nassereith-Hütte 1523 m, privat, 21 Betten und Matratzenlager, bewirtschaftet von Mitte Mai bis Mitte Oktober.
Lodner-Hütte 2259 m, CAI-Sektion Meran, 50 Betten und Matratzenlager, bewirtschaftet von Ende Juni bis Ende September.

Karten/Literatur
Siehe Tour 17.

Die Lodner-Hütte im Zieltal, darüber die Kleine Weiße.

Texel-Gruppe

17 Roteck
3336 m

*Höchster Gipfel der
Texel-Gruppe*

**wenig schwierig
Wandertour**

Helmut Ellmenreich schreibt in seinem Führer: »Wer sich einmal auf der Lodner-Hütte eingefunden hat, bleibt einige Tage.« Außer den vielen Gipfeltouren schließt diese Aussage auch die Hütte und ihre tüchtigen Bewirtschafter, eine Südtiroler Familie aus Partschins, mit ein. Die Beliebtheit der Hütte zeigt ein »Sternmarsch«, der aus allen vier Himmelsrichtungen zu ihr kommt: Nicht nur von Partschins und von der Stettiner Hütte, besonders gehtüchtige Leute wandern auch aus dem Schnalstal, von Katharinaberg (1245 m) über das Gingljoch (2928 m), herüber, vom Pfelderer Tal über das Halsljoch (2808 m) und von der Leiter-Alm (1522 m) bei Al-

gund über Hochgang-Haus (1839 m) – Milchseescharte (2707 m) – Halsljoch. Trotzdem ist der »Naturpark Texelgruppe« nicht überlaufen, die Gipfelanstiege erfordern – mit nur wenigen Ausnahmen im Ostteil der Gruppe – solide bergsteigerische Erfahrung.
Lodner (3219 m), Partschinser Rötelspitze (3037 m), Tschigat (3000 m), Zielspitze (3005 m), Gfallwand (3174 m), Roteck (3336 m): Das sind die Ziele, nach denen sich der Bergsteiger vor allem umsieht, wenn er für einige Tage auf der Lodner-Hütte bleiben möchte; der »Blasiuszeiger« (2835 m) als naher Hüttenberg rundet das Angebot ab. Die mit dem Gruppennamen ausgezeichnete Te-

xelspitze (3317 m) im Westbogen des Hauptkammes wird wegen ihres brüchigen Gesteins vernachlässigt; dort dominiert das Roteck als höchster Gipfel der Texel-Gruppe. Zum Roteck führt ab Hütte ein markierter, eisfreier Anstieg, der fast durchgehend als Wanderroute angesehen werden kann, und so ist es verständlich, daß dieser Berg oft das alleinige Wunschziel bleibt.

In das Zieltal mündet bei der Lodner-Hütte, vom Gingljoch herab, das Lafais- oder Grubplattental. Den attraktiven Bergrahmen bilden im Süden die rotbraunen und grünspanfarbigen Plattenschüsse des Hühnerjochkammes mit dem kecken Blasiuszeiger, im Norden ein untergeordneter, blockiger Kamm, der in den Ostgrat des Rotecks ausläuft und eine begrünte Hochrampe, die sogenannte »Schafbank«, schützt. Alle Wege sind bei der Lodner-Hütte angeschrieben, so auch die Tour zum Roteck, die mit dem Steig hinauf zur »Schafbank« beginnt.

Mit der Höhe wächst die Aussicht. Vor allem dem nahen Gletscherhang der Gfallwand südlich des Gingljoches gelten die Blicke, und so wird im Anstieg zum Roteck vielleicht der Wunsch wach, auch diesen Berg zu besteigen. Immer gut ausgeprägt, aber steile Steigkehren erreichen die grüne »Schafbank«, mit ihren Felsblöcken und kleinen Wassertümpeln ist sie ein vorzüglicher Rastplatz nach der knappen Halbzeit des Gipfelweges. Von dieser Plattform gewinnt die Anstiegsroute über Kammkuppen hinweg zielstrebig an Höhe, das plattige Gestein aus Schiefer und Gneisen läßt keine Schafweide mehr zu, aber leicht bewältigt der Schritt die mäßige Steigung auf übersichtlichen, breiten Terrassen hinauf zum Ansatz des Ostgrates. Bis zu dieser Höhe (ca. 3100 m) war es ein vergnügliches Wandern – ein Kreuz im Westen verrät bereits den Gipfel –, aber der Durchstieg in der grauen, plattigen Felsschneide des Ostgrates erfordert noch Trittsicherheit und Gewandtheit, wenn auch diese Traverse bis zum Vorgipfel mit Drahtseilen gut gesichert ist.

Das Gipfelkreuz am Roteck, 1978 aufgestellt von den Kolpingssöhnen aus Algund, schaut vom höchsten Standort der Texel-Gruppe, aus 3336 Meter Höhe, in ein unendlich weites Bergland. In der Freude über die eigene Leistung und in Bewunderung der Aussicht verdient aber gerade auf diesem vielbesuchten Gipfel die Bitte: »Haltet die Berge sauber!« eine besondere Beachtung.

In Luftlinie 1 Kilometer entfernt ragt im Westen die 3317 Meter hohe Texelspitze auf – für sichere Felsgeher ein Anreiz, den Hauptgipfel der Gruppe auch noch zu besuchen.

Tourensteckbrief

Ausgangsort
Partschins 637 m, oberhalb Meran.

Die Tour in Stichworten
Partschins 637 m – Nassereith-Hütte 1523 m – (siehe Tour 16) – Lodner-Hütte 2259 m – Roteck 3336 m – Lodner-Hütte.

Schwierigkeit/Anforderung
I = wenig schwierig, 1½-Tage-Tour, mittlere Anforderung, Wandertour.
Zur Lodner-Hütte siehe Tour 16. Ab Lodner-Hütte westlich nach markiertem Steig in das Lafaistal, bald in die südseitigen Grashänge und steil empor zur »Schafbank«; der Steig windet sich über einen breiten Kammrücken, der mehrere Terrassen ausbildet, hinauf zum Ansatz des Ostgrates (ca. 3100 m). Ausgesetzt, aber durch Drahtseilsicherung entschärft, über die Felsschneide zum Vorgipfel, von dort leichter Zugang zum Hauptgipfel. Ab Lodner-Hütte durchgehend markierte Steiganlage.
Bei guten Verhältnissen (schneefrei!) auch für erfahrene, trittsichere Bergwanderer geeignet.

Höchste Wegestelle/Gipfel
Roteck 3336 m.

Anstiegsleistung
Ab Parkplatz Birkenwald 2400, ab Steinerhof 1900, ab Lodner-Hütte 1100 Höhenmeter.

Abstieg
Wie Anstieg.

Gehzeiten
Zur Lodner-Hütte 2259 m: 2½–4 Stunden (siehe Tour 16); Lodner-Hütte – Roteck 3336 m: 3½ Stunden. Abstieg Hütte: 2½ Stunden.
Gesamtgehzeit: Ab Lodner-Hütte 6 Stunden.

Hütten/Stützpunkte
Lodner-Hütte 2259 m, CAI-Sektion Meran, 50 Betten und Matratzenlager, bewirtschaftet von Ende Juni bis Ende September.

Karten/Literatur
Kompass-Wanderkarte 1:50000, Blatt 53, Meran; Helmut Ellmenreich »Die Meraner Bergwelt«.

Tip
Ab Roteck Gratüberschreitung zur Texelspitze (3317 m) möglich, 1–1½ Stunden (teils brüchiger Fels).

Der höchste Gipfel der Texel-Gruppe, das 3336 Meter hohe Roteck, ist ein hervorragender, leicht erreichbarer und deshalb beliebter Aussichtsberg. Als guter und günstiger Stützpunkt für diese Tour bietet sich die Lodner-Hütte im Zieltal an.

Die Bergsteiger befinden sich schon fast auf Gipfelhöhe im Anstieg zu einem Vorgipfel, den Zugang über eine Felsschneide zum höchsten Punkt des Berges mit dem Gipfelkreuz (rechts) erschließt eine mit Drahtseilen gesicherte, nur wenig schwierige Steiganlage.

18 Gfallwand
3174 m

*Historischer Schießstand
der Schnalser Schützen*

*mäßig schwierig
Wander-/Gletschertour*

Der Texel-Hauptkamm schwenkt an der Texelspitze nach Südosten und umschließt in einem Bogen zum Zieltal den inneren Bergraum seiner Gruppe. Die Karte vermerkt das – alpinistisch unbedeutende – »Auf dem Kreuz« (3161 m), das Gingljoch (2928 m), die Gfallwand (3174 m), die Kirchbachspitze (3079 m) und die Zielspitze (3005 m). Den letzteren Gipfel schiebt die Texel-Gruppe als südwestlichen Eckpfeiler zum Zieltal vor, das von Partschins nach Norden hinauf zum Hochbecken unter der Hohen Weiße und dem Lodner zieht. Am Taleingang stäubt der wasserreiche Zielbach im berühmten Partschinser Wasserfall zur Tiefe – ein Naturschauspiel, das zu den eindrucksvollsten von ganz Südtirol zählt.

Die Kirchbachspitze und die Zielspitze gehören wohl noch zum Tourenbereich der Lodner-Hütte, aber lange Anstiegswege erhalten ihre Einsamkeit; lediglich die Gfallwand bietet sich gefällig und gut erreichbar an. Ihre Position südöstlich des Gingljoches, über dem Schluß des Lafais- oder Grubplattentales, ist so günstig, daß sie an schönen Sommertagen fast immer Besuch erhält. Von der Lodner-Hütte aus ist sie eine Halbtagestour, je nach Wunsch und Ausrüstung. Die Antwort auf die Frage nach der günstigeren Zeit gibt der Gfalleitferner. Mit Steigeisen und Pickel läßt sich auch am schattigen Vormittag gut und sicher die mäßig steile, etwa 300 Meter hohe Gletscherflanke aus dem Hochbecken hinauf zu einem Sattel überwinden. Den Nachmittagsbesuchern bereitet die Sonne im spaltenfreien Nordhang des Gfalleitferners eine weiche Firnauflage, die dann auch ohne Eisausrüstung meist gut zu begehen ist.

Ab Hütte begleiten die schnellen, klaren Wasser des Lafaisbaches die mit Nr. 9 bezeichnete, markierte Anstiegsroute zur Kälber-Alm (2486 m). Wenig später bleibt das Almgrün zurück. Der Steig zieht hinein in das blockige Vorfeld eines hochgetürmten Moränenriegels, Steinmänner führen die Route hinauf zur Moränenkrone und zum Firnsaum des Gfalleitferners. Ein Stein mit Schrift und Pfeil gibt die Richtungen zum Gingljoch und zur Gfallwand an, man folgt den fast immer vorhandenen Trittspuren gerade hinauf über die Gletscherflanke zum breiten Sattel. Dort führt durch Geröll und über Platten der kurze, steile Felsanstieg zum Gipfel.

Die Gfallwand ist seit langem als besonders lohnender Aussichtsberg bekannt. Den Gipfel bildet ein mit vielen Steinmännern besetztes Plateau von fast 500 Quadratmeter Ausdehnung. Im Jahre 1874 veranstalteten die Schnalser Schützen auf dieser Hochfläche sogar ein Scheibenschießen! Mauerreste und Bretter erinnern an die Gipfelhütte der Sektion Meran aus dem vorigen Jahrhundert. Die Beobachtung von Sonnenauf- und -untergang war damals große Mode, und so wurde für die Nächtigung eine kleine Unterkunft gebaut. Vielleicht auch heute ein Anreiz, im Hochsommer zum Abend mit einem Schlafsack auf der 3174 Meter hohen Gfallwand zu sein, in die Nacht hineinzuträumen und mit dem ersten Sonnenstrahl zu erwachen.

Wer sich von der Lodner-Hütte aus im Anstieg zum Roteck befindet, kann die Gfallwand (links) nicht übersehen. Durch das Lafaistal und über den Gletscher erfolgt der Gipfelanstieg.

Tourensteckbrief

Ausgangsort
Partschins 637 m, oberhalb Meran.

Die Tour in Stichworten
Zur Lodner-Hütte 2259 m: siehe Tour 16. Lodner-Hütte – Kälber-Alm 2486 m – Gfallwand 3174 m – Kälber-Alm – Lodner-Hütte.

Schwierigkeit/Anforderung
II = mäßig schwierig, 1½-Tage-Tour, mittlere Anforderung, Wander-/Gletschertour.
Zur Lodner-Hütte siehe Tour 16. Ab Lodner-Hütte nach markiertem Steig im Talgrund des Lafaistales zur Kälber-Alm und nach Steigspuren, markiert, hinauf zur Stirnmoräne am Auslauf des Gfalleitferners (etwa 200 Meter unter dem Gingljoch). Mäßig steiler Firnanstieg auf dem geschlossenen Ferner zu einem Sattel rechts des felsigen Gipfelaufbaues und nach Steigspuren in Geröll und plattigem Fels steil zum Gipfel. Route bis zum Gletscher durchgehend markiert, am Gletscher Pickel empfehlenswert, je nach den Verhältnissen auch Steigeisen notwendig.
Nur für geübte Bergsteiger; für Bergwanderer nur bei sehr weichem Firn ratsam!

Höchste Wegestelle/Gipfel
Gfallwand 3174 m.

Anstiegsleistung
Ab Parkplatz Birkenwald 2200, ab Steinerhof 1700, ab Lodner-Hütte 900 Höhenmeter.

Abstieg
Wie Anstieg.

Gehzeiten
Lodner-Hütte 2259 m: 2½–4 Stunden, siehe Tour 16. Lodner-Hütte – Gfallwand 3174 m: 3 Stunden. Abstieg Hütte: 2 Stunden. Gesamtgehzeit: Ab Lodner-Hütte 5 Stunden.

Am Gipfel der Gfallwand stellen sich das Roteck (rechts) und am linken Bildrand die Texelspitze vor.

Hütten/Stützpunkte
Lodner-Hütte 2259 m, CAI-Sektion Meran, 50 Betten und Matratzenlager, bewirtschaftet von Ende Juni bis Ende September.

Karten/Literatur
Kompass-Wanderkarte 1:50000, Blatt 53, Meran; Ellmenreich »Die Meraner Bergwelt«.

Tip
Neben den besprochenen Touren ist noch der »Blasiuszeiger« (2835 m) mit reizvollem Anstieg auf dem »Ompleda-Steig« eine lohnende und nur wenig schwierige Gipfeltour im unmittelbaren Hüttenbereich, 2 Stunden. Tour auch für Wanderer geeignet.

Texel-Gruppe

19 Tschigat 3000 m

*Wunschziel
der Bergurlauber von Meran*

**mäßig schwierig
Gletscher-/Felstour**

Der Talgrund von Meran verdankt dem hohen Gebirgswall der Texel-Gruppe sein besonderes Klima, die Berge schützen das Becken vor rauhen nördlichen Winden. Diese Gunst und die Meereshöhe von nur 325 Meter erlauben eine üppige, mediterrane Flora und eine gesegnete Talschaft, überragt von einem Dreitausender, dem Tschigat, genau 3000 Meter hoch.

Der Tschigat gehört fest in das Programm fast aller Bergsteiger, die nach Meran und Umgebung mit dem Vorsatz anreisen, die Hochgipfel des Burggrafenamtes kennenzulernen. Die Tour zu ihm ist nicht besonders schwierig, aber vom Höhenunterschied und auch von der Strecke her ist sie an einem Tag von Meran aus ein anstrengendes Vorhaben, das einen flotten Schritt und Ausdauer erfordert, aber dennoch der vielen landschaftlichen Reize wegen bevorzugt unternommen wird. Einen wesentlich kürzeren Zugang bietet die Lodner-Hütte (2259 m) an, aber mit dem Hüttenanstieg wird eine Zwei-Tage-Tour daraus. Der Saum des kleinen Halslferners vereinigt beide Routen, führt sie gemeinsam über seine Nordflanke hinauf zu einer Scharte und über Fels zum nahen Gipfel. Im Spätsommer und Herbst, bei starker Vereisung des Firnhanges, kann allerdings die Felsroute, vom Halsljoch (2808 m) über den Nordwestgrat, günstiger sein; dieser teils sehr luftige Grat setzt aber Klettererfahrung (Alpenskala II, ab Halsljoch 1 Stunde) voraus. Auf dieser Führe kam auch der legendäre Salzburger Turnlehrer Ludwig Purtscheller am 3. April 1893 als Ersteresteiger, nachdem er zuvor die benachbarte Partschinser Rötelspitze (3077 m) bestiegen hatte – ein später Eintritt des Tschigat in die alpine Geschichte.

Vorteilhaft und auch allgemein üblich beginnt die Tschigat-Tour bei dem kleinen Dorf Vellau (996 m), zu dem man von Meran über Algund auf asphaltierter Straße gut hinauffahren kann. Dort bringt der Korblift vom Gasthof Gasteiger zur Leiter-Alm (1522 m) noch einen Gewinn von 600 Höhenmeter und verringert damit die Anstiegsleistung zum Tschigat auf 1500 Höhenmeter, aber man ist gut beraten, die erste Liftfahrt um 7,30 Uhr zu nützen. Die zweite Station, auf dem Weg Nr. 24 eine Gehstunde von der Leiter-Alm entfernt, ist das Hochgang-Haus (1839 m).

Dieses heimelig anmutende, altertümliche Wirtshaus stammt, so wie es sich heute noch darbietet, aus dem vergangenen Jahrhundert. Der private Besitzer hat der Alpenvereinssektion Meran Gegenrechte eingeräumt, die Sektion begrüßt mit der Fahne des »Alpenverein Südtirol« die Bergsteiger und viele Gäste, denen diese beliebte Jausenstation das Tagesziel bedeutet.

Im sehr steilen, mit Ketten und Drahtseilen gut gesicherten Anstieg zum Hochgang (2455 m) in dem felsigen Kammzug zur Rötelspitze (Tafel: »Nur für gute Berggeher«) prüft der Tschigat die Kondition und Ausdauer seiner Anwärter, die ab Hochgang noch immer gute 500 Höhenmeter und auch eine erhebliche Strecke vor sich haben. Aber die Urlandschaft mächtiger, mugelig geschliffener Felsblöcke am idyllischen Langsee, dem größten der Spronser Seen, ermuntert zu zügigem Ausschreiten hinauf zum Zauber des Milchsees und zum kurzen 100-Meter-Spurt auf einem gesicherten Steiglein zur letzten Station vor dem Gipfel, zur Milchseescharte (2707 m).

Im Jahre 1974 stellte die Sektion Meran an dieser Scharte die Biwakschachtel »Guido Lammer« auf, ein Rastplatz, so recht geeignet, den Halslferner, das Halsljoch, den Tschigat-Nordwestgrat und den Gipfel des Tschigat zu betrachten. Alle Besteiger treffen sich in der Scharte zwischen dem Gipfelaufbau und dem Auslauf des Nordwestgrates (ca. 2930 m), um die letzte Hürde, eine kurze, senkrechte Felsrinne (II) zu meistern, die das Kreuz auf dem Gipfel freigibt.

◁ *Für die Tour aus dem Meraner Becken zum Tschigat ist das Hochgang-Haus eine beliebte Einkehr. Es folgt der steile Anstieg zum Hochgang, vorbei am Langsee und den Milchseen erreicht die Route die Milchseescharte mit der Biwakschachtel »Guido Lammer«.* ▷

Tourensteckbrief

Ausgangsort
Vellau 996 m, oberhalb Meran.

Die Tour in Stichworten
Vellau 996 m – Korblift Leiter-Alm 1522 m – Hochgang-Haus 1839 m – Hochgang 2455 m – Milchseescharte 2707 m – Tschigat 3000 m – Milchseescharte – Hochgang-Haus – Leiter-Alm – Vellau.

Schwierigkeit/Anforderung
II = mäßig schwierig, Tagestour, große Anforderung, Gletscher-/Felstour.
Beim Gasthof Gasteiger in Vellau Talstation des Korbliftes zur Leiter-Alm. Ab Leiter-Alm nach Markierung Nr. 24 (Meraner Höhenweg) zum Hochgang-Haus und Anstieg auf markiertem Steig Nr. 7, im oberen Teil sehr steil und ausgesetzt (Ketten- und Drahtseilsicherungen) zum Hochgang. Ab Hochgang markierter Steig am Langsee vorbei zu den Milchseen und steiler, gesicherter Anstieg zur Milchseescharte (Biwakschachtel »Guido Lammer«). Von der Milchseescharte Querung in den Halsferner bis zu einer Felsinsel im Gletscher (etwas oberhalb der markierten Route im Übergang: Milchseescharte

– Halsljoch – Lodner-Hütte); über den Halsferner hinauf bis unter die Scharte am Auslauf des Tschigat-Nordwestgrates, der vom Halsljoch heraufzieht. Knapp unter der Scharte nach links, durch eine senkrechte, kurze Felsrinne (II) in die Gipfelfelsen und nach Steigspuren und Markierungen zum Gipfel.
Nur für ausdauernde, trittsichere Bergsteiger, Eisausrüstung (zumindest Pickel!) erforderlich.

Höchste Wegestelle/Gipfel
Hochgang 2455 m, Tschigat 3000 m.

Anstiegsleistung
Ab Vellau 2100, ab Leiter-Alm 1500 Höhenmeter.

Abstieg
Wie Anstieg; *oder* über den Nordwestgrat (Alpenskala II) zum Halsljoch, von dort Rückkehr zur Milchseescharte – Hochgang; *oder* Übergang zur Lodner-Hütte.

Gehzeiten
Leiter-Alm 1522 m – Hochgang-Haus 1839 m: 1 Stunde; Hochgang-Haus – Hochgang 2455 m: 1¹/₂ Stunden; Hochgang – Milchseescharte 2707 m: 1 Stunde; Milchsee-

scharte – Tschigat 3000 m: 1 Stunde. Abstieg auf Anstiegsweg zur Leiter-Alm: 3¹/₂ Stunden.
Gesamtgehzeit: Ab Leiter-Alm 8 Stunden.

Hütten/Stützpunkte
Leiter-Alm 1522 m, Alpengasthaus.
Hochgang-Haus 1839 m, privat (mit Gegenrecht AVS-Sektion Meran), 40 Matratzenlager, bewirtschaftet von Mitte Mai bis Mitte Oktober.
Biwakschachtel »Guido Lammer« an der Milchseescharte, 2707 m, Notunterkunft.

Karten/Literatur
Kompass-Umgebungskarte 1:25000, Meran (Kleine Wanderkarte); Kompass-Wanderkarte 1:50000, Blatt 53, Meran; Helmut Ellmenreich »Die Meraner Bergwelt«.

Tip
Für eine gemütlichere Besteigung eine Übernachtung im Hochgang-Haus mit einplanen!

Die Spronser Seenplatte ist ein bekanntes Meraner Ausflugsziel. Der Langsee – er wird im Anstieg zum Tschigat berührt – ist der größte dieser Seen.

Texel-Gruppe

20 Mutspitze
2295 m

2000 Meter über Meran

wenig schwierig
Wandertour

Nachdem sich der Tschigat durch seine Höhe und von der Anstiegsleistung her doch vielen Bergfreunden entzieht, ist es ein besonderes Angebot der Texel-Gruppe, ihrem Talort, der Kurstadt Meran, eine zweite und leichter erreichbare Aussichtskanzel zu schenken.

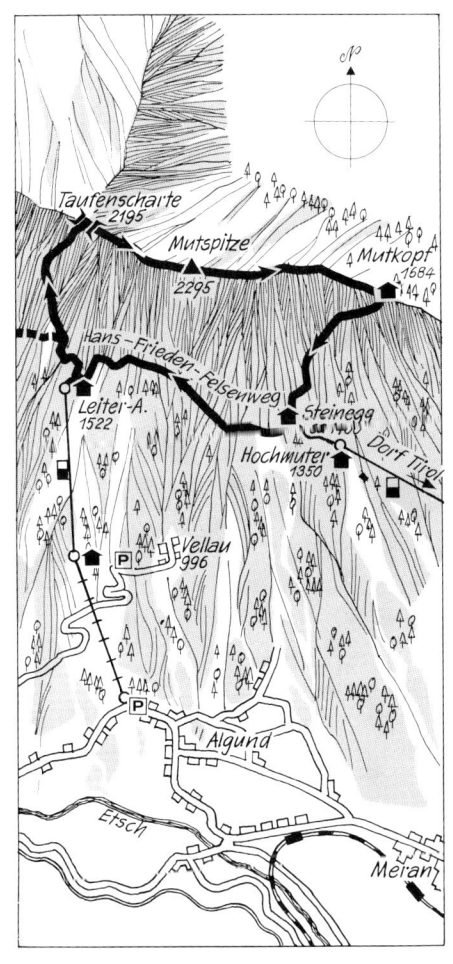

Der hohe Kammzug, der vom Tschigat über die Rötelspitze (2625 m) nach Osten schwenkt, zielt zur Einmündung des Passeiertales in das Meraner Becken und erhebt direkt über Meran einen letzten, felsigen Gipfel: die Mutspitze, 2295 Meter. Vom Tschigat und seinem Dreitausender-Nimbus verwöhnt, bemerkt der Bergsteiger vielleicht etwas abfällig den starken Höhenverlust, aber in der geringen Entfernung von der Stadt zum Gipfel stecken 2000 (!) Meter Höhendifferenz. Die Sicht von der Mutspitze gehört dem Land zu ihren Füßen: Die Pracht und Weite der tiefen Etschtalfurche hinaus nach Bozen, dahinter die Kette der Westlichen Dolomiten; mit Rosengarten, Latemar und den Eggentaler Bergen bilden sie den großartigen Horizont dieses Südpanoramas.

Aber auch die Mutspitze würde sich vielen Meraner Gästen in einer Tagestour versagen, wären nicht Aufstiegshilfen vorhanden. So ermöglicht die Seilbahn vom Dorf Tirol nach Hochmuter (Bergstation etwas unterhalb von Steinegg, 1350 m) den beliebtesten Zugang über den Berggasthof Mutkopf (1684 m) und den Ostrücken zum Gipfel. Für ausdauernde und trittsichere Wanderer gibt es jedoch eine Rundtour, die vorteilhaft an der Leiter-Alm (1522 m, siehe Tschigat) mit dem Steig zur Taufenscharte (= Karjoch, 2195 m) beginnt, vom »Taufen« zur Mutspitze hinüberquert, den Abstieg über den Mutkopf nach Steinegg nimmt und mit dem bequemen »Hans-Frieden-Felsenweg« bei der Liftstation Leiter-Alm wieder ausläuft.

Der steile Anstieg in einer schmalen, bewachsenen Felsrinne zur Taufenscharte fordert Mühe und Zeit, aber dafür ist man weit entfernt von den Heerscharen, die über den Ostrücken zur Mutspitze pilgern. Die Einkerbung der Taufenscharte teilt die Wanderrichtungen, der Weg Nr. 24 führt nach Norden, hinab in das Spronser Tal, nach rechts zweigt ein markierter Felssteig in langer Querung zur Mutspitze und überwindet die restlichen 100 Höhenmeter.

Das 1956 aufgestellte, weithin sichtbare Gipfelkreuz wird umringt von einer Schar übermannsgroßer Steinmänner – und von vielen Menschen. Ein Ort, zu dem man gerne wiederkommen möchte, vielleicht spät im Jahr, wenn der Herbst stille, leuchtende Tage verspricht und die Mutspitze den Abschied vom »Bergsteigen in Südtirol« bedeutet.

Tourensteckbrief

Ausgangsort
Vellau 996 m, oberhalb Meran.

Die Tour in Stichworten
Vellau 996 m – Korblift Leiter-Alm 1522 m – Taufenscharte (Karjoch) 2195 m – Mutspitze 2295 m – Mutkopf 1684 m – Steinegg ca. 1400 m – »Hans-Frieden-Felsenweg« – Leiter-Alm; *oder* Steinegg – Bergstation Hochmuter 1350 m – Seilbahn Dorf Tirol 650 m.

Schwierigkeit/Anforderung
I = wenig schwierig, Tagestour, mäßige Anforderung, Wandertour.
Entweder mit Pkw, mit Bus oder ab Plars (398 m) mit Sessellift nach Vellau, Parkplatz am Gasthaus Gasteiger = Talstation des Korbliftes zur Leiter-Alm. Auffahrt zur Leiter-Alm, nach Weg Nr. 24/25 Richtung Hochgang-Haus bis zur Abzweigung Taufenscharte. Auf Steig Nr. 25 über einen Rücken in eine breite Rinne unter der Taufenscharte und in steilen Kehren hinauf zur Scharte (bei Schnee und Vereisung gefährlich!). Ab Scharte nordseitige Querung der Graterhebungen auf Steigspuren (Nr. 23) in teils blockigem Fels zur Mutspitze. Trittsicherheit erforderlich.
Ab Mutspitze auf dem Ostrücken nach Markierung 23 zum Berggasthaus Mutkopf und auf Waldweg (Nr. 22) zur Jausenstation Steinegg. (Dort kurzer Abstieg zur Bergstation Hochmuter, 1350 m, und Abfahrt mit Seilbahn nach Dorf Tirol möglich.) Ab Steinegg auf dem »Hans-Frieden-Felsenweg« (gute Wandertrasse!) zurück zur Leiter-Alm. Route durchgehend markiert.
Bei guten Verhältnissen (schneefrei!) auch für ausdauernde, trittsichere Bergwanderer geeignet.

Höchste Wegestelle/Gipfel
Taufenscharte 2195 m, Mutspitze 2295 m.

Anstiegsleistung
Ab Vellau 1400, ab Leiter-Alm 800, ab Bergstation Hochmuter 900 Höhenmeter.

Abstieg
Siehe Routenverlauf.

Gehzeiten
Leiter-Alm 1522 m – Taufenscharte 2195 m: 2 Stunden; Taufenscharte – Mutspitze 2295 m: 1/2 Stunde. Abstieg Mutspitze – Mutkopf 1684 m: 1 Stunde; Mutkopf – Steinegg ca. 1400 m – »Hans-Frieden-Felsenweg« – Leiter-Alm 1522 m: 1 Stunde; *oder* Mutkopf – Steinegg – Bergstation Hochmuter 1350 m: 1/2 Stunde.
Gesamtgehzeit: Rundweg ab Leiter-Alm 41/2 Stunden.

Hütten/Stützpunkte
Berggasthäuser Leiter-Alm 1522 m, Mutkopf 1684 m, Steinegg ca. 1400 m.

Karten/Literatur
Siehe Tour 19.

Stubaier Hauptkamm

Gleich dem Ötztaler und dem Zillertaler Hauptkamm ist auch der Stubaier Hauptkamm ein Glied des Zentralalpenkammes. Auch er lenkt die abfließenden Wasser entweder zum Schwarzen Meer oder zur Adria und wirkt als Wetterscheide zwischen Nord und Süd; wie seine Nachbarn trägt er die Grenze zwischen dem österreichischen Nordtirol und dem italienischen Südtirol. Die Formation des Stubaier Hauptkammes und sein geologischer Aufbau zeigen im Gegensatz zum Ötztaler Hauptkamm jedoch interessante alpine Unterschiede. Ab dem Timmelsjoch gewinnt der Stubaier Hauptkamm rasch an Höhe, seine höchsten und stark vergletscherten Gipfel konzentrieren sich eng aneinandergereiht am größten Gletscher der Stubaier Alpen, am Südtiroler Übeltalferner. Vom Timmelsjoch über dieses Zentrum hinaus gleicht sein Aufbau dem dunklen Urgestein der anderen Hauptkämme. Nach den Feuersteinen erhebt sich jedoch plötzlich und ohne Übergang eine Insel aus hellem Kalkstein: Die Tribulaun-Gruppe setzt einen im Zentralalpenkamm ungewohnten, aber landschaftlich und bergsteigerisch sehr reizvollen Akzent.

Seit dem Ende des Ersten Weltkrieges bis in die siebziger Jahre war die Südtiroler Seite des Hauptkammes für den Alpinismus fast eine »Terra inkognita«. Aber mit der Wiedereröffnung der ehemaligen Deutsch-Österreichischen Alpenvereinshütten, mit der schnellen Anfahrt über die Brenner-Autobahn und der neuen Straße über das Timmelsjoch wird diese großzügige und in vielen Teilen noch sehr ursprüngliche Bergwelt neu entdeckt. Das Pflerscher Tal und das Ridnauntal vor allem bieten die Zugänge hinauf zu den Hütten, zum großen Eis und zu den Hochgipfeln; die Touren 21 bis 26 möchten dazu Wegweiser sein.

Das Becher-Haus südseits des Wilden Freiger, am Übeltalferner, ist die höchstgelegene Bergsteigerhütte in Südtirol.

53

21 Timmelsjochberg 2970 m

»Einstand« in Südtirol

mäßig schwierig
Felstour

Im Sommer und bis hinein in den Spätherbst, ehe der erste Schneefall die Straßensperre erzwingt, ist die Fahrt aus dem Nordtiroler Gurgler Tal über das Timmelsjoch (2509 m) nach Südtirol ein Schauerlebnis erster Ordnung. Auf der Jochhöhe und in der Abfahrt auf den vielen, aber gut ausgebauten Kehren in das Passeiertal öffnet sich das Bergsteigerland Südtirol unerwartet großartig. Bergsteiger sollten den ersten Gipfel im Stubaier Hauptkamm, den Timmelsjochberg, 2970 Meter, besteigen – zum »Einstand« in Südtirol eine lohnende Tour mit kurzer, anregender Kletterei!

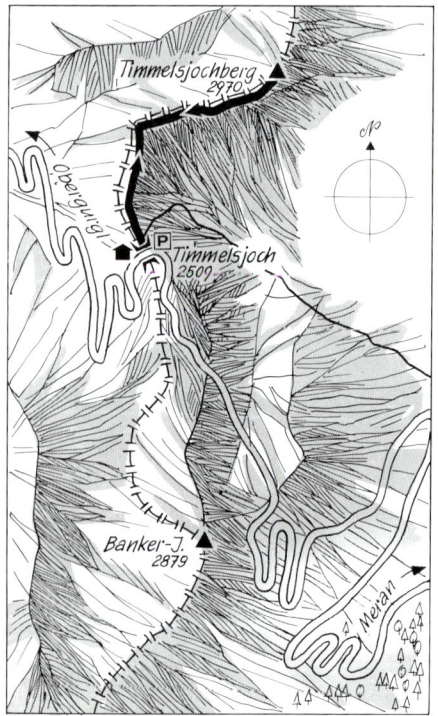

Tourensteckbrief

Ausgangsort
Timmelsjoch 2509 m.

Die Tour in Stichworten
Timmelsjoch 2509 m – Timmelsjochberg 2970 m – Timmelsjoch.

Schwierigkeit/Anforderung
II = mäßig schwierig, Halbtagestour, geringe Anforderung, Felstour.
Ab Timmelsjoch (Parkplatz zu beiden Seiten der Grenze) nach Norden, auf Steigspuren entlang der Grenzstangen bis zum Ansatz des breiten Westrückens des Timmelsjochberges (ca. 2600 m). Weglos über die vielen groben Blöcke mäßig steil zu einem Vorgipfel und über den Westgrat, teilweise sehr ausgesetzt, Überschreitung mehrerer Gratspitzen, zur Gipfelstange. Keine Markierungen!
Nur für klettergewandte Bergsteiger (II).

Höchste Wegestelle/Gipfel
Timmelsjochberg 2970 m.

Anstiegsleistung
Ab Timmelsjoch 500 Höhenmeter.

Abstieg
Wie Anstieg; *oder* (leichter) in der Nordflanke weglos, steil, über Blockgelände.

Gehzeiten
Timmelsjoch 2509 m – Timmelsjochberg 2970 m: 2 Stunden. Abstieg: 1$\frac{1}{2}$ Stunden. Gesamtgehzeit: 3$\frac{1}{2}$ Stunden.

Hütten/Stützpunkte
Gaststätten am Timmelsjoch 2509 m.

Karten/Literatur
Kompass-Wanderkarte 1:50 000, Blatt Ötztaler Alpen; Wanderkarte »Passeier Tal« 1:40 000 (Verkehrsverband St. Leonhard-Passeier); Alpenvereinskarte 1:25 000, Ötztaler Alpen, Blatt Gurgl.

Die Paßstraße über das Timmelsjoch – nur im Sommer geöffnet – ist eine gerne benützte Eintrittspforte nach Südtirol. Für Bergsteiger lohnt sich bei günstigem Wetter ein längerer Aufenthalt auf der Jochhöhe, denn »zum Einstand in Südtirol« bietet sich die kurzweilige Tour zum Timmelsjochberg an. Der Anstieg ist nicht schwierig, aber er erfordert etwas Klettererfahrung am scharfen Verbindungsgrat vom Vorgipfel (siehe Bild) zum Hauptgipfel.

22 Becher-Haus
3195 m
Wilder Freiger
3419 m

*Höchstgelegenes Schutzhaus
Südtirols und ein
beliebter Gipfel*

*mäßig schwierig
Fels-/Gletschertour*

*Aus Südtirol reicht der Übertalferner bis zum
Gipfel des Wilden Freiger. Rechts oben das
Becher-Haus, darunter die Müller-Hütte.*

Das Sterzinger Becken vereinigt von Ost und West bedeutende Seitentäler, die am Zentralalpenkamm ihren Ursprung haben. Das Pfitschtal bringt die Wasser der Zillertaler Alpen, durch das Ridnauntal fließt die Gletscherschmelze vom Südabfall des Stubaier Hauptkammes; beide Gebirgsbäche münden bei Sterzing in den Eisack. Die vergletscherten Gipfel und die Ferner, die den Ridnaunbach speisen, grüßen verführerisch aus hoher Warte, ein lockendes Bild, für das der Bergsteiger stehenbleibt, um es zu betrachten.

Das höchste sichtbare Eis, ein Giebel von gewaltigem Ausmaß, gehört der Sonklarspitze, links von ihr wird die schwarzbraune Felswand des Hochgewänd vom Firngrat des Botzers überragt. Im Panorama rechts der Sonklarspitze zeigt sich das zurückgesetzte und daher wenig auffallende, spitze Zuckerhütl, der wuchtige Wilde Pfaff stiehlt ihm die Schau, am Gletscherfirst des Wilden Freigers mit dem vorgelagerten Felssockel des Bechers endet der hohe Kamm. Die genannten Gipfel (außer Zuckerhütl) umschließen in einem Bogen den Übeltalferner, das nach dem Suldenferner zweitmächtigste Gletscherreservat Südtirols.

Die »großen Herrlichkeiten« (»Eisacktal« von Josef Rampold) dieses Talschlusses sind vielen Bergsteigern nur aus der Sicht von Nordtirol bekannt, die Anstiege von Ridnaun wurden jahrzehntelang fast vergessen. Schuld daran ist weniger der lange Anmarschweg aus Ridnaun, vielmehr waren die Grenzverhältnisse und die Schließung der Schutzhütten am Übeltalferner ausschlaggebend. Mitte der siebziger Jahre wurde jedoch die Müller-Hütte am Pfaffennieder geöffnet, 1979 die Teplitzer Hütte, und seit dem Sommer 1980 ist auch das Becher-Haus wieder bewirtschaftet — eine Einladung, die Bergwelt am Stubaier Hauptkamm auch aus Südtirol wieder aufzusuchen!

Der Wilde Freiger war schon immer — und dies wird auch so bleiben — mit seinem Gletscheranstieg von den Nordtiro-

ler Stützpunkten Sulzenau-Hütte und Nürnberger Hütte berühmt. Weithin jedoch dürfte wenig bekannt sein, daß aus Südtirol sich eine fast eisfreie Route zu ihm anbietet. Nur in der kurzen Entfernung vom Becher zum Freiger-Südgrat weicht der Anstieg in die Randzone des Übeltalferners aus. Der Wilde Freiger, sonst nur gletschererfahrenen Leuten vorbehalten, winkt deshalb hinab in das Ridnauntal auch jenen Bergsteigern zu, die einem Gletscher gerne aus dem Weg gehen.

Ausgangsort für dieses Zwei-Tage-Unternehmen ist der Parkplatz bei der Erzaufbereitung Maiern (1417 m) im Talschluß des Ridnauntales. In der 2000-Meter-Höhendifferenz zum Freigergipfel und der erheblichen Strecke dorthin muß der erste Tourentag, der Anstieg zum Becher-Haus (3195 m), die Hauptlast tragen. Ein möglichst früher Aufbruch, ein nicht zu schwerer Rucksack und Ausdauer sind die Bedingungen, damit der Freiger-Anwärter, nachdem er zuvor die kleine unbewirtschaftete Grohmann-Hütte (2254 m) passierte, nicht nach 3¹/₂ Stunden Gehzeit an der Teplitzer Hütte (2586 m) hängenbleibt. Diese ansehnliche und noch gut erhaltene Hütte wurde im Jahre 1889 als rundum verschindelter Holzbau von der Al-

penvereinssektion Teplitz errichtet. Die landschaftlich großartige und günstige Lage machte sie sogleich zu einem gern eingenommenen »Rastplatz« vor dem Becher, aber vor allem zum vorteilhaften Stützpunkt für die bis zum Ersten Weltkrieg beliebten hochalpinen Südrouten zur Aglsspitze (3194 m) und zu den Feuersteinen (Westlicher, 3250 m, Östlicher, 3267 m) – daher auch »Feuerstein-Hütte« genannt. Die Teplitzer Hütte verdient eine Einkehr, aber der Freiger ist am nächsten Tag sicherer, wenn man die Gehzeit von 2¹/₂ Stunden auf dem »Karl-Vogel-Weg« zum Becher-Haus noch auf sich nimmt.

Das Auf und Ab im Moränengehügel ermüdet, eine kurze, harmlose Gletscherquerung führt den Weg zum »Becherfelsen« (ca. 2800 m), und der steile, jedoch gesicherte Durchstieg im Südsporn des Becher zapft vielleicht sogar Kraftreserven an, bevor man, glücklich über die Ankunft, den Rucksack ablegt. Aber im Rückblick hinab zum Ridnauntal erfreuen nochmals all die »großen Herrlichkeiten«, die Urkraft der Bergwasser, die satten Alpweiden des Aglsbodens, die Sicht auf das apere Eis am Gletschertor des Übeltalferners und das glatte, blankgeschliffene Urgestein an der Grohmann-Hütte auf dem langen, weiten

Weg hierher zum Becher-Haus in 3195 Meter Meereshöhe, am Südfuß des Wilden Freigers.

Hanspaul Menara schreibt in seinem Buch »Südtiroler Schutzhütten«: »Höchstgelegenes, großes Schutzhaus in Südtirol und eines der schönsten höchstgelegenen der Ostalpen.« Aus der Geschichte des Becher-Hauses können hier nur die Alpenvereinssektion Hannover als Initiator und Erbauer, die Einweihung am 18. August 1894 und die damalige Namensgebung »Kaiserin-Elisabeth-Haus« zu Kaisers (Franz Josef I.) Geburtstag angeführt werden.

Im darauffolgenden Jahr wurde das Haus bereits von 700 Touristen mit 500 Führern (!) besucht. Bei soviel Führerhilfe haben die 700 Touristen bestimmt ihren Traumberg erreicht! Den kurzen Anstieg über den Südgrat erleichtert eine alte Steiganlage, aber erst im »Spaziergang« auf dem Firndach zu der kleinen Felsspitze mit dem Kreuz in 3419 Meter Höhe klingt das Bergerlebnis Becher-Haus – Wilder Freiger in vollem Akkord.

Der Übertalferner trennt die Müller-Hütte (im Vordergrund) vom Becher-Haus am Gipfel des Becher. ▷

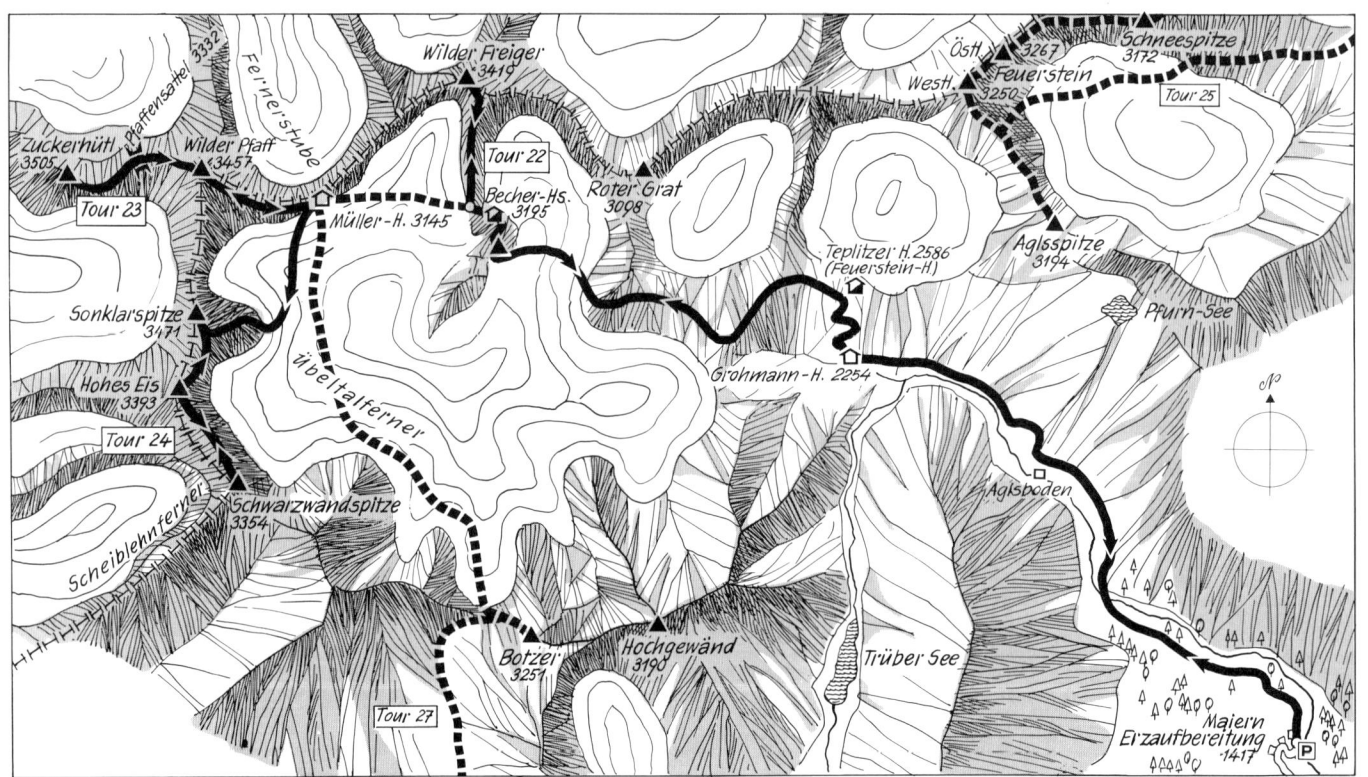

Tourensteckbrief

Ausgangsort

Maiern 1417 m, im Ridnauntal (Parkplatz Erzaufbereitung).

Die Tour in Stichworten

Maiern 1417 m – Grohmann-Hütte 2254 m – Teplitzer Hütte 2586 m – Becher (Becher-Haus) 3195 m – Wilder Freiger 3419 m – Becher-Haus.

Schwierigkeit/Anforderung

II = mäßig schwierig, Zwei-Tage-Tour, große Anforderung, Fels-/Gletschertour.
Ab Parkplatz Erzaufbereitung Maiern auf markiertem Steig Nr. 9 zum Aglsboden (bewirtschaftete Alm 1725 m), weiter zur Grohmann-Hütte (im Verfall, nur Notunterkunft), und steil hinauf zur bewirtschafteten Teplitzer Hütte. Ab Teplitzer Hütte markierter Steig Nr. 9 = »Karl-Vogel-Weg« (mit kurzer, harmloser Gletscherquerung) zum »Becherfelsen« und nach Markierungen, teilweise Drahtseilsicherung, steil und anstrengend hinauf zum Becher-Haus am Gipfel des Bechers.
Ab Becher-Haus am Rande des Übeltalferners (versteckte Spalten!) zum felsigen Südsporn des Freiger-Signalgipfels (3392 m), teilweise Steig, mäßig schwierig, an der Naht-

stelle von Fels und nordseitigem Eis ohne Schwierigkeiten zum Hauptgipfel des Wilden Freigers.
Nur für ausdauernde, erfahrene Bergsteiger, wenig Gletscherberührung (aber Pickel und Seil günstig).

Höchste Wegestelle/Gipfel

Becher 3195 m, Freiger-Signalgipfel 3392 m, Wilder Freiger 3419 m.

Anstiegsleistung

Ab Erzaufbereitung Maiern 2000, ab Becher-Haus 200 Höhenmeter.

Abstieg

Wie Anstieg; *oder* ab Wilder Freiger direkter Eisabstieg, steil, zum Übeltalferner und Übergang zur Müller-Hütte (Eisausrüstung erforderlich).

Gehzeiten

Erzaufbereitung Maiern 1417 m – Grohmann-Hütte 2254 m: 2½ Stunden; Grohmann-Hütte – Teplitzer Hütte 2586 m: 1 Stunde; Teplitzer Hütte – Becher-Haus 3195 m: 3½ Stunden. Becher-Haus – Wilder Freiger 3419 m: 1 Stunde. Abstieg zum Becher-Haus: 1 Stunde, zur Müller-Hütte 3145 m: 1 Stunde.
Gesamtgehzeit: Maiern – Becher-Haus 7 Stunden, Becher-Haus – Freiger und zurück 2 Stunden.

Hütten/Stützpunkte

Grohmann-Hütte 2254 m, ständig offene Notunterkunft.
Teplitzer Hütte 2586 m, CAI-Sektion Sterzing, 40 Betten und Matratzenlager, bewirtschaftet von Anfang Juli bis Ende September.
Becher-Haus 3195 m, CAI-Sektion Verona, 50 Betten und Matratzenlager, bewirtschaftet von Anfang Juli bis Mitte September.
Müller-Hütte 3145 m, CAI-Sektion Bozen, 70 Betten und Matratzenlager, bewirtschaftet von Anfang Juli bis Mitte September.

Karten/Literatur

Kompass-Wanderkarte 1:50 000, Blatt 44, Sterzing; Alpenvereinskarte 1:25 000, Stubaier Alpen, Hochstubai; Alpenvereinsführer »Stubaier Alpen«; Schnürer »Hohe Route Ostalpen«.

Tip

Empfehlung für weniger trainierte Bergsteiger: 1. Tag: Maiern – Teplitzer Hütte; 2. Tag: Teplitzer Hütte – Becher-Haus – Wilder Freiger – Becher-Haus; 3. Tag: Becher Haus – Maiern.
Das Becher-Haus birgt als einzigartige Besonderheit eine geräumige, hohe Kapelle mit Betstühlen und einem großen, eindrucksvollen Marienbild: »St. Maria im Schnee anno domini 1911«.

23 Wilder Pfaff

3457 m

Zuckerhütl

3505 m

Im Zentrum der »Stubaier«

schwierig
Fels-/Gletschertour

Im Anstieg von der Müller-Hütte über den Ostgrat zum Wilden Pfaff bereitet knapp vor dem Gipfel dieser plattige Fels vielleicht noch Schwierigkeiten.

Die alpine Namensgebung belegte die Gegend, in der sich unsere Gipfelziele innerhalb der Stubaier Alpen erheben, mit der Bezeichnung »Pfaffengruppe« und trug damit der Namenshäufung »Pfaffen« zwischen Freiger und Zuckerhütl Rechnung. Die Sage erzählt von einem auf diese Höhe verbannten Pfaffen, aber ob er uns – wegen einer Freveltat zu Stein geworden – am Wilden Pfaff begegnet?

Vom Freiger fällt die Kammlinie zum Pfaffennieder (3149 m) nahe der Müller-Hütte (3145 m) ab. Plattiger, abschüssiger Fels erhebt aus beidseitigem Eis den Hauptkamm als Ostgrat des Wilden Pfaff; über ihn läuft die Landesgrenze zwischen Süd- und Nordtirol und auch der Anstieg ab Müller-Hütte zum Gipfel. Der Ostgrat des Wilden Pfaff bietet eine interessante Kletterroute im steilen Fels, das benachbarte Zuckerhütl dagegen einen Steilanstieg auf einer Eiskante – eine ungewöhnlich reizvolle Tourenkombination!

Der Wilde Pfaff, 3457 Meter, dominiert aus der Sicht von der Müller-Hütte als mächtige Felspyramide über dem nordwestlichen Winkel des Übeltalferners. Kein Eis kompliziert den Zugang, die kurze Gletscherstrecke vom Pfaffennieder zum Einstieg am Ostgrat (ca. 3250 m) ist kaum der Rede wert. Steigeisen und Pickel sind hier entbehrlich, aber für das Zuckerhütl notwendig! Von der Sulzenau-Hütte und von der Dresdner Hütte wird der Wilde Pfaff über den Sulzenauferner gleichfalls sehr oft bestiegen, denn auch aus Nordtirol schätzt man die Zwei-Gipfel-Tour: Zuckerhütl – Wilder Pfaff.

Im Alpenvereinsführer »Stubaier Alpen« erhält der Ostgrat nur Schwierigkeitsgrad I; mit steilem, plattigem Urgestein weniger vertraute Bergsteiger sollten aber die 200-Meter-Höhendifferenz ab Einstieg nicht unterschätzen. Der Gratweg ist im oberen Teil auf 20 Meter trittarm und ausgesetzt, wenn auch ein altes Sicherungsseil der schwierigsten Stelle die Schärfe nimmt. Der Ausstieg aus dem Fels zum großzügigen Plateau des Gipfels erfolgt plötzlich, und der Empfang am hölzernen Bildstöckl, das den höchsten Punkt markiert, übertrifft alle Erwartungen: Kein anderer Ort stellt das Zuckerhütl imposanter vor! Nordseitig, aus dem Sulzenauferner heraus, bekleidet sich der höchste Berg der Stubaier Alpen bis zur Spitze mit einem glitzernden Firnmantel, die rassige Eiskante herab zum Pfaffensattel (3332 m) trägt die Führe zum Gipfelkreuz.

Für das Zuckerhütl verlassen wir Südtirol, es steht westlich außerhalb des Hauptkammes. Ein kurzer, mäßig steiler Abstieg über Fels und Firn leitet in den weitgeschwungenen Pfaffensattel, zum Treffpunkt aller Zuckerhütl-Anwärter aus Nord- und Südtirol. In der halben Stunde auf der steilen, immer schmäleren Eistreppe zum Gipfel schlägt gewiß manches Herz schneller. Der Glanz des Zuckerhütls aber wird nach der glücklichen Rückkehr zum Pfaffensattel und auf dem »Heimweg« zur Müller-Hütte, in der Rückschau vom Wilden Pfaff, am hellsten strahlen.

Das Zuckerhütl (Blick vom Wilden Pfaff) ist der ▷ höchste Berg des Stubai. Im Pfaffensattel (Bildmitte) treffen alle Routen zusammen. Gemeinsam ist ihnen der steile Schlußanstieg über die schmale Firnkante zum Gipfel.

Tourensteckbrief

Ausgangsort
Maiern 1417 m, im Ridnauntal, Parkplatz Erzaufbereitung.

Die Tour in Stichworten
Maiern 1417 m – Teplitzer Hütte 2586 m – Müller-Hütte 3145 m – Wilder Pfaff 3457 m – Pfaffensattel 3332 m – Zuckerhütl 3505 m – Pfaffensattel – Wilder Pfaff – Müller-Hütte.

Schwierigkeit/Anforderung
III = schwierig, Zwei-Tage-Tour, große Anforderung, Fels-/Gletschertour.
Anstieg Müller-Hütte siehe Tour 22 (Becher-Haus), jedoch nach dem »Becherfelsen« nach Markierungen weiter zur bezeichneten Abzweigung »Müller-Hütte« (ca. 3000 m), über Firn hinauf in das Hochbecken des Übeltalferners und Querung nach Westen zur sichtbaren Müller-Hütte am Pfaffennieder (meist Trasse, Spaltengefahr!).
Wilder Pfaff: Ab Müller-Hütte am Nordrand des Übeltalferners mäßig steil zum Ostgrat des Wilden Pfaff und über die blockigen Gratfelsen, markiert, mäßig schwierig, aber teilweise steil und ausgesetzt (eine Drahtseilsicherung) zum Gipfel.

Zuckerhütl: Vom Wilden Pfaff über seine firnige Westflanke hinab zum Pfaffensattel, von dort sehr steil, oft vereist, an der östlichen Firnschneide des Zuckerhütls (meist Trasse) zum Gipfel. Über den Wilden Pfaff zurück zur Müller-Hütte.
Nur für in Fels und Eis erfahrene, ausdauernde Bergsteiger mit Eisausrüstung.

Höchste Wegestelle/Gipfel
Wilder Pfaff 3457 m, Zuckerhütl 3505 m.

Anstiegsleistung
Ab Erzaufbereitung Maiern 2300, ab Müller-Hütte 600 Höhenmeter.

Abstieg
Siehe Routenverlauf.

Gehzeiten
Maiern 1417 m – Müller-Hütte 3145 m: 7 Stunden (siehe auch Tour 22); Müller-Hütte – Wilder Pfaff 3457 m: 1½ Stunden; Wilder Pfaff – Zuckerhütl 3505 m: 1 Stunde. Rückweg Zuckerhütl – Wilder Pfaff – Müller-Hütte: 2½ Stunden.
Gesamtgehzeit: Ab Müller-Hütte 5 Stunden.

Hütten/Stützpunkte
Müller-Hütte 3145 m, CAI-Sektion Bozen, 70 Betten und Matratzenlager, bewirtschaftet von Anfang Juli bis Mitte September.

Becher-Haus 3195 m, CAI-Sektion Verona, 50 Betten und Matratzenlager, bewirtschaftet von Anfang Juli bis Mitte September.

Karten/Literatur
Kompass-Wanderkarte 1:50000, Blatt 44, Sterzing; Alpenvereinskarte 1:25000, Stubaier Alpen, Hochstubai; Alpenvereinsführer »Stubaier Alpen«; Sepp Schnürer »Hohe Route Ostalpen«.

Tip
Weitere Abstiegsmöglichkeiten vom Zuckerhütl: Sulzenau-Hütte (2191 m), Dresdner Hütte (2302 m), Hildesheimer Hütte (2890 m).

Die hochgelegene Müller-Hütte ist ein wichtiger Stützpunkt im Stubaier Tourenkarussell zwischen Wildem Freiger, Wildem Pfaff und Zuckerhütl. Der meiste Hüttenbesuch kommt aus Nordtirol herüber. Diese Bergsteigergruppe befindet sich im Anstieg aus dem Südtiroler Ridnauntal, im Hochbecken des Übeltalferners, kurz vor der Hütte. Links der Sattel des Pfaffennieder und der Wilde Pfaff.

24 Sonklarspitze 3471 m

Hohes Eis 3393 m

Schwarzwandspitze 3354 m

»Außenseiter« für Genießer

*mäßig schwierig
Gletschertour*

Im Bergrahmen des Übeltalferners gebührt der Sonklarspitze die Priorität. Aus der Sicht vom Ridnauntal dominiert ihr hohes Eisdach, die Umschau von den Standorten Müller-Hütte oder Becher-Haus bestätigt den ersten Eindruck. Die Überlieferung schreibt: »Der Beherrscher dieser Bergwelt ist der mächtig aufstrebende, breite Firndom der Sonklarspitze 3471 m., wohl einer der stattlichsten Gipfel der Stubaier Berge, der sich im Hintergrunde des Uebelthalferners aufschwingt.« Die Sonklarspitze ehrt die Verdienste des k.u.k. Offiziers Carl von Sonklar, der sich die topographische Erforschung der Gebirgswelt Tirols zur besonderen Aufgabe gestellt hatte.

Trotzdem die Sonklarspitze mit ihrem breiten Felssockel und dem Schmuck eines gewölbten Firndaches ein verführerisches und schnell erreichbares Bergziel von der nahen Müller-Hütte aus bietet, blieb ein Besuch von jeher eine Ausnahme. Die Mehrzahl der Hüttengäste kommt aus Nordtirol herüber und nützt die günstige Lage der Müller-Hütte

meist nur als praktische Zwischenstation im Tourenkarussell Wilder Freiger – Wilder Pfaff – Zuckerhütl.

Der Name »Müller« geht auf den Initiator der ersten Hütte, Baujahr 1891, Prof. Carl Müller aus Teplitz, zurück. Der Zweitbau (= jetzige Hütte), 1909 durch die Alpenvereinssektion Teplitz errichtet, erhielt neben längst vergessenen kaiserlichen Namen auch die Anrede »Pfaffennieder-Hütte«. Aber die Bergsteiger waren von Müller-Hütte nicht abzubringen, und so wird es wohl bleiben, denn auch der Hüttenstempel verkündet schlicht und einfach nur diesen Namen. Das rundum mit Holz verschindelte Haus bekam von der CAI-Sektion Bozen eine gute Renovierung und tüchtige Bewirtschafter und gilt damit wieder als bergsteigerisch wertvoller Stützpunkt.

Die Tour zur Sonklarspitze ist ab Müller-Hütte überschaubar, für einen geübten Bergsteiger ein kurzes, unproblematisches Unternehmen. Das meist geschlossene und fast ebene Hochbecken des Übeltalferners ist die Brücke zum Ansatz des Ostgrates, ein steiler Firnhang gewinnt ausgeaperten gut gangbaren Fels, eine sanft geneigte Firnschneide das schmucklose Eisplateau des Gipfels, 3471 Meter, und damit den höchsten Punkt in der Umrahmung des Übeltalferners. Problematischer aber war anscheinend, dem Schrifttum nach, der Anstieg der Erstersteiger, des Münchners Richard Gutberlet mit dem Führer Alois Tanzer am 5. August 1869. Mit erregter Stimme rief Tanzer, nur 50 Fuß vor dem Ziel: »Jetzt habe ich gewagt, was ich wagen darf für mich und für Sie, wenn da Einer von uns ins Schiessen kommt, sind wir gewiss Alle hin!«

Zwei nahe Gipfel im Bergmassiv der Sonklarspitze nach Süden locken bei guten Verhältnissen zur Erweiterung der Tour. Das Hohe Eis, 3393 Meter, und die Schwarzwandspitze, 3354 Meter, sind mit Rückkehr auf dem Anstiegsweg eine fast geschenkte Dreingabe für ausgepichte Dreitausender-Sammler mit Hang zu Stille und Einsamkeit!

Seit dem Jahre 1909 steht die Müller-Hütte am Pfaffennieder. Die CAI-Sektion Bozen hält die Hütte gut instand, tüchtige Südtiroler Wirtsleute versorgen die Bergsteiger.

Tourensteckbrief

Ausgangsort
Maiern 1417 m, im Ridnauntal, Parkplatz Erzaufbereitung.

Die Tour in Stichworten
Maiern 1417 m – Teplitzer Hütte 2586 m – Müller-Hütte 3145 m – Sonklarspitze 3471 m – Hohes Eis 3393 m – Schwarzwandspitze 3354 m – Müller-Hütte.

Schwierigkeit/Anforderung
II = mäßig schwierig, Zwei-Tage-Tour, große Anforderung, Gletschertour.
Anstieg Müller-Hütte siehe Tour 22 (Becher-Haus), jedoch nach dem »Becherfelsen« nach Markierungen weiter zur bezeichneten Abzweigung »Müller-Hütte« (ca. 3000 m), über Firn hinauf in das Hochbecken des Übeltalferners und Querung nach Westen zur sichtbaren Müller-Hütte am Pfaffennieder (meist Trasse, Spaltengefahr!).
Sonklarspitze: Ab Müller-Hütte nach Südwesten über den Übeltalferner zum felsigen Ostgrat der Sonklarspitze. Über Firn rechts des Grates steil empor zur oberen Gratschneide, über ausgeaperte Felsen, mäßig

schwierig, steil, zum schwach geneigten Gipfelfirn und zum höchsten Punkt.
Schwarzwandspitze und Hohes Eis: Vom Gletscherdach der Sonklarspitze kaum spaltengefährdeter Übergang nach Süden zum Hohen Eis und zur Schwarzwandspitze. Abstieg: Am besten über den Ostgrat der Sonklarspitze zurück in den Übeltalferner und zur Müller-Hütte.
Nur für gletschererfahrene, ausdauernde, selbständige Bergsteiger mit Eisausrüstung.

Höchste Wegestelle/Gipfel
Sonklarspitze 3471 m, Hohes Eis 3393 m, Schwarzwandspitze 3354 m.

Anstiegsleistung
Ab Erzaufbereitung Maiern 2200, ab Müller-Hütte 600 Höhenmeter.

Abstieg
Siehe Routenverlauf.

Gehzeiten
Maiern 1417 m – Müller-Hütte 3145 m (siehe auch Tour 22): 7 Stunden; Müller-Hütte – Sonklarspitze 3471 m: 1¹⁄₂ Stunden; Sonklarspitze – Hohes Eis 3393 m – Schwarzwandspitze 3354 m: 1 Stunde. Rückkehr auf Anstiegsweg zur Müller-Hütte: 2¹⁄₂ Stunden.
Gesamtgehzeit: Ab Müller-Hütte 5 Stunden.

Im Bergrahmen des Übeltalferners (nach vorherrschender Meinung ist der Übeltalferner erst nach dem Suldenferner der größte Gletscher Südtirols) markiert das Gipfeleis der Sonklarspitze den höchsten Punkt. Von der Müller-Hütte und auch vom Becher-Haus aus liegt dieser prächtige Gipfel wie auf einem Präsentierteller zum schnellen Zugriff kurzentschlossener Bergsteiger, wird aber leider zugunsten von Wildem Freiger und Wildem Pfaff etwas vernachlässigt.

Hütten/Stützpunkte
Müller-Hütte 3145 m, CAI-Sektion Bozen, 70 Betten und Matratzenlager, bewirtschaftet von Anfang Juli bis Mitte September.
Becher-Haus 3195 m, CAI-Sektion Verona, 50 Betten und Matratzenlager, bewirtschaftet von Anfang Juli bis Mitte September.

Karten/Literatur
Kompass-Wanderkarte 1:50000, Blatt 44, Sterzing; Alpenvereinskarte 1:25000, Stubaier Alpen, Hochstubai; Alpenvereinsführer »Stubaier Alpen«.

25 Aglsspitze
3194 m
Schneespitze
3172 m

*Umrahmung
des Feuersteinferners*

*mäßig schwierig
Gletscher-/Felstour*

Seit dem Ausklang der siebziger Jahre kommt ein erneutes bergsteigerisches Interesse auf die Südseite des Stubaier Hauptkammes zu. Ab Gossensaß (1098 m), knapp 300 Meter unter dem Brenner, zieht das Pflerschtal zum Hauptkamm. In sanfter Steigung, ohne ausgeprägte Geländeschwelle, hebt es seinen Talgrund über 9 Kilometer Länge hinein nach Innerpflersch zum Kirchdorf Boden nur auf die Meereshöhe von 1245 Meter an. Gossensaß und das Pflerschtal werben mit ihrem Klima, das im Vergleich zum nahen Brenner als »warm und gesund« gilt, Gossensaß in der zweiten Hälfte des vorigen Jahrhunderts sogar zu einem gesuchten Höhenluftkurort erhob.

Das vom Stubaier Hauptkamm geschützte Pflerschtal ist fruchtbar und »kräuterreich«. Die Talschaft entwickelt sich immer mehr zu einer beliebten Sommerfrische mit abwechslungsreichem Angebot von Bergwanderungen im südlichen Aglskamm und Hochgebirgstouren im Hauptkamm.

Mit Zugang von Boden (1245 m) in Innerpflersch unterstützen wieder die Tribulaun-Hütte (2373 m) und die Magdeburger Hütte (2423 m) alle hochgesteckten Tourenvorhaben im Hauptkammbereich. Bis zum Weiler Stein (1418 m) ist neuerdings auf einer guten Straße die

Auffahrt möglich, dann leitet ein Alpenvereinsweg (Nr. 8) den knappen 1000-Meter-Anstieg in $2^1/_2$ Stunden zur Tribulaun-Hütte. Die Wegenummer 6 benützt einen Almweg hinein in den Talschluß des Pflerschtales und führt mit einer Gehzeit von $3^1/_2$ Stunden zur Magdeburger Hütte, dem Stützpunkt für die Hochtouren am Feuersteinferner und Stubenferner – Aglsspitze und Schneespitze sind die beliebtesten Gipfelziele.

Im Steilanstieg, entlang einer tiefgefrästen Bachschlucht über die vielen Wegekehren hinauf zum Abfluß des Rocholl-sees, ahnt man die Lage der Hütte, aber erst nach Überschreitung der Wasserschwelle geht man die letzten 30 Meter auf das breitgiebelige, holzbeschindelte Haus zu. Das holzgeschnitzte Schild weist die Magdeburger Hütte und als Besitzer die CAI-Sektion Sterzing aus. Diese Sektion als Nachfolgerin der deutschen Alpenvereinssektion Magdeburg hat ihr Erbe gut verwaltet. In mehrjähriger Arbeit schuf sie, ohne den Erstbau (Einweihung am 17. August 1887) in seinem Grundkonzept zu verändern, ein Schmuckkästchen, in das man gerne einkehrt und sich wohlfühlt. Am 7. August 1980 feierte der Club Alpino Italiano mit einer kleinen Festschrift offiziell die »Einweihung der erneuerten Magdeburger Hütte« und hieß alle Bergsteiger willkommen.

Die Aglsspitze südlich der Feuersteine war schon zur Gründerzeit ein begehrtes Bergziel. Ab Magdeburger Hütte windet sich ein AV-Steig, eingefügt in den blankgeschliffenen Urgesteinsrücken am Südrand des Stubenferners, zur Südlichen Stubenscharte (2931 m). Eine vielleicht vorhandene, leicht fallende Trasse in dem zur Linken eingelagerten Ewig-Schnee-Fleck kann den Hinweis zu einem verborgenen, gesicherten Steiglein in südseitigem Fels geben, das mit nur wenig Höhenverlust die günstigste Verbindung zum Feuersteinferner herstellt. Aus seiner Gletscherschüssel (ca. 2850 m) erfolgt direkt und ohne Umwege der Zugang zum sichtbaren Firnsattel der Magdeburger Scharte (3105 m). Die Aglsspitze sendet zur Scharte ihren blockigen Nordwestgrat, seine Felsen sind bis zum Vorgipfel wenig schwierig, nur der kurze, scharfe Verbindungsgrat zum Gipfelsteinmann erfordert besondere Aufmerksamkeit.

Am exponierten Fels- und Firnhorn der Aglsspitze beginnt in einer Höhe von 3194 Meter der nach ihr benannte Aglskamm und zieht hinaus bis zum Roßkopf bei Sterzing. Die beiden Feuersteine (Westlicher, 3250 m, Östlicher, 3267 m) stehen nördlich der Magdeburger Scharte im Stubaier Hauptkamm, der sich nach Osten zur Schneespitze fortsetzt: ein Angebot für ausdauernde,

Die Magdeburger Hütte südseits des Stubaier Hauptkammes dient vor allem den Touren zur Schneespitze und Aglsspitze.

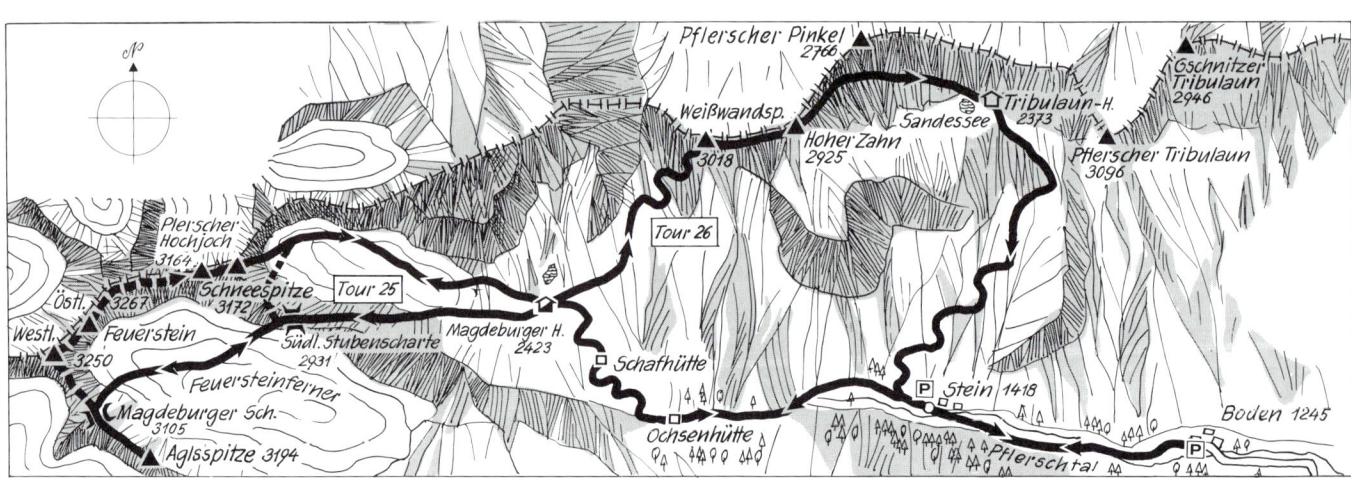

tüchtige Hochalpinisten, aus der Magdeburger Scharte über einen Blockgrat zu den Feuersteinen aufzuschließen und im Übergang Pflerscher Hochjoch – Schneespitze die ideale Umrahmung des Feuersteinferners vorzunehmen.

In die Rückkehr auf dem Anstiegsweg zur Magdeburger Hütte paßt aber auch für weniger hartnäckige Gipfelstürmer die Tour zur Schneespitze noch gut hinein. Bei sicherem Wetter und entsprechendem Auftrieb wäre es unklug, die hohe Ausgangsposition der Stubenscharte zu verschenken – die nahe Schneespitze lockt, je nach den Schneeverhältnissen, mit ihrem direkten An-

stieg über den felsigen Südostgrat oder in einem Bogen über den nördlichen Arm des Stubenferners.

Die 3172 Meter hohe Schneespitze ist der Hausberg der Magdeburger Hütte und in der Route über den Stubenferner am meisten begangen. Die Nordtiroler drüben im Gschnitztal gaben dieser auffallenden Firngestalt ihren allgemein geläufigen Namen, aus dem Pflerschtal stammt die hübsche Anrede »Schneepinggl«. Das Gipfelkreuz haben die Südtiroler hinaufgetragen. Es wirbt für die gut bewirtschaftete Magdeburger Hütte und für die Hochtouren in der Umrahmung des Feuersteinferners.

Die Magdeburger Hütte und ihr Hochtourenparadies kamen durch die Grenzverhältnisse nach dem Ersten Weltkrieg fast in Vergessenheit. In den siebziger Jahren fanden jedoch mehr und mehr Bergsteiger und Wanderer wieder den Eingang in das dem Brenner nahe Pflerschtal und damit auch den Weg zur Magdeburger Hütte. Die CAI-Sektion Sterzing renovierte ihr Hüttenerbe großzügig, denn das Gipfelangebot am Stubenferner und am Feuersteinferner ist lockend und vielseitig genug, sich für einige Tage in der gepflegten Unterkunft einzuquartieren. Die Rast am Gipfelkreuz der Schneespitze (Bild) zeigt den Zug des Aglskammes hinaus in das Sterzinger Becken.

Tourensteckbrief

Ausgangsort
Boden 1245 m, im Pflerschtal.

Die Tour in Stichworten
Boden 1245 m – Stein 1418 m – Magdeburger Hütte 2423 m – Südliche Stubenscharte 2931 m – Magdeburger Scharte 3105 m – Aglsspitze 3194 m – Schneespitze 3172 m – Magdeburger Hütte.

Schwierigkeit/Anforderung
II = mäßig schwierig, 1¹/₂-Tage-Tour, mittlere Anforderung, Gletscher-/Felstour. Kurz vor Boden bei einer Brücke Auffahrt von der Talstraße zum Weiler Stein, weiter auf Steig Nr. 6, teilweise steil, zur Magdeburger Hütte.
Ab Hütte markierter AV-Steig, Steinmänner, nach Westen hinauf zur Südlichen Stubenscharte; dort nach Süden in einen Ewig-Schnee-Fleck und Querung zum Fuß des Kammes, der von der Schneespitze kommt (AV-Karte Pt. 2854). Hier beginnt ein gesicherter Felssteig, der in das Hochbecken des Feuersteinferners quert; über ihn zur Magdeburger Scharte unter der Aglsspitze. Ab Scharte über den Nordwestgrat zum Vorgipfel und über teilweise ausgesetzten Fels zum nahen Gipfelsteinmann. Abstieg auf Anstiegsweg zurück zur Südlichen Stubenscharte, ab Scharte entweder auf dem blockigen Südostgrat mäßig schwierig, ausgesetzt, direkt zur Schneespitze, *oder* über den Nordarm des Stubenferners auf teilweise steiler Gletscherroute (kaum Spalten). Abstieg zur Magdeburger Hütte direkt über den Ferner, meist Trasse.
Nur für erfahrene, ausdauernde Bergsteiger, Eisausrüstung notwendig.

Höchste Wegestelle/Gipfel
Aglsspitze 3194 m, Schneespitze 3172 m.

Anstiegsleistung
Ab Boden 2300, ab Magdeburger Hütte 1100 Höhenmeter.

Abstieg
Aglsspitze wie Anstieg; Schneespitze direkt über den Stubenferner.

Gehzeiten
Boden 1245 m – Magdeburger Hütte 2423 m: 3¹/₂ Stunden; Magdeburger Hütte – Südliche Stubenscharte 2931 m – Magdeburger Scharte 3105 m: 3 Stunden; Magdeburger Scharte – Aglsspitze 3194 m: ¹/₂ Stunde. Abstieg Aglsspitze – Südliche Stubenscharte: 1¹/₂ Stunden; Südliche Stubenscharte – Schneespitze 3172 m: 1¹/₂ Stunden. Abstieg Schneespitze – Magdeburger Hütte: 1¹/₂ Stunden.
Gesamtgehzeit: Ab Magdeburger Hütte 8 Stunden.

Hütten/Stützpunkte
Magdeburger Hütte (Schneespitz-Hütte) 2423 m, CAI-Sektion Sterzing, 80 Betten

und Matratzenlager, bewirtschaftet von Ende Juni bis Ende September.

Karten/Literatur
Kompass-Wanderkarte 1:50000, Blatt 44, Sterzing; Freytag-Berndt-Wanderkarte 1:50000, Blatt S 4, Sterzing – Jaufenpaß – Brixen; Alpenvereinskarte 1:25000, Stubaier Alpen; Alpenvereinsführer »Stubaier Alpen«.

Der reizvolle, noch vor dem Ersten Weltkrieg angelegte AV-Steig erschließt von der Südlichen Stubenscharte den Zugang zum Feuersteinferner und damit zur Aglsspitze.

Tip
Aus dem Feuersteinferner Anstieg über das Pflerscher Niederjoch (3065 m) zur Schneespitze möglich (bei guten Verhältnissen!).

26 Weißwandspitze
3018 m

Hoher Zahn
2925 m

*Am Höhenweg
zwischen Magdeburger Hütte
und Tribulaun-Hütte*

*mäßig schwierig
Wandertour*

Der Pflerscher Tribulaun verleiht der Tribulaun-Hütte (in Gipfelfallinie, neben dem dunklen Felsrücken) eine dolomitische Hochgebirgskulisse.

Der Stubaier Hauptkamm gestaltet in seinem Zug von der Schneespitze zu den Tribulaunen mit der Weißwandspitze ein durch seine eigenartige Gesteinsschichtung auffallendes Gipfelziel. Der Höhenweg zwischen der Magdeburger Hütte und der Tribulaun-Hütte ermöglicht eine großzügige Rundtour, die auch ein mit den Gefahren des Hochgebirges vertrauter, geübter Bergwanderer wagen darf.

Nach der Schneespitz-Tour ist die Magdeburger Hütte der gegebene Ausgangsort. Am Abfluß des Rochollsees ist die Abzweigung »Tribulaun« angeschrieben, sie weist die Route. Der Steig Nr. 7 umrundet einen Felssporn, der vom Hauptkamm abzieht, und mündet in den entlegenen Bergkessel westlich der Weißwandspitze. Bis weit in den Sommer hinein hält sich in diesem Winkel, dem sogenannten »Schneesumpf«, eine Altschneedecke und verbirgt die Markierungen. Ein Steig kann sich in dem steilen Geröllhang zur Rechten, entlang einer blankgeschliffenen Steinschlagrinne, nicht halten. Der mühsame und durch Steinschlag gefährdete Anstieg zu einem kleinen Sattel fordert Gespür für die zweckmäßigste Route und die etwas heikle Querung der Steinschlagrinne. An dem kleinen Sattel (ca. 2700 m) bleiben Gefahr und Wegeunsicherheit zurück, wieder ausgeprägt und markiert überwinden Steigkehren den Höhenunterschied zum Querband unter dem Gipfelaufbau (ca. 2900 m). Aus dem Schotterband leiten Steigspuren über den rauhen Kalkfels des Südgrates hinauf zum Gipfelkreuz auf der einzigen markanten Dreitausenderhöhe, 3018 Meter, zwischen Schneespitze und Pflerscher Tribulaun.

Die Weißwandspitze verdankt ihren Namen einer geologischen Laune in den Urzeiten der Alpenentstehung. Über dunklem Gneis sitzt eine helle Dolomitspitze – sie ist das weithin sichtbare, einmalige Gipfelsignal!

In Weiterführung der Route bietet das Querband an der Fuge vom Gneis zum Kalkfels die einzige Möglichkeit, die Ostflanke der Weißwandspitze hinüber zum weiten Sattel vor dem Hohen Zahn zu überlisten. Trittsicherheit und sorgfältiges Gehen auf der oft kaum fußbreiten Trasse hoch über abschüssigen Rinnen ist dazu notwendig (bei Schnee sehr gefährlich!). Nach dieser Stelle übernimmt ein gutgelegter Plattenweg den Anstieg zum Hohen Zahn, 2925 Meter. Von seinem stumpfen Gneisgipfel läuft die Tour, von Markierungen und Steinmännern sicher geleitet, nur noch bergab, einem Bergkessel zu, den »drei Sterne« besonders empfehlen: der Pflerscher Tribulaun, der Sandes-See und die Tribulaun-Hütte!

Malerisch überragt von der abenteuerlichen Dolomitgestalt des Pflerscher Tribulaun und im klaren Spiegel des Sandes-Sees blieb die Tribulaun-Hütte (2373 m, erbaut 1892 von der Alpenvereinssektion Magdeburg) nach Abtrennung Südtirols von Österreich jahrzehntelang eine vergessene, kleine Grenzhütte ohne freundlichen Ausblick in die Zukunft. Mit dem neuen Touristenstrom kamen aber wieder Bergsteiger und Wanderer in das Pflerschtal und entdeckten den Sandes-See und den Tribulaun mit seiner im Jahre 1960 erweiterten Hütte neu. Die tüchtigen Südtiroler Bewirtschafter freuen sich über jeden Gast. Der Hüttenwirt steht mit Rat und Tag zur Verfügung!

Tourensteckbrief

Ausgangsort
Boden 1245 m, im Pflerschtal.

Die Tour in Stichworten
Boden 1245 m – Stein 1418 m – Magdeburger Hütte 2423 m – Weißwandspitze 3018 m – Hoher Zahn 2925 m – Tribulaun-Hütte 2373 m – Boden.

Schwierigkeit/Anforderung
II = mäßig schwierig, 1¹/₂-Tage-Tour, mittlere Anforderung, Wandertour. Magdeburger Hütte siehe Tour 25.
Ab Hütte kurzes Bergab zurück zum Rochollsee und auf Steig Nr. 7 mäßig steil in den Bergkessel westlich der Weißwandspitze. Aus dem Kessel sehr steil, steinschlaggefährdet, in einem Geröllhang (kein Steig, Markierungen oft unter Schnee) entlang einer Steinschlagrinne höher, nach Überschreitung der Rinne zu einem kleinen Sattel (ca. 2700 m, ein markantes grünes Gratköpfl bleibt rechts), dort wieder Steig und Markierungen bis zum Querband unter der Weißwandspitze (ca. 2900 m). Am breiten Südgrat auf wenig schwierigem Kalkfels mäßig steil zum Gipfel. Abstieg zurück zum Steig und

fast horizontale, sehr abschüssige Querung am Ostsockel der Weißwandspitze (meist durch Schnee erschwert) hinüber zu dem Sattel vor dem Hohen Zahn. Auf Felssteig zum Hohen Zahn, nach Markierungen, Steinmännern und Steigspuren Abstieg zur Tribulaun-Hütte. Ab Hütte auf Steig Nr. 8 oder 7 nach Boden.
Nur für erfahrene, ausdauernde Bergwanderer, Pickel vorteilhaft.

Höchste Wegestelle/Gipfel
Weißwandspitze 3018 m, Hoher Zahn 2925 m.

Anstiegsleistung
Ab Boden 2000, ab Magdeburger Hütte 800 Höhenmeter.

Abstieg
Siehe Routenverlauf.

Gehzeiten
Boden 1245 m – Magdeburger Hütte 2423 m: 3¹/₂ Stunden. Magdeburger Hütte – Weißwandspitze 3018 m: 2¹/₂ Stunden; Weißwandspitze – Hoher Zahn 2925 m: 1 Stunde; Hoher Zahn – Tribulaun-Hütte 2373 m: 1¹/₂ Stunden. Abstieg Tribulaun-Hütte – Boden 1245 m: 2 Stunden.
Gesamtgehzeit: Ab Magdeburger Hütte bis

Von Gossensaß am Brenner zieht das Pflerschtal als Stichtal bis unter die Gletscherberge des Stubaier Hauptkammes. Das Kirchdorf Boden ist Mittelpunkt der Talschaft, darüber die Schneespitze, links die Aglsspitze.

Tribulaun-Hütte 5 Stunden, bis Boden 7 Stunden.

Hütten/Stützpunkte
Magdeburger Hütte 2423 m, CAI-Sektion Sterzing, 80 Betten und Matratzenlager, bewirtschaftet von Ende Juni bis Ende September.
Tribulaun-Hütte 2373 m, CAI-Sektion Sterzing, 40 Betten und Matratzenlager, bewirtschaftet von Ende Juni bis Ende September.

Karten/Literatur
Siehe Tour 25.

Tip
Der »Pflerscher Höhenweg« von der Tribulaun-Hütte zum Portjoch (2110 m, 4 Stunden) quert als gut angelegte, hochalpine Wanderroute das Tribulaun-Massiv an seiner Südseite; großartige Landschaftsbilder!

Südliche Stubaier Alpen

Auch die Stubaier Alpen dehnen sich nach Süden, über den Hauptkamm hinweg, aus, ihr Bergraum reicht bis Sterzing, zum Jaufenpaß und zum Passeiertal – weitab vom Nordtiroler Stubaital, das der gesamten Gruppe den Namen gibt. Das Timmelsjoch markiert im Zuge des Zentralalpenkammes die Trennung von den Ötztaler Alpen; das Ötztal bis zur Einmündung in das Inntal und das Passeiertal bis St. Leonhard im Passeier vollziehen schließlich zur Gänze die Westgrenze der Stubaier Alpen. Im Osten, über den Brenner hinweg, scheidet das »Wipptal« die Stubaier von den Zillertaler Alpen. Mit dem überlieferten, aber noch immer gültigen Tiroler Landschaftsbegriff »Wipptal« ist vom Brenner nordwärts das Flußtal der Sill und vom Brenner südwärts nach Sterzing und darüber hinaus das Eisacktal gemeint. Der nicht sehr große Bergraum der Südlichen Stubaier Alpen ist von Gossensaß und von Sterzing gut überschaubar, denn die drei wichtigen inneren Täler münden in das Eisacktal: das Pflerschtal bei Gossensaß und die Täler von Ridnaun und Ratschings bei Sterzing. Auch die dazugehörigen Gebirgszüge, der Aglskamm und der Ratschingskamm, streichen zum Sterzinger Becken; die Botzer-Gruppe und der Kreuzspitzkamm bilden die Grenze zum Passeiertal.

Dem Bergsteiger und Wanderer kommen die Südlichen Stubaier Alpen ungemein freundlich entgegen: Wenn auch die interessantesten Gipfel über 2500 Meter hoch sind, so können doch fast alle Anstiege aus den Tälern in einer Tagestour unternommen werden. Lediglich die hohen Anschlußgipfel an den Hauptkamm (siehe Botzer-Gruppe) erfordern einen Stützpunkt.

Bei der Fülle aller möglichen Bergfahrten wollen die Tourenvorschläge 27 bis 31 nur eine Auswahl sein, aber sie sind ein Spiegel der Südlichen Stubaier Alpen.

Abstieg von der Hohen Ferse mit Ausblick zur Wetterspitze im Aglskamm.

69

Südliche Stubaier Alpen

27 Botzer
3251 m

*Ein Geheimtip
für Stubaier Bergsteiger*

mäßig schwierig
Gletschertour

Im Zentralalpenkamm und nord- und südseits von ihm glänzen Hochgipfel mit Rang und Namen. Sie sind allgemein bekannt und begehrt und daher Gegenstand der Planung, des Hoffens und schließlich endlich erreichtes Ziel. Neben dieser »ersten Garnitur« steht manch lohnender Berg – vom Alpinismus seit Anbeginn in das »zweite Glied« verwiesen. So liegt der Botzer, mit der respektablen Höhe von 3251 Meter der höchste Gipfel der Südlichen Stubaier Alpen, auf dem Präsentierteller des vielbuchtigen Übeltalferners. Für die Bergsteiger am Wilden Freiger und Wilden Pfaff ist er mit seinem harmonischen Gipfelaufbau und seinen Gletscherflanken deutlich und recht einladend im Süden zu sehen, und doch geht kaum jemand zu ihm hinüber! Vielleicht schreckt die Weite der welligen Gletscherfläche des Übeltalferners?

In der Luftliniendistanz von 3 Kilometer zur sichtbaren Botzerscharte (2976 m) wird eine Trasse im Spiel des Wetters schnell verwischt, gletscherkundigen Bergsteigern jedoch, die zum Becher-Haus oder zur Müller-Hütte kommen, sei der Abstecher zum Botzer in einer Tagestour wärmstens empfohlen. Der Übeltalferner und seine Gipfel am Südrand sind in unserer Zeit noch ein Reservat paradiesischer Einsamkeit und Unberührtheit – ein starker Gegensatz zur lebhaften Bergsteigerwelt im Nahbereich der Hauptkamm-Gipfel.

Der Stubaier Hauptkamm umrahmt den Übeltalferner in einem Bogen von West nach Nord, die Gruppe des Botzer bildet die Begrenzung im Süden. Der Botzer ist darin der Kulminationspunkt, gleichzeitig führt er den Kamm an, der nach Süden zum Schneeberg streicht und bis zum Sandjoch (2598 m) seiner Gruppe angehört. Die Ausläufer zum Schneeberg sind unvergletschert, lediglich im Nahbereich des Botzer verbergen sich noch einzelne Eisflecken.

Dieser Tourenvorschlag stellt den Botzer-Südanstieg vor, der am Schneeberg, genau gesagt, an der Schneeberg-Hütte (2355 m), beginnt. Der Hüttenzugang kann aus dem Ridnauntal von der Erzaufbereitung Maiern (1417 m) über die Posch-Alm (2113 m) und die Schneebergscharte (2726 m) oder von der Timmelsjochstraße, beim Gasthaus Saltnuss (1680 m), erfolgen. Dies ist der kürzeste und allgemein übliche Hüttenweg (2 Stunden). Der Anstieg aus dem Ridnauntal über die Posch-Alm (5 Stunden) bildet die Ausnahme, er sei aber für alle, die Zeit haben und sich für den Schneeberger Bergbau interessieren (in neuerer Zeit Zink- und Bleiblende), hier aufgezeigt.

Die gut erhaltene Bergwerksstraße ab Parkplatz an der Erzaufbereitung Maiern, die Gondelbahn für die Bergleute hinein in das Lazzacher Tal und die Kübel der Erzbahn erzählen bereits von der Geschichte des Bergbaues. Die freundliche Sennerin der Posch-Alm stellt Milch und Butter frisch vom Tage auf den Tisch, dazu Brot, als Stärkung für den weiteren 600-Meter-Anstieg auf einem alten Bergmannssteig, vorbei am östlichen Mündungsloch des Kaindlstollens, hinauf zur Schneebergscharte. Diese Scharte, ein schmaler Einschnitt im hohen Südkamm der Botzer-Gruppe, gibt den besten Blick auf die noch nicht ganz vergessene Welt des Bergbaues beidseits des Kammzuges; im Westen rahmen die Schneeberger Weißen und ihre Nebengipfel den Hochkessel von »St. Martin im Schneeberg«. Inmitten der Abraumhalden und den Ruinen alter Knappenhäuser blieb das »Herrenhaus« bewohnbar, heute die Schneeberg-Hütte der CAI-Sektion Meran. Zum Wochenende ist dieses sympathische »Wirtshaus zum Schneeberg« viel

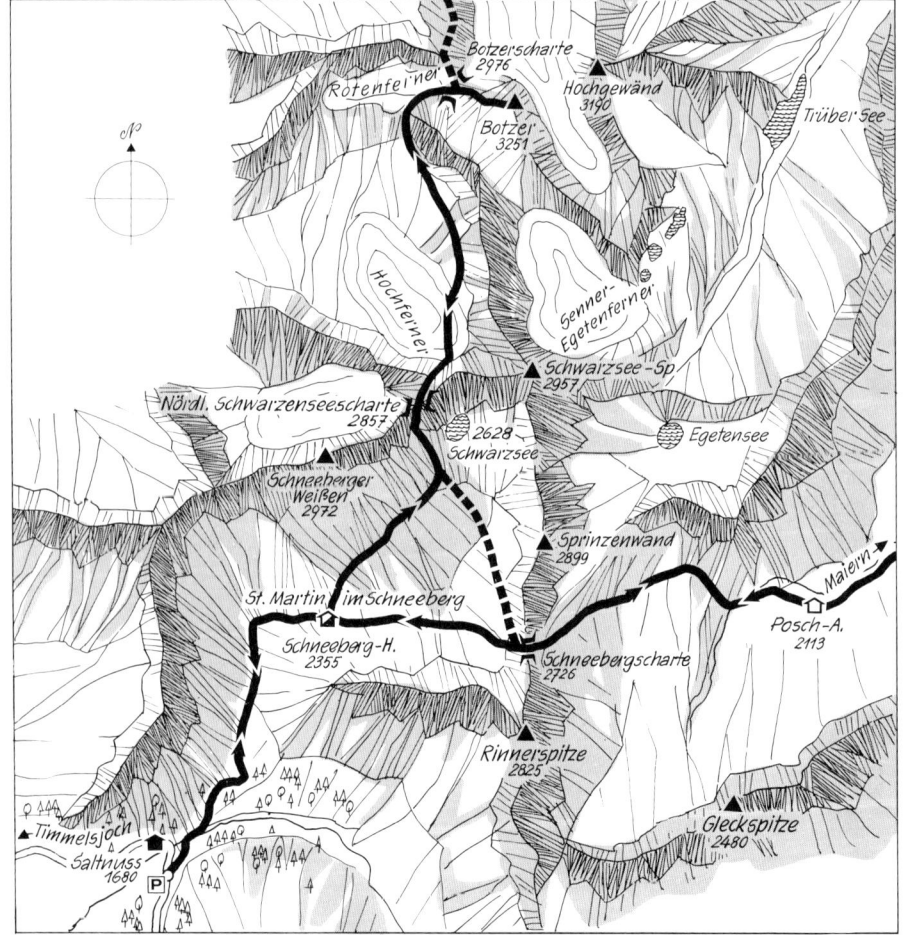

besucht, aber der Botzer scheint, hinter der Schwarzseespitze und den Moarer Weißen verborgen, auch hier »aus der Welt« zu sein. Im Gebirgskamm von der Schwarzseespitze zu den Schneeberger Weißen ist über dem Schwarzsee (2628 m) die Nördliche Schwarzseescharte (2857 m, AV-Karte) eine erste wichtige Station. Auch wenn von der Schneeberg-Alm unter der Hütte nicht sofort ein Steig die Route übernimmt, ist der Abfluß vom Schwarzsee ein untrüglicher Wegweiser. Von rechts kommt der markierte Steig von der Schneebergscharte herüber, am Schwarzsee vorbei erfolgt mit ihm der Anstieg zur Nördli-

chen Schwarzseescharte. An der Schartenhöhe zeigt sich im Norden erstmals der Botzer. Seine schwarze, felsige Südflanke wirkt abschreckend, aber der Weg zu ihm führt nach einer Abwärtsquerung über den harmlosen Hochferner um den Fuß einer Moräne herum und erreicht in nicht zu steilem Firnanstieg die Botzerscharte – auch vom Übeltalferner her die Schlüsselstelle für den Gipfelanstieg. Dem Felsgrat zur Rechten sollte man sich besser nicht anvertrauen (steile, glatte Plattenschüsse!). die direkte Gletscherroute über das Eis hinauf zu einem kleinen Hochbecken und weiter zum blitzenden Firngiebel

Der Botzer ist ein alpines Glanzlicht am Südrand des Übeltalferners. Der Anstieg zu seinem Felsgipfel (Bild) erfolgt am besten über die Gletscherroute von der Botzerscharte aus.

des Nordgrates ist die beste und kürzeste Führe.

Auf den wenigen Schritten am Firngrat zu den rotbraunen Felsen und zum höchsten Punkt mit dem Gipfelkreuz bleibt alle Mühe und die Gefahr verdeckter Gletscherspalten zurück – die Freude, auf einem »besonderen« Berg zu sein, triumphiert!

Tourensteckbrief

Ausgangsort
Gasthaus Saltnuss 1680 m, an der Timmelsjochstraße; *oder* Maiern 1417 m, im Ridnauntal.

Die Tour in Stichworten
Gasthaus Saltnuss 1680 m – Schneeberg-
Hütte (St. Martin im Schneeberg) 2355 m;
oder Maiern 1417 m – Posch-Alm 2113 m –
Schneebergscharte 2726 m – Schneeberg-
Hütte. Schneeberg-Hütte – Nördliche
Schwarzseescharte 2857 m – Botzerscharte
2976 m – Botzer 3251 m – Nördliche
Schwarzseescharte – Schneeberg-Hütte.

Schwierigkeit/Anforderung
II = mäßig schwierig, Zwei-Tage-Tour,
große Anforderung, Gletschertour.
Zur Schneeberg-Hütte auf markierten Wanderwegen: direkter Zugang von der Timmelsjochstraße bei Saltnuss, Weg Nr. 30;
oder Maiern – Posch-Alm – Schneebergscharte, Weg Nr. 28
Ab Schneeberg-Hütte wenig abwärts zur
Schneeberg-Alm und auf Steigspuren nach
Norden gegen den Abfluß des Schwarzsees,
hinauf zur Einmündung des markierten Stei-
ges Nr. 28 von der Schneebergscharte, vorbei
am Schwarzsee und steil hinauf zur Nördlichen Schwarzseescharte (Stangenbezeich-
nung, Steig und Markierungen hören auf).
Ab Scharte kurzer Abstieg zum Hochferner,
die Gletscherflecken nach Norden abwärts
queren bis zu einem begrünten Felssporn (ca.
2700 m), der vom Botzer kommt. Nach
rechts aufwärts über einen Moränenkamm
zum Firnfeld unter der Botzer-Scharte und
auf dem Firn mäßig steil zur Scharte. Ab
Scharte mäßig steiler Gletscheranstieg (Vorsicht, Spalten!) hinauf zum Firnsattel am
Botzer-Nordgrat und in kurzem Zugang zum
Felsgipfel. (Wenig begangene, einsame
Route!)
Nur für gletschererfahrene, selbständige
Bergsteiger, Eisausrüstung notwendig.

Höchste Wegestelle/Gipfel
Nördliche Schwarzseescharte 2857 m, Botzer
3251 m.

Anstiegsleistung
Ab Saltnuss 1600, ab Maiern 2400, ab
Schneeberg-Hütte 1100 Höhenmeter.

Abstieg
Wie Anstieg. (Ab Botzer-Gipfel führt ein alter, meist verfallener Felssteig über den Felsgrat zurück zur Nördlichen Schwarzseescharte; nur für sehr sichere Geher!)

Gehzeiten
Saltnuss 1680 m – Schneeberg-Hütte
2355 m: 2 Stunden; *oder* Maiern im Ridnaun
1417 m – Posch-Alm – Schneeberg-Hütte: 5
Stunden. Schneeberg-Hütte – Nördliche
Schwarzseescharte 2857 m: 1½ Stunden;
Nördliche Schwarzseescharte – Botzerschar-
te 2976 m: 2 Stunden; Botzerscharte – Bot-

zer 3251 m: ½ Stunde. Abstieg zur Schnee-
berg-Hütte: 3 Stunden.
Gesamtgehzeit: Ab Schneeberg-Hütte 7
Stunden.

Hütten/Stützpunkte
Schneeberg-Hütte 2355 m, CAI-Sektion
Meran, 45 Betten und Matratzenlager, be-
wirtschaftet von Anfang Juni bis Anfang
Oktober.
Posch-Alm 2113 m, bewirtschaftete Alm, nur
Notunterkunft. (Posch-Haus verfallen.)

Karten/Literatur
Kompass-Wanderkarte 1:50000, Blatt 44,
Sterzing; Alpenvereinskarte 1:25000, Stubaier Alpen, Hochstubai; Wanderkarte »Passeiertal« 1:40000, Verkehrsverband St. Le-

*Der Hochkessel von »St. Martin im Schnee-
berg«, darüber der auffallende helle Kalkgipfel
der Moarer Weißen; in der linken Bildhälfte die
Nördliche Schwarzseescharte, wichtig im Übergang zum Botzer.*

onhard-Passeier; Alpenvereinsführer »Stubaier Alpen«; Voelckel »Chronik vom
Schneeberg bei Sterzing«.

Tip
Vom Botzer Übergang zum Hochgewänd
(3190 m) gut möglich.
Empfehlenswerte Rundtour: Maiern –
Schneeberg-Hütte – Botzer – Becher-Haus
(oder Müller-Hütte) – Maiern.

28 Hohe Kreuzspitze 2746 m

Leicht von Süden, anspruchsvoller von Norden

wenig schwierig
Wandertour

Die Hohe Kreuzspitze stellt sich hinab zum Passeiertal unübersehbar zur Schau. Ihr hellgrauer Kalkgipfel hebt sich von den benachbarten dunklen Gneis-Schiefer-Bergen deutlich ab, doch auch ihre Position und Höhe tragen zur Profilierung bei. Schon der Name gibt den ersten Hinweis auf die Bedeutung des Berges.

Die Botzer-Gruppe läuft am Sandjoch (2598 m) aus. Der Gebirgskamm behält aber seine bisherige Südrichtung bei, erhebt mehrere über 2800 Meter hohe Gipfel, bildet bei der Hohen Kreuzspitze einen Knick zum Passeiertal und fällt in Ostrichtung in einem sanften Höhenzug zum Jaufenpaß ab. Die Hohe Kreuzspitze, 2746 Meter, ist, wenn auch nicht der höchste, jedoch der wichtigste geographische Punkt im Kammzug vom Sandjoch zum Jaufenpaß und somit zur Namensgebung »Kreuzspitzkamm« berechtigt.

Wenn ein Gipfel ein Tal beherrscht, dann erhält er aus diesem Tal auch Anstiegswege. Aus dem Passeiertal kann man von Moos im Passeier nach Stuls (1315 m) auffahren und über die weiten Hänge der Stulser Wiesen nach Markierungen (Nr. 15) und Steigspuren, zum Schluß auf dem nur wenig schwierigen Südgrat, die Hohe Kreuzspitze erreichen – im Frühsommer und im Herbst eine vorteilhafte Route mit etwa 4 bis 5 Stunden Gehzeit.

Hinab zum Ratschingstal zeigt die Hohe Kreuzspitze ein auffallendes, schönes Bergbild. Das Ratschingstal ist ein Zweig des Ridnautales; aus seinem Talschluß erfolgt bei der Höfesiedlung Flading (1482 m) der Nordanstieg. Die Route ist markiert, läuft über die Stationen Klamme-Alm (1925 m), Butsee (ca. 2320 m) und den Nordwestgrat zum Gipfel und verlangt etwa die gleiche Gehzeit; im Vergleich ist der Südanstieg problemlos und einfach, das hohe Gipfelkreuz signalisiert immer die Richtung. Der Nordanstieg aber ist weitaus interessanter mit dem Reichtum mächtig fließender klarer Wasser, dem kleinen Butsee und seinem Jägermarterl. Die Einsamkeit, die Vielfalt der Geländeformen und des Gesteins und auch immer wieder die Wegsuche trotz der Markierungen fordern und befriedigen den selbständigen Bergwanderer.

Das hohe Gipfelkreuz schaut hinab in das Passeiertal, die Stulser Burschen haben es 1965 hinaufgetragen. Zusätzlich unterstreicht ein trigonometrischer Dreikant die Bedeutung der Hohen Kreuzspitze – der herrlichsten Aussicht im inneren Passeier!

Das Jägermarterl am Butsee.

Tourensteckbrief

Ausgangsort
Flading 1482 m, im Ratschingstal.

Die Tour in Stichworten
Flading 1482 m – Klamme-Alm 1925 m – Butsee ca. 2320 m – Hohe Kreuzspitze 2746 m – Butsee – Klamme-Alm – Flading.

Schwierigkeit/Anforderung
I = wenig schwierig, Tagestour, mittlere Anforderung, Wandertour.
Ab Flading (ab Innerratschings ca. 5 km schmale, geschotterte Fahrstraße) über den Ratschingsbach und nach Markierung 13 A auf Fahrweg zur Wegeteilung, Tafel: »Klamme-Alm, Kreuzspitze, Nr. 12«. Ab Klamme-Alm links in ein Hochtal bis zu einem Wasserwehr und über das Wehr auf die rechte Bachseite. Von dort nach Steigspuren und Markierungen in eine Mulde rechts eines begrünten Felsmugls und über Weidegelände, immer rechts, entlang an Berghängen mäßig steil gegen einen dunklen Felskamm; steil über Grashänge zu seinem Auslauf und damit zum Butsee (das zweite Felsspitzl von rechts trägt einen deutlich erkennbaren Steinmann, der die Lage des Butsees angibt).

Ab See nach Markierungen über begrüntes Blockgelände mäßig steil hinauf zu weißen Gerölldämmen, Wegweiser ist ein weißer, markanter Felsgipfel rechts der Hohen Kreuzspitze. Unter diesem Felsgipfel betritt man einen mit Kalkgeröll und meist mit Altschnee gefüllten Kessel und steigt zu einer schwachen Einschartung links des bereits erwähnten Felsgipfels an. Nach Markierungen wenig abwärts in einen nächsten kleinen Karkessel, nach rechts hinaus zum Nordwestgrat und dann weiter auf festem Fels leicht zum Gipfel.
Tour nur für ausdauernde, selbständige Bergwanderer, nur bei gutem Wetter unternehmen!

Höchste Wegestelle/Gipfel
Hohe Kreuzspitze 2746 m.

Anstiegsleistung
Ab Flading 1200 Höhenmeter.

Abstieg
Wie Anstieg; *oder,* für sichere Berggeher, Übergang zur Kleinen Kreuzspitze (2518 m) – Schlattacher Joch (2283 m) – Flading.

Gehzeiten
Flading 1482 m – Klamme-Alm 1925 m: 1 Stunde; Klamme-Alm – Butsee ca. 2320 m –

Das Ratschingstal konnte in seinem inneren Abschnitt, ab dem Kirchdorf Bichl, seine jahrhundertealte bäuerliche Ordnung bisher erhalten. Von Bichl führt nur ein schmales Sandsträßchen weiter, hinein zum Weiler Flading, der sich als vorzüglicher Ausgangsort für einsame Wandertouren im Kreuzspitzkamm und im Ratschingskamm empfiehlt. Von dort startet auch günstig die abwechslungsreiche Route zur Kreuzspitze (linke Bildhälfte), dem Hauptgipfel im gleichnamigen Kammzug.

Hohe Kreuzspitze 2746 m: 3 Stunden. Abstieg nach Flading: 3 Stunden. Gesamtgehzeit: 7 Stunden.

Hütten/Stützpunkte
Klamme-Alm 1925 m, nur Almbetrieb.

Karten/Literatur
Kompass-Wanderkarte 1:50000, Blatt 44, Sterzing; Wanderkarte »Passeiertal« 1:40000, Verkehrsverband St. Leonhard-Passeier; Ellmenreich »Die Meraner Bergwelt«.

74

29 Hohe Ferse
2669 m

*Grüner Aussichtsberg
zwischen Ridnaun
und Ratschings*

*wenig schwierig
Wandertour*

Auch dieser Tourenvorschlag berührt das Ratschingstal. Ab dem Kirchdorf Bichl (= Innerratschings, 1260 m) bis hinein zu den Bergbauern in Flading (1482 m) verharrt das Tal noch in althergebrachter bäuerlicher Ordnung: Nur die Jahreszeiten, das Wetter und das Vieh bestimmen den Tagesablauf. Außer einer steilen Eingangsstufe bei Stange (Abzweigung vom Ridnauntal) hebt sich der teils geräumige Boden des Ratschingstales kaum merklich in Ost-West-Richtung an und gibt schon dadurch den Hinweis auf günstige klimatische Bedingungen. Das Almhochbecken über Flading schließt zum Kreuzspitzkamm auf, der das Tal südseits bis zum Jaufenpaß beschirmt. Den Schutz nach Norden übernimmt der Ratschingskamm. Er beginnt an der Ratschingsscharte (2480 m) und erhebt in seinem inneren Abschnitt als touristisch interessante, aber einsame Gipfel die Gleckspitze (2620 m) und die Hohe Ferse (2669 m); über die Hochspitze (2424 m) und den Mareiter Stein (2184 m) sinkt er zum Ridnauntal ab.

»Die Gegend biethet dem Liebhaber grossartiger Landschaftsbilder die schönsten Schauspiele der Berg- und Wasserwelt«, überliefert der Historiker Beda Weber (aus »Eisacktal« von Josef Rampold). Er meint damit die Wasserfälle der Gilfenklamm bei Stange und sicher auch das Marmorvorkommen im Ratschingser Kamm.

Der Mareiter Stein, von Stange taleinwärts, ist ein mehrere Kilometer langer Marmorkeil, auch in Flading tritt noch ein Marmorbruch zutage. Ratschingser Marmor wurde schon im Mittelalter bis nach Wien geliefert und ist auch heute in einem Bruch auf der Ridnauner Seite noch abbauwürdig. Vor langer Zeit mußte das Tal einen schweren Bergsturz erleiden, auch Unwetter, Wildwasser und Lawinen waren immer wieder eine fürchterliche Geißel. Die Verantwortung dafür schob der Volksglaube auf das »Pfeifer Huisele«. An diesen argen Zauberer erinnert in Flading eine alte Ruine mit der Aufschrift: »Pfeifer Huiseles Geburtshaus«. Ob eine Verwandtschaft zu dem neuen »Pfeifer-Huisele-Haus« in Innerratschings besteht, bleibt zu erfragen!

Die hohen, markanten Gipfel der Bergkämme, die zwei Täler voneinander trennen, bekommen meist von jeder Seite einen Anstiegsweg, die aber recht unterschiedlich sein können. Dem südseitigen, oft sehr steilen, kurzen Geländeabfall über baumlose Grashänge zu einem schmalen Waldgürtel vor dem Talboden steht fast immer im Norden ein gemäßigter Höhenverlust über ein weites, fruchtbares Almland mit viel Wasser und breiten, dichten Wäldern gegenüber. So ist es im Agls- und Kreuzspitzkamm und auch im Ratschingskamm. Aus dem Ratschingstal ist deshalb der Anstieg zur Hohen Ferse steil und landschaftlich weniger reizvoll als im Vergleich zum Nordanstieg, aus Ridnaun.

Wir parken in Innerridnaun (1342 m) und wandern durch das Valligeltal und über die gleichnamige Alm der Hohen Ferse zu. 100 Meter über dem Talgrund öffnet ein Viehgatter den alten, steinigen Almweg entlang des wasserreichen Valligelbaches, der zu einer sattgrünen, weit offenen Wiesenmulde zieht, in der auch Kräuter und Blumen noch blühen dürfen. Verwaiste Almhütten erinnern an das »almerische Leben« von einst – heute haben die Talbauern einen Fahrweg und kommen nur noch zur Mahd und zum Heuen herauf. Ein Wasserfall stürzt über eine Felsstufe herab, er kommt vom Hochkessel der Klotzer-Alm (1972 m), zu dem Markierungen und Steigspuren hinaufführen. Diese Hochalm verwahrt letzte Wiesenflecken,

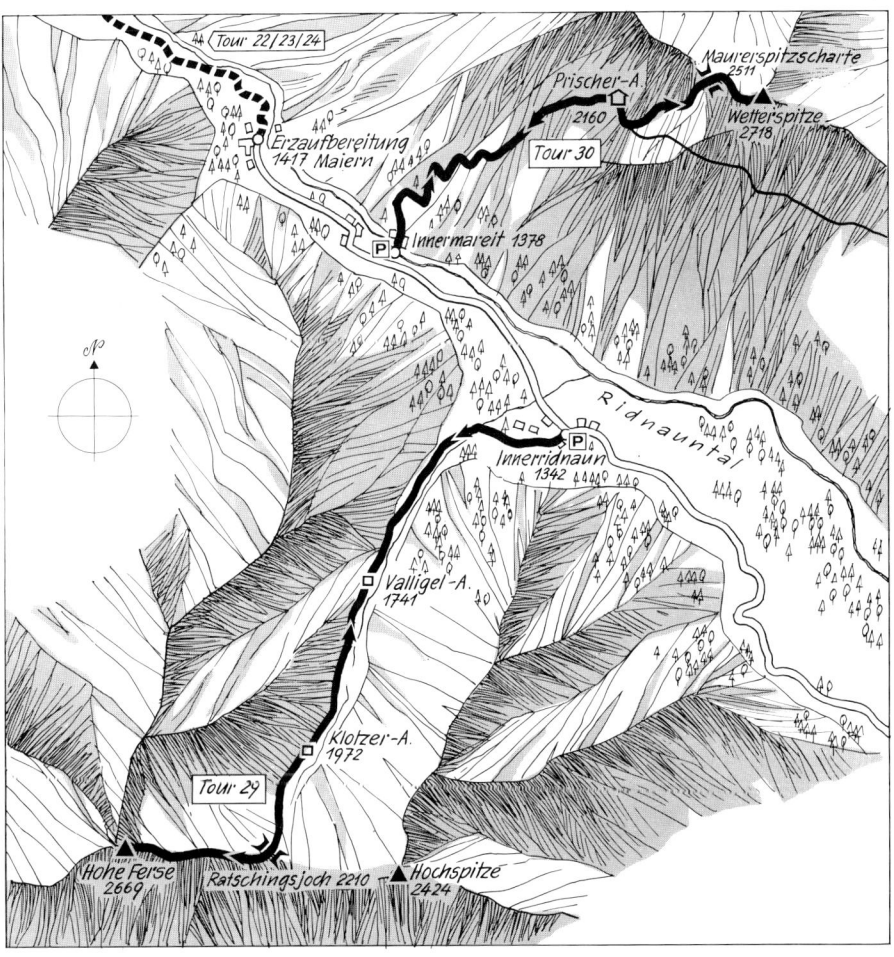

darüber zieht ein Felskamm die Berglinie von der Hochspitze über das Ratschingsjoch zur Hohen Ferse hinauf. Das mit einem Kreuz bezeichnete nahe Ratschingsjoch (2210 m, Übergang in das Ratschingstal nach Flading) wird nicht berührt. Steigspuren und Markierungen weisen vorher die Route nach rechts, hinauf zu einer Lücke zwischen zwei niedrigen Gratköpfen. Wer dort oben steht, über die grasige, steile Schrofenflanke hinab zum Ratschingstal schaut, ist dem Gipfel schon sehr nah. Ein schmaler, erdiger Steig durchschneidet die abschüssigen Südhänge, hinauf zur Ostschulter bietet sich bereits eine herrliche Aussicht, die am Gipfelstein-

mann ihren Höhepunkt erfährt. Der Hohen Ferse, 2669 Meter, gehört der höchste Punkt im Ratschingskamm. Ihr Geschenk an den nimmermüden Wanderer ist ein Rundum-Panoramablick in die Südlichen Stubaier Alpen!

Den Abschluß der gelungenen Tour feiert man im Sonklarhof in Innerridnaun, frischt Erinnerungen an die Sonklarspitze auf und schmiedet neue Pläne im Angesicht des hohen Kreuzes auf der Wetterspitze, drüben im Aglskamm.

Tourensteckbrief

Ausgangsort
Innerridnaun 1342 m, im Ridnauntal.

Die Tour in Stichworten
Innerridnaun 1342 m – Valligel-Alm 1741 m – Ratschingsjoch 2210 m – Hohe Ferse 2669 m – Valligel-Alm – Innerridnaun.

Schwierigkeit/Anforderung
I = wenig schwierig, Tagestour, mittlere Anforderung, Wandertour.
Ab Innerridnaun talein in wenigen Minuten auf der Straße zur Markierung 26 und 100 m hinauf zur Forststraße. Nach kurzer Gehzeit über den Valligelbach und auf Almweg hinauf zur Valligel-Alm; weiter nach Steigspuren und Markierung 26 über die Almwiesen, steil hinauf zum Hochkessel der Klotzer-Alm (1972 m) und gegen das Kreuz am Ratschingsjoch. Wenig vorher, aber auf gleicher Höhe, zeigen die Markierungen nach rechts hinauf zu einer Scharte zwischen zwei kleinen Gratköpfln. Dort Übertritt in die steile, grasige Südflanke, nach Steigspuren zur Ostschulter und zum Gipfel. Route durchgehend markiert.
Nur für ausdauernde, trittsichere Bergwanderer.

Höchste Wegestelle/Gipfel
Hohe Ferse 2669 m.

Anstiegsleistung
Ab Innerridnaun 1300 Höhenmeter.

Abstieg
Wie Anstieg; *oder* ab Ratschingsjoch in das Ratschingstal.

Gehzeiten
Innerridnaun 1342 m – Valligel-Alm 1741 m: 1 1/2 Stunden; Valligel-Alm – Ratschingsjoch 2210 m – Hohe Ferse 2669 m: 2 1/2 Stunden. Abstieg wie Anstieg: 3 Stunden.
Gesamtgehzeit: 7 Stunden.

Hütten/Stützpunkte
Keine.

Karten/Literatur
Kompass-Wanderkarte 1:50000, Blatt 44, Sterzing; Freytag-Berndt-Wanderkarte 1:50000, Blatt S 4, Sterzing – Jaufenpaß – Brixen; Wanderkarte »Passeiertal« 1:40000, Verkehrsverband St. Leonhard-Passeier.

Die Gebirgskämme der Südlichen Stubaier Alpen sind reich an fruchtbarem Almland. Vielerorts begegnen dem Wanderer größere Ziegenherden – die Ziegenbutter gilt als wertvoller Rohstoff für die pharmazeutische Industrie. Diese Ziegen weiden im Valligeltal, dem Anstiegstal zur Hohen Ferse; von Norden, über den Einschnitt des Ridnauntales hinweg, grüßt die Wetterspitze im Aglskamm.

Südliche Stubaier Alpen

30 Wetterspitze 2718 m

Die »Gewitterspitze« im Aglskamm

wenig schwierig Wandertour

Das Ridnauntal ist das längste und breiteste Tal, das aus dem Sterzinger Becken zum Stubaier Hauptkamm zieht. Eine Geländestufe leitet bei Mareit (1070 m) die einzige und entscheidende Anhebung in das Talinnere, nach Innerridnaun (1342 m), ein. Die dort noch immer breite Talsohle gibt in der Ebene nach Maiern viel landwirtschaftliche Nutzfläche her für die behäbigen, auf sicherem Grund ruhenden alten Bauerngehöfte. Schon in der Einfahrt bei Gasteig in das Tal fällt die Geröllschüttung des Ridnaunbaches und seine aufwendige Verbauung auf. Der Übeltalferner unter dem Stubaier Hauptkamm entwässert zur Gänze nach Ridnaun, mit seinem Geröll staute er in den vergangenen Jahrhunderten immer wieder einen Eissee auf. Irgendwann brach dieser natürliche Damm, und die Wasser tobten mit fürchterlichen Verwüstungen das Tal hinaus; eine Bedrohung, die in der Vergangenheit auch andere Alpentäler von ihren Gletschern erdulden mußten (Ötztal, Vernagtgletscher 1846).

Eine nicht unwichtige und vielleicht erste Bekanntschaft mit der Wetterspitze macht man auf der Rückkehr von der Hohen Ferse in das Ridnauntal. Die Kerbe des Valligeltales lenkt das Auge auf das südseitige, baumlose Almgebiet der Prischer-Alm und zu der darüber aufgebauten, spitzen Felspyramide. Durch ihre Höhe und Gestalt ist die Wetterspitze im Aglskamm ein markanter, gern besuchter Gipfel, der sich dem Ridnauntal zu besonders vorteilhaft zur Schau stellt. Auch hier kommen die Anstiege aus Nord und Süd, im Norden von Boden im Pflerschtal (1245 m) und im Süden von Innermareit (1378 m) im Ridnauntal. Beide Routen treffen in der Maurerspitzscharte (2511 m) zusammen.

Diesmal bevorzugen wir den beliebteren und kürzeren Südanstieg. Nach dem schmalen, steilen Waldgürtel oberhalb von Innermareit und weiten Wiesenhängen wartet die Prischer-Alm (2160 m); der Senner freut sich, wenn man bei ihm zukehrt, seine Alm lobt und ihm ein bißchen zuhört. Der Weiterweg zur Maurerspitzscharte ist ein genußvolles Wandern und Schauen, nur der Westgrat erfordert noch etwas Einsatz, wird aber nie schwierig.

Das hohe Holzkreuz am Gipfel der Wetterspitze, 2718 Meter, hat der Bergrettungsdienst Ridnaun gestiftet. Weithin sichtbar und mit der Bitte »Gott schütze uns und unsere Heimat« grüßt es sein Tal.

Tourensteckbrief

Ausgangsort
Innermareit 1378 m, im Ridnauntal.

Die Tour in Stichworten
Innermareit 1378 m – Prischer-Alm 2160 m – Maurerspitzscharte 2511 m – Wetterspitze 2718 m – Prischer-Alm – Innermareit.

Schwierigkeit/Anforderung
I = wenig schwierig, Tagestour, mittlere Anforderung, Wandertour.

Ab Innermareit, nach der Brücke über dem Ridnaunbach, nach Markierung Nr. 27 durch die Häusergruppe und auf markiertem Almsteig mäßig steil zur Prischer-Alm. Ab Alm mäßig steil zur Maurerspitzscharte, weiter teilweise steil, aber nur wenig schwierig zum Gipfel. Route durchgehend markiert.
Nur für ausdauernde Bergwanderer (großer Höhenunterschied!).

Höchste Wegestelle/Gipfel
Wetterspitze 2718 m.

Anstiegsleistung
Ab Innermareit 1400 Höhenmeter.

Abstieg
Wie Anstieg.

Gehzeiten
Innermareit 1378 m – Prischer-Alm 2160 m: 2 Stunden; Prischer-Alm – Maurerspitzscharte 2511 m – Wetterspitze 2718 m: 1$\frac{1}{2}$ Stunden. Abstieg wie Anstieg: 2$\frac{1}{2}$ Stunden. Gesamtgehzeit: 6 Stunden.

Hütten/Stützpunkte
Prischer-Alm 2160 m, keine Übernachtungsgelegenheit.

Karten/Literatur
Siehe Tour 29.

Das Bild gegenüber zeigt unter dem Felsgipfel der Wetterspitze weite, sonnige Hänge. Über dem Waldgürtel ist der Platz der Prischer Alm (Bild), die den Anstieg zur Wetterspitze unterstützt.

31 Roßkopf
2189 m
Telfer Weißen
2566 m

*Schönster Rastplatz
über Sterzing*

wenig schwierig –
mäßig schwierig
Wander-/Felstour

Der Roßkopf ist der Hausberg von Sterzing. Das wissen vor allem die vielen Skifahrer, die auf seinen Wiesenhängen herab zum Eisacktal Winterfreuden genießen. Was weiß man aber sonst noch von Sterzing und seinem Roßkopf?

Die Geschichte greift zwei Jahrtausende zurück, wenn wir den Zweitnamen der Stadt, »Vipiteno« – die Italienisierung vom römischen »vipitenum« – lesen. So mag das »Castellum Vipitenum« die Urzelle vom heutigen Sterzing sein, denn die Römer bauten nur an strategisch wichtigen Plätzen. Das bedeutendste mittelalterliche Ereignis für Sterzing war der Silberbergbau im Schneeberg. Die Gewerke und auch die Stadt wurden reich, damals konnte sich Sterzing die prächtigen Bürgerhäuser leisten, die heute seinen vielbewunderten Ortskern

bilden. Auch dem Marmor von Ratschings und dem blühenden Fuhrmannswesen hinauf zum Brenner verdankt Sterzing viel, die damaligen Reisenden zwischen Nord und Süd wählten Sterzing gerne zum Rastplatz. Die Neuzeit kam im Jahre 1867 mit der Eisenbahn und die ganz neue Zeit zu Ostern 1974, als die Brenner-Autobahn erstmals durchgehend freigegeben wurde. Mehr denn je ist aber die Stadt wieder ein Rastplatz zwischen Nord und Süd, wenn auch oft nur für Stunden.

Für den Bergsteiger und Wanderer könnte Sterzing (948 m) nicht günstiger liegen. Der große Verkehr sieht den Ort nur als Punkt in der Nord-Süd-Achse; die Bergfreunde aber sollten das Sterzinger Talbecken als eine Drehscheibe betrachten mit wegweisenden Tälern in

alle Richtungen, hinein zu großen und kleinen Gebirgen. Zum kleinen Gebirg' zählt der Roßkopf, und weil er direkt in die Stadt hineinschaut, erhielt er eine Seilbahn (Bergstation 1860 m), dazu die Roßkopf-Hütte und das schöne Bergheim des »Alpenverein Südtirol«, das Sterzinger Haus (1930 m).

Die Hänge am Roßkopf sind besonders zur Blütezeit der Almrosen und im Herbst ein Paradies für den beschaulichen Wanderer, der auf Wegen durch die Bergwiesen schlendern will, um inmitten ihrer Pracht zu rasten. Das schlichte Gipfelkreuz am Roßkopf verheißt den höchsten Rastplatz und zeigt die Vielfalt der Wander- und Bergsteigerziele im Sterzinger Umkreis auf.

Ein nächstes Tourenziel führt kammeinwärts. Eine Laune der Natur schenkte dem sonst dunklen Aglskamm die drei hellen »Schmucksteine« der Telfer Weißen und dazu noch einen schmalen, langgestreckten Verbindungsgrat mit dem Roßkopf. Aber nur trittsichere Bergwanderer sollten dem Steiglein über den Schrofenkamm folgen; den Übergang vom Ostgipfel der Telfer Weißen zum 2566 Meter hohen Mittelgipfel erschwert eine Kletterstelle (II), aber nur dieser höchste Punkt im Gipfeltrio war der Jugend von Telfes recht, das hohe Holzkreuz mit der Aufschrift »Zur Zierde unserer Telfer Weißen« zu tragen, zu einer Aussicht, die über grüne Täler zu den Gipfeln in den Zentralalpen reicht!

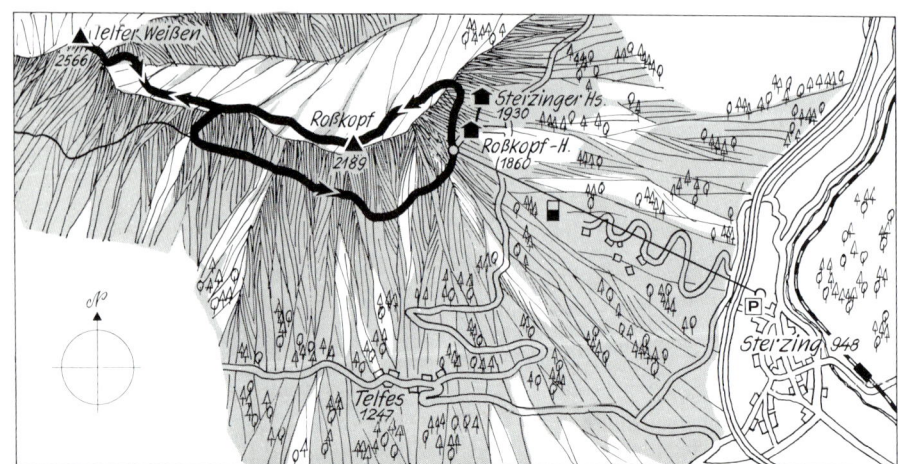

◁ *Der Grasgipfel des Roßkopf ist der letzte Berg des Aglskammes, der von den Telfer Weißen (rechts) nach Osten zieht und über Sterzing ausläuft.*

Tourensteckbrief

Ausgangsort
Sterzing 948 m.

Die Tour in Stichworten
Sterzing 948 m – Bergstation Roßkopf-Seilbahn 1860 m – Sterzinger Haus 1930 m – Roßkopf 2189 m – Telfer Weißen 2566 m – Ridnauner Höhenweg – Bergstation Roßkopf.

Schwierigkeit/Anforderung
I–II = wenig – mäßig schwierig, Tagestour, mäßige Anforderung, Wandertour.
Die Tour beginnt vorteilhaft mit der Seilbahn Sterzing – Roßkopf. Ab Bergstation kurzer Anstieg zum Sterzinger Haus und auf Wiesensteig über den Ostgrat zum Roßkopf.
Telfer Weißen: Ab Roßkopf-Gipfel teilweise ausgesetzter, abschüssiger Schrofensteig, im

Auf und Ab entlang des Grates zur tiefsten Stelle, 2070 m. Wiederanstieg auf Steig, Steigspuren und über Geröll, markiert, zum schrofigen Ostgipfel der Telfer Weißen. Im Übergang zum Hauptgipfel (Mittelgipfel) in einen steilen, engen Kamin, etwas komplizierter, kurzer Abstieg (Alpenskala II) und über Geröll zum Kreuz.
Roßkopf einfache Wandertour, Übergang zum Ostgipfel der Telfer Weißen nur für trittsichere Bergwanderer, zum Hauptgipfel nur für klettergewandte Geher.

Höchste Wegestelle/Gipfel
Roßkopf 2189 m – Telfer Weißen 2566 m.

Anstiegsleistung
Ab Bergstation Roßkopf-Seilbahn 900 Höhenmeter.

Abstieg
Wie Anstieg; *oder* auf dem Rückweg in der tiefsten Einsattelung vor dem Roßkopf auf markiertem Steig (Nr. 23) Abstieg nach Süden zum Ridnauner Höhenweg und auf ihm zurück zur Roßkopf-Bergstation.

Gehzeiten
Bergstation Roßkopf-Seilbahn 1860 m – Sterzinger Haus 1930 m – Roßkopf 2189 m: 1 Stunde. Roßkopf – Telfer Weißen 2566 m:

$2^1/_2$ Stunden. Abstieg: zurück über den Roßkopf zur Bergstation: 3 Stunden; *oder* auf dem Ridnauner Höhenweg: $2^1/_2$ Stunden. Gesamtgehzeit: Ab Bergstation Roßkopf-Seilbahn 6–$6^1/_2$ Stunden.

Hütten/Stützpunkte
Sterzinger Haus 1930 m, AVS-Sektion Sterzing, 84 Betten und Matratzenlager, ganzjährig bewirtschaftet.
Roßkopf-Hütte 1860 m, private Bewirtschaftung.

Karten/Literatur
Kompass-Wanderkarte 1:50 000, Blatt 44, Sterzing; Freytag-Berndt-Wanderkarte 1:50 000, Blatt S 4, Sterzing – Jaufenpaß – Brixen.

Das Ridnauntal zieht von den Gletscherbergen des Stubaier Hauptkammes zum Talkessel von Sterzing. Der Ridnaunbach verfrachtet die Gletscherschmelze zum Eisack, seinen Lauf begleitet zur Nordseite der Aglskamm. Im Bild die beschneite Telfer Weißen, darunter das Dorf Telfes.

Sarntaler Alpen

Das ausgedehnte Gebirge der Sarntaler Alpen gehört noch zum Verband der Zentralalpen, es erhebt sich südlich des Brenner im Herzen von Südtirol. Große Flußtäler umgeben die Gruppe und ziehen klare geographische Grenzen: Der Eisack trägt aus dem Becken von Sterzing die Ost-Süd-Umrahmung hinab nach Bozen, dort übernimmt das Etschtal im Bogen nach Nordwesten die Grenze bis Meran; das Passeier Tal im Westen und der Jaufenpaß – zurück nach Sterzing – vollenden den Kreis. Den inneren Raum der Sarntaler Alpen teilt die Talfer in einer tief eingeschnittenen Nord-Süd-Furche; ihr Tal – bis Sarntheim das Penser Tal und nach diesem Hauptort das Sarntal – ist die Schlagader der Sarntaler Alpen: Verkehr und Touristik richten sich nach ihm aus. Das einzige namhafte Seitental, das Durnholzer Tal, mündet bei Astfeld nahe Sarntheim ein. Das Sarntal – wie meist der gesamte Lauf der Talfer genannt wird – teilt die Sarner Berge in einen westlichen und einen östlichen Abschnitt mit je einem mächtigen Gebirgskamm. Am Penser Joch trifft der Westkamm auf den Ostkamm, diese Begegnung vollzieht eine hufeisenförmige Umschließung des Haupttales.
Bergsteiger und Wanderer nahmen das traditionelle Bergbauernland der Sarntaler Alpen bisher nur an einigen bekannten Brennpunkten zur Kenntnis; im nördlichen Bereich, abseits vom Sog der Städte Bozen und Meran, blieb die Einsamkeit und Ursprünglichkeit der Sarner Berge erhalten. Ein Netz von markierten Steigen verbindet die wenigen Schutzhütten und erschließt die Gipfel, die nicht den Anspruch erheben wollen, große, namhafte Bergziele zu sein, aber gerade deshalb eine Wanderfreude bereiten, wie sie kaum schöner sein kann.

Das Sarntaler Weißhorn gilt als besonders profilierter Gipfel der Sarntaler Alpen. Dieses begehrte Bergsteigerziel dominiert im Norden der Sarner Berge, nahe dem Penser Joch.

Sarntaler Alpen

32 Jaufenspitze
2481 m

Wachtturm am Jaufenpaß

wenig schwierig
Felstour

Einen Weg über den Jaufenpaß (2099 m) gibt es wohl seit der Zeit, als herüben in Sterzing und drüben im Passeier Menschen siedelten. Die heutige Straßentrasse entstand im Jahre 1912, das Sterzinger Jaufenhaus hat mit dem Hospiz aus dem Mittelalter, das ebenfalls auf der Sterzinger Talseite stand, gewiß nichts mehr gemein. Die Jaufenspitze hat Jahrhunderte hindurch viel gesehen – Handel und Händel; Andreas Hofer hatte während des Tiroler Freiheitskrieges im Jahre 1809 sein Hauptquartier kurzzeitig am Jaufen.

Wer es zuerst wagte, den steinernen Paßturm, die Jaufenspitze, zu besteigen, hat niemand überliefert. Vielleicht war es ein Hirte, der ein verlaufenes Schaf suchte oder ein Jäger auf Pirsch nach der Gams, der dann vom Gipfel auf die wenigen Reisenden von hüben und drüben hinabschaute. Heute ist die Schau vom massiven Holzkreuz der Jaufenspitze aus viel kurzweiliger!

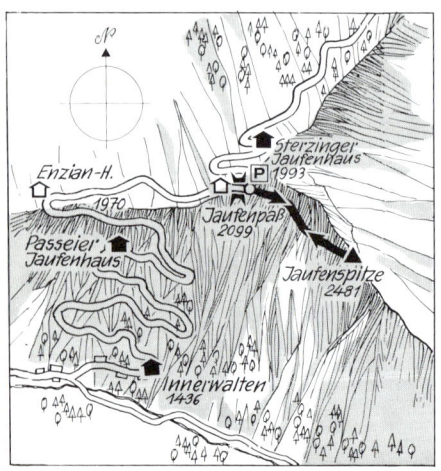

Das Band der Jaufenstraße – im Bild die Nordrampe – ist eine im Sommer und bis in den Herbst hinein vielbenützte Verbindung zwischen Sterzing und Meran.

Ausgangsort
Jaufenpaß 2099 m, *oder* Sterzinger Jaufenhaus 1993 m.

Die Tour in Stichworten
Jaufenpaß 2099 m, *oder* Sterzinger Jaufenhaus 1993 m – Jaufenspitze 2481 m – Jaufenpaß.

Schwierigkeit/Anforderung
I = wenig schwierig, Halbtagestour, geringe Anforderung, Felstour.
Knapp vor der Paßhöhe, bei der letzten nordseitigen Straßenkehre (ca. 2050 m) nach Schild »Jaufenspitze, Nr. 11« (oder ab Paßhöhe zuerst weglos) auf Steig über den Nordwestrücken bis vor den Gipfelaufbau. Dort Drahtseilsicherungen am plattigen Fels des Nordwestgrates; weiter zur Südflanke und auf Schrofensteig zum Gipfel. Durchgehend markierte und teilweise gesicherte Felsroute. Nur für trittsichere Bergwanderer.

Höchste Wegestelle/Gipfel
Jaufenspitze 2481 m.

Anstiegsleistung
Ab Jaufenhaus 500, ab Jaufenpaß 400 Höhenmeter.

Abstieg
Wie Anstieg.

Gehzeiten
Sterzinger Jaufenhaus 1993 m oder Jaufenpaß 2099 m – Jaufenspitze 2481 m: 1–1$\frac{1}{2}$ Stunden. Abstieg: 1 Stunde. Gesamtgehzeit: 2–2$\frac{1}{2}$ Stunden.

Hütten/Stützpunkte
Sterzinger Jaufenhaus 1993 m, privat, ganzjährig bewirtschaftet.

Karten/Literatur
Kompass-Wanderkarte 1:50000, Blatt 44, Sterzing; Freytag-Berndt-Wanderkarte 1:50000, Blatt S4, Sterzing – Jaufenpaß – Brixen; Dumler, Kleiner Führer »Sarntaler Alpen«.

33 Hirzer
2781 m

*Höchster Gipfel
der Sarner Berge*

**wenig schwierig
Wandertour**

Der Hirzer stellt zum Passeiertal eine plattige, steile Felsflanke zur Schau, ist aber trotzdem nicht schwierig zu besteigen. Das Bild zeigt die Hirzerscharte und die Ostflanke, durch die ein Steig den Gipfel erreicht.

Wenn eine Gebirgsgruppe ihren höchsten Gipfel dekorativ einem Haupttal zu aufbaut und ihn dazu noch mit einem leichten Anstieg ausstattet, so ist dies ein Entgegenkommen, das viele Bergfreunde dankbar begrüßen.

Der Sarntaler Westkamm präsentiert über dem äußeren Passeiertal – Meran schon sehr nahe – seine höchste und prächtigste Bergkette; der Hirzer mit 2781 Meter ragt darin als höchster Berg der Sarntaler Alpen. Ihm zur Gesellschaft, als besondere Meraner Gebirgskulisse in Konkurrenz zu den rotbraunen Texelbergen, staffeln sich vom Hirzer graue, granitene Gipfel mit steilen Plattenschüssen nach Süden bis zum Großen Ifinger (2581 m), bei dem die »Plattenspitzen« auslaufen (Videgger-Plattenspitze, Kanzel-Plattingerspitze, Verdinser-Plattenspitze). Diesen Gipfelzug und sein Vorland, das Wald- und Wiesengehügel hinab zum Passeiertal, nennen die Meraner »Schennaberg« nach der Ortschaft Schenna oberhalb der Passer. Zwei Bergbahnen, die Hir-

zer-Seilbahn bei Saltaus und die Ifingerbahn von Vernaun bei Meran, sorgen dafür, daß es dort oben nicht einsam bleibt – ohne Seilbahnen wären durch den enormen Höhenunterschied der Hirzer und auch der Ifinger aus der Reichweite einer normalen Tagestour.

Am Parkplatz bei der Seilbahn in Saltaus (499 m) treffen zur ersten Auffahrt die Hirzerfreunde ein und verlassen oben in Klammeben an der Bergstation in 1980 Meter Meereshöhe die Gondel. Ein Fußweg verbindet Klammeben mit dem Wiesenplateau der Tallner-Alm (1983 m); sie liegt zu Füßen des Bergkessels, der zum Hirzer aufschließt. Das Gasthaus Tallner-Alm möchte mit Tisch und Bank auf seiner Terrasse zur vorzeitigen Einkehr verführen, aber nur die Rast »nach getaner Arbeit« erheitert so richtig Herz und Gemüt; zudem wäre vielleicht das scheinbar so nahe Kreuz am Hirzergipfel eine dauernde Mahnung zum Aufbruch.

Das Wirtshaus Tallner-Alm ist eine Station im Europäischen Fernwanderweg 5.

Mit ihm zieht der Hirzer-Anstieg hinein in den steinigen Karkessel und sehr steil hinauf zur weiten Hirzerscharte (2678 m) am Auslauf des Hirzer-Südgrates. Im Anblick der schwerbepackten Weitwanderer erhöht der eigene leichte Tagesrucksack die Lust am Steigen, vielleicht so sehr, daß man bei den Schartensteinmännern gar keine Verschnaufpause braucht und sofort dem Gipfel zustrebt. Ohne Bedauern schaut man den vom Fernweh geplagten Leuten nach, die sich meist – aus zeitlichen Gründen – einen Gipfelbesuch gar nicht leisten können; sie müssen weiter zur Meraner Hütte, nach Meran 2000.

Zur Hirzerscharte mündet von Osten der lange Zugang von Aberstückl (1325 m) im Sarntal (4 bis 5 Stunden!); auch die Sarntaler sehen den Gipfel als ein bedeutendes Bergziel ihrer Heimat. Der Schlußanstieg über die restlichen Höhenmeter verteilt sich: etwas anspruchsvoller über den Südgrat oder auf dem abschüssigen Steig, der die Ostflanke quert, hinauf zum Gipfel. Die Aussicht von der Hirzer-Höhe ist berühmt und beliebt wie fast keine zweite in den Sarntaler Alpen!

Tourensteckbrief

Ausgangsort
Saltaus 499 m, im Passeiertal.

Die Tour in Stichworten
Saltaus 499 m – Hirzer-Seilbahn Bergstation Klammeben 1980 m – Gasthaus Tallner-Alm (Hirzer-Hütte) 1983 m – Hirzerscharte 2678 m – Hirzer 2781 m – Bergstation Klammeben – Saltaus.

Schwierigkeit/Anforderung
I = wenig schwierig, Halbtagestour, mäßige Anforderung, Wandertour.
Ab Bergstation Klammeben in 15 Minuten zum Gasthaus Tallner-Alm. Ab dem Gasthaus über die Wiesen nach Osten, vorbei an der Resegger-Alm zum Steig, Markierung Nr. 4. Anfangs mäßig steil in den steinigen Karkessel, dann steil hinauf zur mit mehreren Steinmännern bezeichneten, sichtbaren Hirzerscharte. Ab Scharte entweder über den Südgrat (etwas anspruchsvoller), oder auf dem Steig leicht bergab in die Ostseite und nach Markierungen in der Ostflanke des Hirzers (abschüssig) zum Gipfel. Durchgehend markierte Route.
Nur für trittsichere Bergwanderer.

Höchste Wegestelle/Gipfel
Hirzer 2781 m.

Anstiegsleistung
Ab Bergstation Klammeben und ab Tallner-Alm (Hirzer-Hütte) 800 Höhenmeter.

Abstieg
Wie Anstieg.

Gehzeiten
Bergstation Klammeben 1980 m – Gasthaus Tallner-Alm 1983 m – Hirzerscharte 2678 m: 2 Stunden; Hirzerscharte – Hirzer 2781 m: $^1/_2$ Stunde. Abstieg Bergstation Klammeben: $1^1/_2$ Stunden.
Gesamtgehzeit: 4 Stunden.

Hütten/Stützpunkte
Hirzer-Hütte = Gasthaus Tallner-Alm 1983 m, privat, 10 Betten, bewirtschaftet von Anfang Juni bis Mitte Oktober.

Karten/Literatur
Kompass-Wanderkarte 1:50000, Blatt 53, Meran; Freytag-Berndt-Wanderkarte 1:50000, Blatt S1, Bozen – Meran und Umgebung; Kompass-Umgebungskarte 1:25000, Meran (Kleine Wanderkarte); Ellmenreich »Die Meraner Bergwelt«.

Tip
Von der Hirzerscharte kurzer, leichter Übergang zur Hönigspitze, 2700 m.

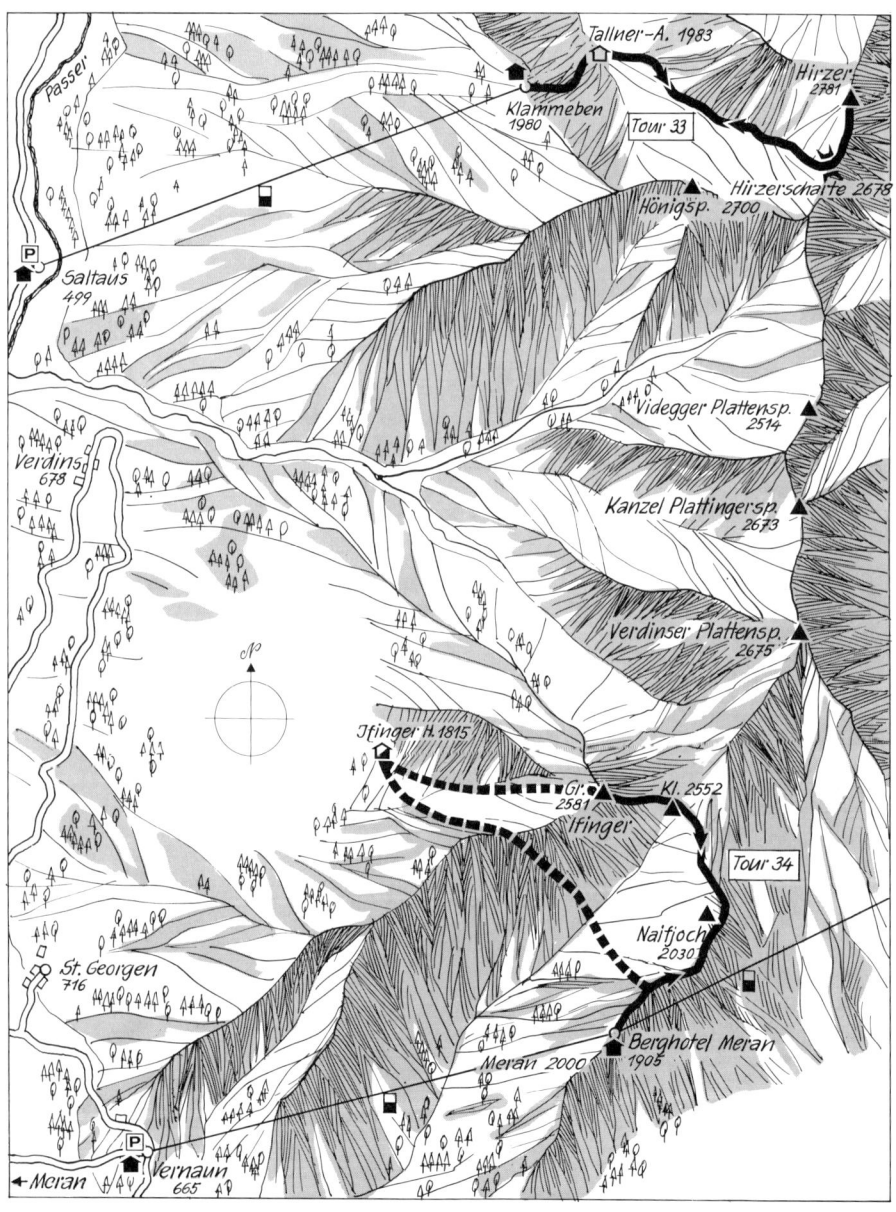

Mit der markanten Felsgestalt des Großen Ifinger (Bild) läuft der Sarntaler Westkamm aus. Darunter breiten sich die Hochterrassen von Schenna, das Tal der Passer mündet in das Meraner Becken. ▷

Sarntaler Alpen

34 Großer Ifinger
2581 m

Beherrscher von Meran 2000

mäßig schwierig
Wandertour/Klettersteig

Das Werbewort »Meran 2000« hat seine beste Wirkung im Winter, wenn der Schnee alle Wunden, die der Mensch der Landschaft zugefügt hat, gnädig zudeckt. Der Große Ifinger als das alpine Aushängeschild von Meran 2000 blieb verschont, wenn auch der Kuhleitenlift

mit seiner Bergstation (2360 m) die kürzeste Ifingertour ermöglicht. Wer soviel Aufstiegshilfe gar nicht will, aber dennoch die Normalroute sucht, der begnügt sich mit der Ifinger Seilbahn. Ab der Bergstation in 1905 Meter Höhe führt ein markierter Weg zum kleinen Kreuz am Naifjoch (2030 m), die steilen, schrofigen Wiesenhänge vom Joch hinauf zum Grat, der von Kuhleiten herüberkommt, testen die Kondition! Dieser Grat bringt den markierten Steig von der Bergstation Kuhleiten herüber und zieht entlang schroffer Westabstürze hinauf zum Grasgipfel des Kleinen Ifinger (2552 m).

Etwa 40 Meter unterhalb weist eine Stange zum kurzen Klettersteig auf den Großen Ifinger. Den sehr glatten, steilen Fels sichern gut verankerte Ketten bis hinauf zum Gipfelkreuz der AVS-Sektion Meran. Vergnügt betrachtet man von der 2581 Meter hohen Felsinsel die Meraner Gebirgsszenerie – für eine Gipfelstunde weitab von der geschäftigen Kurstadt 2000 Meter tiefer.

Tourensteckbrief

Ausgangsort
Vernaun (Talstation Naif = Ifinger-Seilbahn) 665 m, bei Meran.

Die Tour in Stichworten
Ifinger-Seilbahn Meran 2000, Bergstation 1905 m – Naifjoch 2030 m – Kleiner Ifinger 2552 m – Großer Ifinger 2581 m – Meran 2000.

Schwierigkeit/Anforderung
II = mäßig schwierig, Halbtagestour, mäßige Anforderung, Wandertour/Klettersteig.
Ab Bergstation auf markiertem Weg zum Kreuz am Naifjoch. Dort entlang des Weidezaunes in steile Wiesenhänge und nach Steigspuren hinauf zu dem Verbindungsgrat, der vom Kleinen Ifinger zur sichtbaren Bergstation Kuhleiten zieht. Am Grat (ca. 2400 m) trifft man den markierten Steig, der von Kuhleiten herüberkommt und entlang der Westabstürze über Schrofen zum Gipfel des Kleinen Ifinger führt. Etwa 40 m unterhalb, bei einer Gratschulter, weist eine Stange den Klettersteig zum Großen Ifinger: nordseitiger, felsiger Quergang zu einem Schartl, kurzer Abstieg zur Südseite und über eine sehr steile, glatte Platte zum Gipfel; ab Gratschulter mit Ketten gesichert, aber sehr ausgesetzt. Kleiner Ifinger für Bergwanderer, Großer Ifinger nur für geübte Bergsteiger!

Höchste Wegestelle/Gipfel
Großer Ifinger 2581 m, Kleiner Ifinger 2552 m.

Anstiegsleistung
Ab Bergstation Meran 2000 700 Höhenmeter.

Abstieg
Wie Anstieg.

Gehzeiten
Bergstation Meran 2000 (1905 m) – Naifjoch 2030 m: $^1/_2$ Stunde; Naifjoch – Großer Ifinger 2581 m: $1^1/_2$ Stunden. (Zum Kleinen Ifinger 2552 m ebenfalls $1^1/_2$ Stunden.) Abstieg wie Anstieg: $1^1/_2$ Stunden.
Gesamtgehzeit: $3^1/_2$ Stunden.

Hütten/Stützpunkte
Restaurant Bergstation Kuhleiten 2360 m, private Bewirtschaftung.
Ifinger-Hütte 1815 m, CAI-Sektion Meran, 13 Betten und Matrazenlager, bewirtschaftet von Anfang Mai bis Ende Oktober.

Karten/Literatur
Siehe Tour 33.

Tip
Für geübte Bergsteiger: vom Großen Ifinger Abstieg über den Westgrat (markiert, Alpenskala II) zur Ifinger-Hütte (2 Stunden) und auf Steig zurück nach Meran 2000 (2 Stunden); auch für Anstieg gut geeignet.
Kleiner Ifinger auch als Familientour mit Kindern gut machbar.

35 Zinseler
2422 m
Hühnerspiel
2376 m
Tatschspitze
2526 m

*Lohnende Tourenziele
am Penser Joch*

*wenig schwierig
Wandertouren*

Die Straße von Sterzing zum Jaufenpaß (2099 m) und die Abfahrt in das Passeiertal bis nach Meran ist eine Fahrt entlang der Westgrenze der Sarntaler Alpen, dieser zentralen Südtiroler Gebirgsgruppe zwischen dem Passeiertal und dem Eisacktal. Der Westkamm ist noch weitgehend so einsam und ursprünglich geblieben wie vor 100 Jahren. Wer kennt die kurzen, aber steilen Stichtäler von der Jaufenstraße hinauf zu den Hochgipfeln, die Anstiege mit 1500 bis 2000 Meter Höhenunterschied zum Sarntaler Weißhorn (2705 m), zur Hohen Warte (2746 m) und zur Alpler Spitze (2748 m)? Erst am Auslauf des Westkammes, hinab zum Meraner Becken zwischen Hirzer (2781 m) und Ifinger (2581 m), im Bereich der Seilbahnen, kommt wieder Leben in das Gebirge.

Mit dem Zinseler setzen die Sarntaler Alpen einen Fuß in das Sterzinger Becken. Bei den Einheimischen ist der 2422 Meter hohe und bis zum Gipfelfirst grüne Zinseler als hervorragender Aussichtsberg nach Norden und Osten seit langem bekannt. Deshalb führen aus dem Eisacktal, von Sterzing (948 m), vom benachbarten Freienfeld (962 m) und aus dem Jaufental nahe Gasteig, ab Außerthal (1082 m), markierte Wanderrouten zu ihm hinauf. In unserer Zeit der ausgebauten Bergstraßen und der motorisierten Freizeitwelle ins Gebirge haben diese weiten und auch anstrengenden Zinselerwege nicht mehr ihre frühere Bedeutung.

Vom Parkplatz am Penser Joch (2214 m) sind der Zinseler und das ihm zum Joch vorgelagerte Hühnerspiel, 2376 Meter, ein kurzweiliger Familienausflug mit gemütlicher Einkehr im »Alpenrosenhof« am Penser Joch. Beide Gipfel bieten sich mit ihrer Anstiegsroute deutlich an, Markierungen und Hinweistafeln tun das übrige.

Die Straße von Sterzing zum Penser Joch schneidet die Waldhänge des Zinseler und gewinnt beim Weiler Egg (1498 m) die Einfahrt in das Eggental mit freier Sicht hinauf zum gestreckten Jochsattel. Ein Felsberg beherrscht jedoch südöstlich vom Penser Joch ganz eindeutig das Tal: Ein interessanter hellgrauer Granitgipfel im Ostkamm, die Tatschspitze, empfiehlt sich als lohnendes Bergziel. Der Zinseler und das Hühnerspiel erhalten an schönen Tagen immer Besuch, aber die etwas abgerückte und vom Joch aus nicht mehr so auffallende Tatschspitze leidet im Tourenbereich des Penser Jochs unter der übermächtigen Konkurrenz des Sarntaler Weißhorns.

An der Penser Alm (2158 m), in der Südabfahrt nur wenig unter der Jochhöhe, ist die Tatschspitze mit einer Gehzeit von 2¹/₂ Stunden angeschrieben. Diese Zeit ist großzügig bemessen und verspricht einen genußvollen und oft einsamen Wegebummel, vorbei am Astenberg und Niedeck, hinüber zu dem Sattel (ca. 2230 m) vor der Tatschspitze. Vorher zweigt nach rechts die Wanderroute zur Marburg-Siegener Hütte (Flaggerscharten-Hütte) über die Traminer Scharte ab, im Anstieg zum Gipfel trennt sich der Steig 14 A zum schönsten aller Südtiroler Seen, zum Puntleider See, von unserer Route. Steigspuren entlang einer Reihe von Markierungspflöcken weisen über steile Schrofen und Geröll hinauf zum Vorgipfel, wenig entfernt, dem Eggental zu, steht das schlichte Holzkreuz der Tatschspitze.

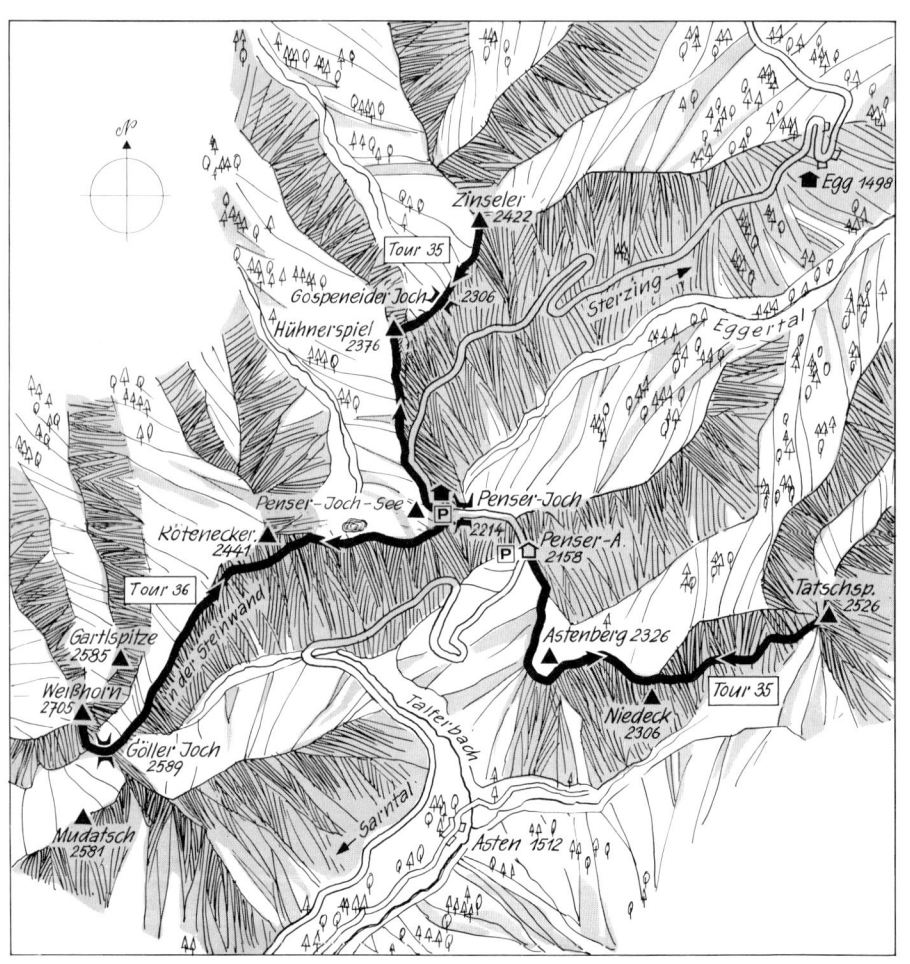

Tourensteckbrief

Ausgangsort
Penser Joch 2214 m.

Die Tour in Stichworten
Penser Joch 2214 m – Zinseler 2422 m – Hühnerspiel 2376 m – Penser Joch – Penser Alm 2158 m – Astenberg 2326 m – Niedeck 2306 m – Tatschspitze 2526 m – Penser Joch.

Schwierigkeit/Anforderung
I = wenig schwierig, Tagestour, geringe Anforderung, Wandertouren.
Von Sterzing Auffahrt zum Penser Joch 17 km, Auffahrt von Bozen 50 km.
Zinseler und Hühnerspiel: Vom Penser Joch auf der Straßen-Nordrampe etwas bergab zum Wegeschild »Zinseler Nr. 14/15«. Einfache markierte Wandertrasse vom Joch zum Gipfel; am Rückweg kurzer Abstecher zum sichtbaren Gipfelkreuz am Hühnerspiel.
Tatschspitze: Vom Penser Joch auf der Straßen-Südrampe wenig bergab zur Penser Alm (2158 m), dort Schild: »Tatschspitze«. Ab Penser Alm auf markiertem Steig (14 A) in schöner, abwechslungsreicher Wandertrasse, vorbei am Astenberg und Niedeck, zu einem Sattel vor dem Gipfel (noch vorher Abzweigung zur Traminer Scharte und zur Marburg-

Siegener Hütte = Flaggerscharten-Hütte, ca. 4 Stunden, im Gipfelanstieg Abzweigung 14 A zum Puntleider See, ca. 2 Stunden); über Geröllhänge nach Markierungen steil zum Gipfel der Tatschspitze.
Beide Touren auch für Bergwanderer.

Höchste Wegestelle/Gipfel
Zinseler 2422 m, Hühnerspiel 2376 m, Tatschspitze 2526 m.

Anstiegsleistung
Zinseler mit Hühnerspiel 400, Tatschspitze 400 Höhenmeter.

Abstieg
Wie Anstieg.

Gehzeiten
Penser Joch 2214 m – Zinseler 2422 m – Hühnerspiel 2376 m – Penser Joch: 2 Stunden; Penser Joch – Penser Alm 2158 m – Tatschspitze 2526 m: 2 Stunden. Abstieg Penser Joch: 1 1/2 Stunden.
Gesamtgehzeit: Für beide Touren 5 1/2 Stunden.

Hütten/Stützpunkte
Penser-Joch-Haus »Alpenrosenhof« 2211 m, private Bewirtschaftung.

Karten/Literatur
Kompass-Wanderkarte 1:50 000, Blatt 44,

Sterzing; Freytag-Berndt-Wanderkarte 1:50 000, Blatt S 4, Sterzing – Jaufenpaß – Brixen; Dumler, Kleiner Führer »Sarntaler Alpen«.

Tip
Für ausdauernde und erfahrene Wanderer nach der Tatschspitze Übergang nach Markierung 14 A zur Traminer Scharte (2379 m) und weiter nach Markierung 15 zur Flaggerscharte mit der Marburg-Siegener Hütte (siehe Tour 37). Einsame Wegestrecke, ab Penser Joch 5 Stunden.

Die Penser-Joch-Straße ist bekannt als herrliche Aussichtstraße hinein in das Gefüge der Sarntaler Alpen und über das Eisacktal hinweg nach Osten zum Zentralalpenkamm und zu den Dolomiten.
In der Auffahrt auf der Nordrampe von Sterzing beherrscht am Straßenknick beim Weiler Egg der 2526 Meter hohe hellgraue Kalkgipfel der Tatschspitze (Bild) weithin die Landschaft des Egger Tales.

36 Sarntaler Weißhorn 2705 m

*Ein berühmter Berg
in den Sarntaler Alpen*

*mäßig schwierig
Wander-/Felstour*

Das Penser Joch (2214 m) ist innerhalb Südtirols für den motorisierten Touristen ein Aussichtsbalkon erster Ordnung. In den Jahren 1935–1937 wurde unter Mussolini die heutige Nord-Süd-Rampe: Sterzing – Penser Joch, 17 km, und Penser Joch – Bozen, 50 km, als Militärstraße angelegt. Sie war ein Teil seiner geplanten »Alpenfestung«, und dieser Idee verdanken wir Bergsteiger und Wanderer viele gut trassierte Saumwege und auch Bergstraßen im Grenzgebiet zu Österreich (siehe Pfitscher Joch). Der Jochübergang selbst liegt tief in der Geschichte verankert, die Anfänge finden wir weit vor unserer Zeitrechnung.

Für eine Fahrt zum Penser Joch sollte man einen schönen, klaren Tag wählen. Unerwartet groß und als festliches Bild glänzt die Bergwelt im Osten des Eisacktales: die Firnkrone der Zillertaler Alpen, die Wiesen und Wälder, die aufschließen zum Zug des Tuxer Kammes und zu den dunklen, uralten Gipfeln der Pfunderer Berge. Diese Aussicht – mit noch weiterem Horizont bis zu den Do-

lomiten und mit Einblick in das Gefüge der Sarntaler Alpen – ist auch das Geschenk vom Zinseler, noch reicher das von der Tatschspitze! Wer aber die Sarner Bergbauernwelt sehen möchte, sollte vom Penser Joch 1000 Höhenmeter im Penser Tal abfahren bis zur Straßengabel in Astfeld (1021 m) vor Sarntheim. Aber nicht die Fahrt allein, erst der Spaziergang entlang am Wiesenrain, die Rast am Waldrand oder am Ufer der jungen, frischen Talfer, die Muße der stillen Betrachtung können diese von vielen Bergbauerngenerationen schwer erarbeitete Kulturlandschaft im Herzen Südtirols würdigen.

Wegeschilder am Penser Joch weisen auch nach Südwesten, in die von den Jochbummlern bevorzugte Wanderrichtung. Weithin dominierend ragt dort, 2½ Gehstunden entfernt, der spitze Gipfel des Sarntaler Weißhorns auf – neben dem Großen Ifinger wohl die markanteste Berggestalt der Sarntaler Alpen und deshalb ein begehrtes Bergsteigerziel! Die Spaziergänger kommen meist nur bis zum nahen Penser-Joch-See und genießen in der Rast am flachen Ufer den Blick nach Süden in die zentrale Sarntaler Bergwelt. Wer jedoch weiterwandert, hinauf zur Kammhöhe (schöner Blick in das Jaufental und zu den Stubaier Alpen) und sich vom Steig südseitig einer braunen Felswand zum Bergkessel »In der Steinwand« mit seinen hübschen kleinen Seen führen läßt, der ist erst am Gipfel des Weißhorns voll zufrieden.

Trittspuren leiten eine vorteilhafte, hohe Querung des Kessels durch Geröllhänge ein, die zum schrofigen Fels am Göller Joch (2589 m) aufschließen. Bis zum Joch bleibt die Tour zum Weißhorn eine Wanderroute mit den üblichen Anforderungen der Hochgebirgswelt über 2000 Meter. Aus dem Jochsattel und der Mulde darunter kann jedoch ein Ewig-Schnee-Fleck (im Spätsommer Eis) die Sperre für einen allzu leichten Einstieg in die steile, felsige Südflanke des Weißhorns sein. Die Verhältnisse und die Anforderungen, die sich daraus ergeben, unterliegen einem ewigen Wandel, aber sie werden immer so sein, daß nur ein trittsicherer, erfahrener Bergwanderer den Anstieg wagen darf. Die Route führt aus den Jochfelsen entweder in abschüssigem, steilem Fels oder über Firn (siehe oben) in die Flanke, gewinnt dort Steigspuren und Siche-

Auf dem Weg vom Penser Joch zum Sarntaler Weißhorn verlockt der Penser-Joch-See zum Verweilen und zum Betrachten des Panoramas, das einen Ausschnitt des Sarntaler Ostkammes mit dem Tagewaldhorn (links) und der Jakobsspitze (Mitte) zeigt.

rungsseile und in kurzen Kehren die Höhe bei einem Marterl. Inmitten der Felswand steht das Gedenkkreuz für einen abgestürzten jungen Bergsteiger, im Sonnenschein glänzt das graue, verwitterte Zirbenholz des Kreuzes wie kostbares, antikes Silber. Wenig später geht man auf einem horizontalen Felsfirst dem schmiedeeisernen Kreuz des Gipfels zu.

Das Sarntaler Weißhorn gehört dem Penser Tal. Dort ist dieser Gipfel mit seiner Höhe von 2705 Meter immer gegenwärtig, und deshalb auch hat die Jugend von Pens am 26. Juni 1977 das Kreuz aufgerichtet.

Die Aussicht ist seit der Erstbesteigung im Jahre 1822 berühmt. Hans Kiene, der unvergessene Bozener Bergsteiger, sagte von dieser stolzen Felspyramide: »Die zentrale Lage gibt dem Auge einen Horizont, der vom Bettelwurf bis zum Monte Baldo, von den Engadiner Sesvennabergen und von der Presanella bis zur Dreiherrenspitze und zu den Dolomiten reicht ...«.

Tourensteckbrief

Ausgangsort
Penser Joch 2214 m.

Die Tour in Stichworten
Penser Joch 2214 m – Göller Joch 2589 m – Sarntaler Weißhorn 2705 m – Göller Joch – Penser Joch.

Schwierigkeit/Anforderung
II = mäßig schwierig, Halbtagestour, mäßige Anforderung, Wander-/Felstour.
Ab Penser Joch nach Markierung 12 A auf gutem Steig vorbei am Penser-Joch-See hinauf zur Kammhöhe. Der Steig hält am Kamm eine Höhe von etwa 2300 m ein, führt zum Bergkessel »In der Steinwand« und zu seinen Seen, die aber ohne Höhenverlust in einer Steigvariante hinauf in die Mulde unter dem Göller Joch umgangen werden können. Über ein Ewig-Schnee-Feld zum Göller Joch (Vorsicht, häufig Eis am Einstieg in die Südflanke), nach Steigspuren und Markierungen, teilweise Drahtseilsicherung, in der gut gestuften Südflanke teils ausgesetzt zum Gipfel. Route durchgehend markiert.
Nur für trittsichere, erfahrene Bergwanderer.

Höchste Wegestelle/Gipfel
Sarntaler Weißhorn 2705 m.

Anstiegsleistung
Ab Penser Joch 500 Höhenmeter.

Abstieg
Wie Anstieg.

Gehzeiten
Penser Joch 2214 m – Göller Joch 2589 m: 2 Stunden; Göller Joch – Sarntaler Weißhorn 2705 m: $^1/_2$ Stunde. Abstieg: 2 Stunden. Gesamtgehzeit: $4^1/_2$ Stunden.

Hütten/Stützpunkte
Penser-Joch-Haus »Alpenrosenhof« 2211 m, private Bewirtschaftung.

Karten/Literatur
Siehe Tour 35.

Das Kreuz am Sarntaler Weißhorn ist bei Kennern der Sarntaler Alpen ein überaus begehrtes und immer wieder gerne aufgesuchtes Tourenziel. Es ragt in einer Höhe von 2705 Meter und gibt nach allen Richtungen der Windrose einen ungewöhnlich weiten Berghorizont frei.
Im Bild die Schau nach Osten zum Zillertaler Hauptkamm mit dem Gletscherglanz an der Hochferner Spitze und am Hochfeiler.

37 Tagewaldhorn
2708 m

Jakobsspitze
2741 m

Die Gipfel der
Marburg-Siegener Hütte

wenig schwierig
Wandertouren

Der Innsbrucker Julius Pock kam am 22. Juli 1885 als erster von Südosten, aus dem Flaggertal, hinauf zum Tagewaldhorn und pries die Schönheit dieses noch unbekannten Bergraumes. Im Jahre 1910 beschlossen die deutschen Alpenvereinssektionen Marburg a. d. Lahn und Siegerland einen gemeinsamen Hüttenbau an der Flaggerscharte, einer Senke im Ostkammverlauf zwischen Jakobsspitze und Tagewaldhorn, im Zugang aus dem Sarntal wie aus dem Eisacktal gut zu erreichen. Das Eisacktal war für die damaligen Touristen wichtiger, denn ab Mittewald (801 m, Bahnstation) zieht das Flaggertal direkt, wenn auch mit erheblichem Höhenunterschied, hinauf zu seiner Scharte (2436 m; Weg Nr. 16, 5 Stunden). Etwas nördlich oberhalb der Scharte entstand 1913 die Marburg-Siegener Hütte, aber die vorgesehene Einweihung am 9. August 1914 verhinderte der Ausbruch des Ersten Weltkrieges.

Seit 1975 gehört das Haus der CAI-Sektion Franzensfeste. Die Gegenwart ist

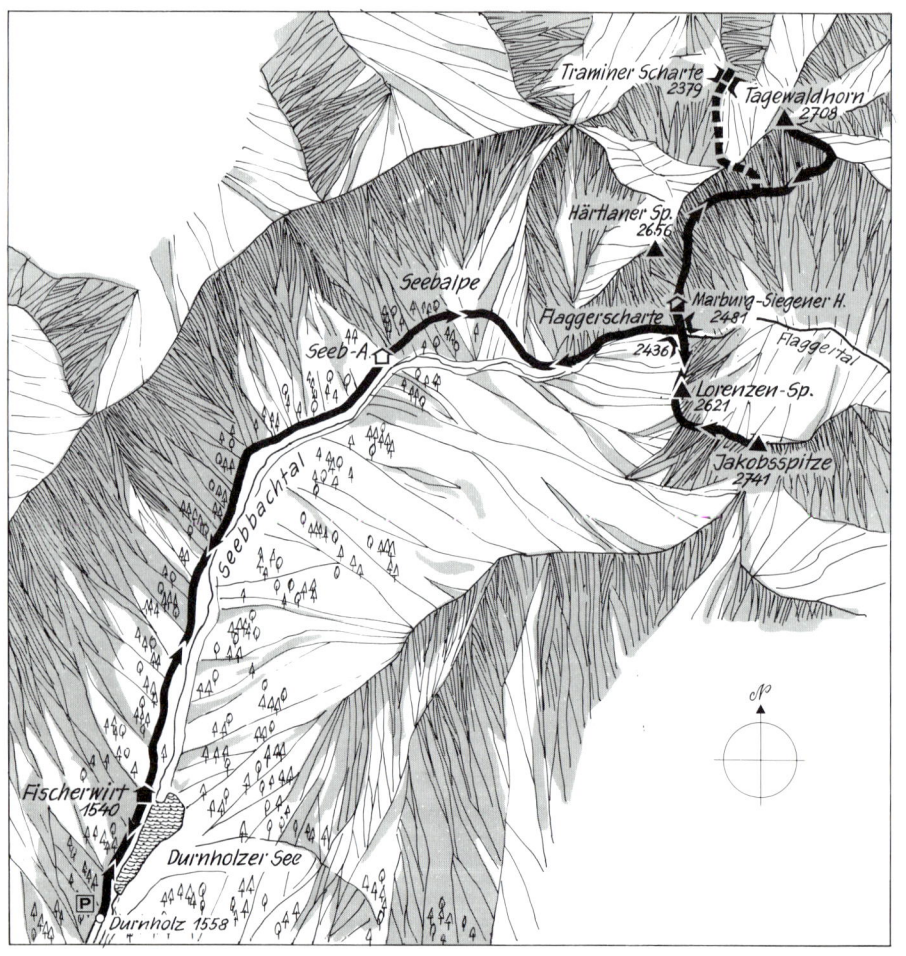

nach jahrelanger unsicherer Hüttenbewirtschaftung den Bergwanderern wieder freundlich gesinnt. Die italienische Sektion hat die Hütte mit Eifer renoviert, auch etwas erweitert und tüchtige Bewirtschafter gefunden; es lohnt sich wieder, bei der Flaggerscharte, ihrem See und der »Flaggerscharten-Hütte« zu verweilen. Mit diesem Zweitnamen ist das Schutzhaus in den Kompass-Wanderkarten verzeichnet, aber im Südtiroler Sprachgebrauch ist die Anrede »Marburg-Siegener Hütte« nicht vergessen; das Schild an der Hütte und auch die Wegetafel am Durnholzer See beweisen es.

Inmitten der Sarntaler Alpen, am Durn-holzer See (1540 m) beim Fischerwirt, beginnt der kürzeste und gewiß auch landschaftlich schönste Hüttenanstieg. Die angegebenen 2¹/₂ Stunden Gehzeit, zuerst auf einer Forststraße und einem Almweg hinein in das Seebbachtal und nach Steig Nr. 16 teilweise steil hinauf zur Seeb-Alpe, zur Flaggerscharte und endlich zur Hütte, sind für den normalen Wanderer recht knapp bemessen. Die hohe Ausgangsposition der Marburg-Siegener Hütte (2481 m) verkürzt dafür die Anstiege zum Tagewaldhorn, 2708 Meter, und zur Jakobsspitze, 2741 Me-ter, erheblich; ohne viel Mühe kann man

beide Gipfel – sie zählen zu den sechs höchsten Bergen der Sarntaler Alpen, die alle eine Höhe von über 2700 Meter erreichen – an einem Tag besteigen und auch noch in das Tal zurückkehren.
Aus der Flaggerscharte erfolgt der An-stieg zur südlich aufragenden Jakobs-spitze, die vorgelagerte Lorenzenspitze (2621 m) mit ihrem dunklen, steilen Blockrücken wird den geübten Bergge-her nicht abschrecken. Das Tagewald-horn liegt etwas weiter entfernt im Nor-den. Ein markierter Steig quert seine Südflanke hinauf zum Ostgrat bis knapp vor den Gipfel und fällt dort zur Trami-ner Scharte (2379 m, Übergang zum

An der Flaggerscharte im Ostkamm der Sarn-taler Alpen steht die Marburg-Siegener Hütte, oder Flaggerscharten-Hütte, am gleichnamigen See. Sie ist Ausgangspunkt für das Tagewald-horn und die Jakobsspitze (Jakobsspitze links im Bild).

Penser Joch) ab. Der Ostgrat läuft nach wenigen Metern am Gipfel aus.
Das kunstvoll geschmiedete Kreuz am Tagewaldhorn schaut hinein in die Ein-samkeit der Sarner Berge; nur auf der Straße zum Penser Joch ist Leben – aber ohne auch nur mit einem Laut zum Gip-fel zu dringen.

Tourensteckbrief

Ausgangsort
Durnholz am Durnholzer See 1540 m.

Die Tour in Stichworten
Durnholzer See 1540 m – Flaggerscharte 2436 m – Marburg-Siegener Hütte 2481 m – Tagewaldhorn 2708 m – Hütte – Jakobsspitze 2741 m – Marburg-Siegener Hütte – Durnholz.

Schwierigkeit/Anforderung
I = wenig schwierig, 1^1/$_2$-Tage-Tour, mäßige Anforderung, Wandertouren.
Ab Durnholzer See (Parkplatz etwas unterhalb des Dorfes), entlang am Westufer zum Fischerwirt und auf einer Forststraße nach Schild »Marburger Hütte«, Markierung 16, in das Seebbachtal. Nach kurzer Gehzeit auf einem Almfahrweg weiter in das Tal zur Seeb-Alm und auf Steig Nr. 16 teilweise steil über die Seeb-Alpe zur Flaggerscharte und zur Marburg-Siegener Hütte.
Tagewaldhorn: Ab Hütte auf Steig Nr. 15 A zu den Höhen nordöstlich über der Hütte, kurzer, mit Drahtseil gesicherter Abstieg in die Südosthänge unter der Kammhöhe, nach Steigspuren (Markierung 15 A) mäßig steil

durch die Südflanke des Tagewaldhorns hinauf zum Ostgrat und am Grat nur wenig schwierig zum Gipfel.
Jakobsspitze: Kurzer Abstieg in die Flaggerscharte, aus ihr direkt entlang der blockigen Westflanke der Lorenzenspitze nach Markierungen und Steigspuren steil hinauf in eine schmale Scharte südlich der Lorenzenspitze (in 10 Minuten über Blöcke leicht zu ihrem Gipfel, 2621 m). Nun über gut gangbare Felsköpfl oder östlich vorbei und über einen steilen, blockigen Rücken zum nahen Gipfel. Beide Touren nur für trittsichere Bergwanderer.

Höchste Wegestelle/Gipfel
Tagewaldhorn 2708 m, Jakobsspitze 2741 m.

Anstiegsleistung
Ab Durnholzer See zur Marburg-Siegener Hütte 900, ab Hütte zum Tagewaldhorn 250, ab Hütte zur Jakobsspitze 300 Höhenmeter.

Abstieg
Wie Anstiege.

Gehzeiten
Parkplatz Durnholz ca. 1500 m – Marburg-Siegener Hütte 2481 m: 3 Stunden; Tagewaldhorn 2708 m ab Hütte und zurück: 1^1/$_2$ Stunden; Jakobsspitze 2741 m ab Hütte und

Im Ostkamm der Sarntaler Alpen kommen ausdauernde Wanderfreunde voll auf ihre Kosten, wenn sie großzügige Überschreitungen vornehmen wollen. Die Marburg-Siegener Hütte ist dafür ein günstiger Stützpunkt und im Anstieg vom Durnholzer See durch das Seebbachtal vorteilhaft zugänglich.
Im Bild das Seebbachtal, darüber der Einschnitt der Flaggerscharte, links die Härtlaner Spitze, rechts die Jakobsspitze.

zurück: 1^1/$_2$ Stunden. Abstieg Marburg-Siegener Hütte – Durnholz: 2^1/$_2$ Stunden.
Gesamtgehzeit: Ab Hütte Tagewaldhorn und Jakobsspitze 3 Stunden.

Hütten/Stützpunkte
Marburg-Siegener Hütte (Flaggerscharten-Hütte) 2481 m, CAI-Sektion Franzensfeste, 36 Betten und Matratzenlager, bewirtschaftet von Ende Juni bis Mitte September.

Karten/Literatur
Siehe Tour 35.

Sarntaler Alpen

38 Radlsee-Haus
2257 m

Königsangerspitze
2439 m

2000 Meter über Brixen

wenig schwierig
Wandertour

»Die Berge bestehen aus Gneis und Schiefern im Norden, aus Granit in der Mitte, dann wieder aus Schiefer und die breiten Höhenrücken im Süden aus Porphyr. Steile Rasenhänge ziehen zu den plattigen Gipfeln und Schneiden hinan, grobes Blockwerk, in dem kleine Wasserspiegel glänzen, füllt die Kare. Infolge ihrer Lage im Zentrum Tirols gewähren diese Höhen eine herrliche Rundschau nach allen Seiten. Sie sind trotzdem wenig besucht, denn es fehlen ihnen die Reize der Gletscherwelt und kühner Felsbauten.« So beschreibt das Buch »Die Schutzhütten des Deutschen und Österreichischen Alpenvereins«, Jahrgang 1932, die Sarntaler Alpen.

In ihrer Geographie stellen sich die Sarner Berge klar und übersichtlich dar, weichen aber im geologischen Aufbau und daher auch in den Erscheinungsformen stark voneinander ab. Dem schroffen Gneis und auch dem Granit sind wir im Westkamm begegnet. Seidig glänzender, blättriger Schiefer verleiht der Königsangerspitze und ihren Nachbarbergen sanfte Formen; eine Aufforderung, die Überschreitung von Gipfel zu Gipfel vorzunehmen. Von Süden schiebt sich die Bozener Porphyrplatte in die Sarntaler Alpen vor als Unterlage für die bewaldeten Höhenrücken von Salten und Ritten; nur das Rittner Horn (2250 m) und der Villandersberg (2509 m) erheben sich über einer flächigen und baumlosen, weithin mit Sumpfwiesen und kurzer Bodenvegetation bedeckten Landschaft.

»Höchst bemerkenswert ist die prachtvolle Aussicht, welche wohl alle Gipfel unserer Gruppe darbieten. Wer Tirol mit einem Blick überschauen will, besteige diese Höhen!«, erzählte Julius Pock, der sich vor der Jahrhundertwende als Erschließer den Sarntaler Alpen widmete und als ihr erster Chronist gilt. Tirol war damals groß: Es reichte vom Ortler zum Großglockner und vom Karwendel bis hinab nach Trient und darüber hinaus!

Nach der Weite des Eisacktales zwischen Sterzing und Freienfeld zeigen die Sarntaler Alpen an ihrer Westgrenze zwischen Mittewald und Franzensfeste nur steile, dichtbewaldete Hänge, aber keinen Gipfel. Die schmale Kerbe des Flaggertales bei Mittewald verlockt zu keinem Eintritt, erst das Schalderer Tal bei Vahrn vor Brixen öffnet licht und weit das Gebirge bis hinauf zu den Gipfeln im Ostkamm, im Zug von der Lorenzispitze zur Jakobsspitze. Die Hänge herab zum Eisacktal bekommen den Schmuck grüner Wiesen, Bergbauern besiedeln sonnige Hochterrassen, breite Geländeschultern tragen Höfegruppen und Dörfer, von denen wieder vielbegangene Wege in das Innere der Sarntaler Alpen führen.

Alle Chronisten rühmen die vielen Seen der Sarntaler Berge. Der größte und bekannteste, der Durnholzer See (1540 m), liegt fast im geographischen Zentrum der Gruppe am Ende des gleichnamigen Tales und verschönt als ausgesprochener Talsee das Kirchdorf Durnholz. Die anderen Wasser glänzen – als Karseen weit verstreut – hoch oben in den Bergen, die Hänge des Ostkammes hinab zum Eisacktal hüten die herrlichsten und einsamsten Wasser. Der Puntleider See (1848 m) füllt ein Hochkar unter der Tatschspitze, sein Spiegel gilt als das kostbarste Juwel. Auf dem hochgelegenen Flaggersee (2479 m) bei der Marburg-Siegener Hütte schwimmt noch im Juli eine Eisinsel und verwehrt den Bergen ihr Spiegelbild. Am Ufer des Radlsees (2196 m) unter der Königsangerspitze ist man an einem der schönsten Plätze – aber hier träumt man hinüber zu den Dolomiten!

Geheimnisvolle, still ruhende Bergwasser übten schon immer eine starke Anziehungskraft auf die Menschen aus, sie beflügelten die Phantasie und auch den Wunsch, an ihren Ufern Hütten zu bauen. Der Radlsee und die Königsangerspitze erhielten ihr erstes, damals privates Schutzhaus im Jahre 1912. Das heutige, stattliche Radlsee-Haus (2257 m) ist ein Neubau (1955/56) des »Alpenverein Südtirol« und gehört der Sektion Brixen. Mit dieser Schutzhütte besitzt die Bischofsstadt Brixen (561 m) ein überaus beliebtes und vielbesuchtes »Gebirgssalettl«. Die Brixner wissen um ihren Schatz am Radlsee, der Fremde, der zum erstenmal hinaufkommt, findet alle Erwartungen bestätigt: Freundliche, aufmerksame Wirtsleute betreuen liebevoll ein Haus, das nicht mehr sein möchte als ein gut geführter Bergsteiger- und Wanderer-Stützpunkt.

Am Nachmittag und gegen Abend, wenn die Sonne die Dolomitenkette ausleuchtet, ist es am Radlsee besonders schön. Dann sollte man zum nahen, hohen Holzkreuz der Königsangerspitze, 2439 Meter, hinaufwandern, zur wohl besten Eisacktaler Aussicht – aber das ist schon wieder ein Superlativ.

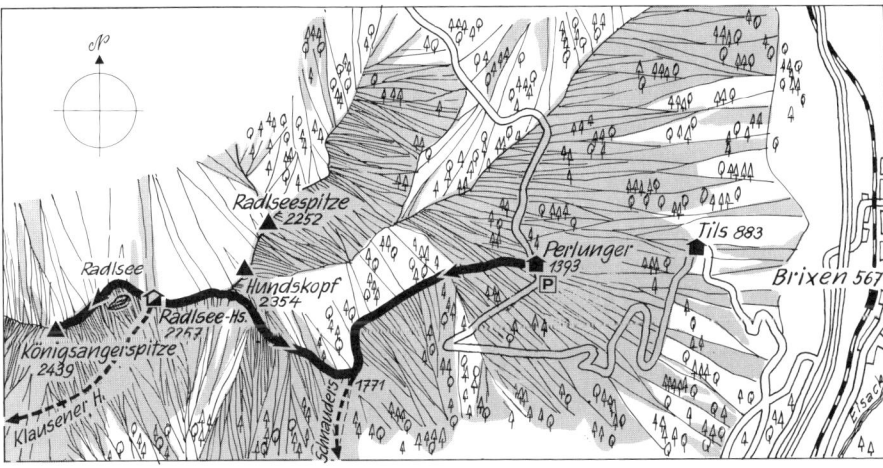

93

Tourensteckbrief

Ausgangsort
Tils 883 m, oberhalb Brixen; *oder* Schnauders 1030 m, oberhalb Feldthurns bei Brixen.

Die Tour in Stichworten
Tils 883 m – Perlunger Hof 1393 m – Radlsee-Haus 2257 m; *oder* Schnauders 1030 m – Radlsee-Haus. Radlsee-Haus – Königsangerspitze 2439 m – Radlsee – Perlunger Hof oder Schnauders.

Schwierigkeit/Anforderung
I = wenig schwierig, Tagestour, mäßige Anforderung, Wandertour.
Von Tils asphaltierte Fahrstraße zum Parkplatz an der Perlunger Kapelle vor dem Perlunger Hof. Ab Parkplatz bequemer Wanderweg, Markierung Nr. 8, zur Kompatschwiese (ca. 1850 m), dort Einmündung in einen Fahrweg (Nr. 18) von Schnauders zur Materialseilbahn des Radlsee-Hauses (hierher auch von Schnauders, Nr. 18, aber weiter und steiler). Nun auf Steig mäßig steil zur Hütte.
Ab Radlsee-Haus auf Steig Nr. 7, mäßig steil, zum nahen, sichtbaren Gipfelkreuz der Königsangerspitze.
Durchgehend markierte Wanderrouten.

Höchste Wegestelle/Gipfel
Radlsee-Haus 2257 m, Königsangerspitze 2439 m.

Anstiegsleistung
Ab Perlunger 1000, ab Schnauders 1400 Höhenmeter.

Abstieg
Wie Anstieg.

Gehzeiten
Perlunger 1393 m – Radlsee-Haus 2257 m: 2$^1/_2$ Stunden; *oder* Schnauders 1030 m – Radlsee-Haus: 3$^1/_2$ Stunden. Königsangerspitze 2439 m ab Hütte und zurück: $^1/_2$ Stunde. Abstieg: zum Perlunger 1$^1/_2$ Stunden, nach Schnauders 2 Stunden.
Gesamtgehzeit: Ab Perlunger 4$^1/_2$ Stunden, ab Schnauders 6 Stunden.

Hütten/Stützpunkte
Radlsee-Haus 2257 m, AVS-Sektion Brixen, 50 Betten und Matratzenlager, bewirtschaftet von Mitte Juni bis Ende Oktober.

Karten/Literatur
Kompass-Wanderkarte 1:50000, Blatt 56, Brixen; Freytag-Berndt-Wanderkarte 1:50000, Blatt S 4, Sterzing – Jaufenpaß – Brixen; Dumler, Kleiner Führer »Sarntaler Alpen«.

Tip
Bei schönem Wetter im Radlsee-Haus übernachten und Tour 39 anschließen.
Auch der nahe Hundskopf (2354 m) ist wegen seiner Aussicht lohnend.

Südtirolfreunden, die sich gerne im Eisacktal aufhalten und auch die Höhen links und rechts des Eisack besteigen, braucht man das Radlsee-Haus nicht besonders vorzustellen. Sie kennen längst diese blitzsaubere, gut geführte Schutzhütte der AVS-Sektion Brixen. Die treuen Stammgäste kommen immer wieder, meist wandern sie auf dem 2$^1/_2$stündigen Weg vom Perlunger Hof hinauf, genießen die Gastlichkeit des Hauses am Radlsee und freuen sich vor allem an der großartigen und berühmten Dolomitenschau vom Gipfelkreuz der nahen Königsangerspitze (im Bild).

39 Lorenzispitze
2481 m
Latsfonser Kreuz
2298 m
Kassianspitze
2581 m

*Die Wallfahrt
zum Latsfonser Kreuz*

*wenig schwierig
Wandertour*

Eine spätnachmittägliche Umschau von der Königsangerspitze am Ostrand der Sarntaler Alpen bewundert vor allem die Dolomiten; die Sarntaler Alpen liegen zu dieser Zeit im Gegenlicht, im Schatten der kommenden Nacht. Ihre Stunde kommt mit der Morgensonne. Das flache, frühe Licht streift vorteilhaft das Gebirge, der Ostkamm präsentiert seine hellbeleuchtete Gipfelreihe, gut kann man die Route über die nächsten Gipfel ausmachen. Das Gelände bereitet keine Schwierigkeiten, die Luftlinie von 4 Kilometer zur Lorenzispitze im Westen kann einen erfahrenen, gehtüchtigen Bergwanderer nicht abschrecken. Der Weg zur Lorenzischarte, zur Ecke des Sarntaler Ostkammes an der Lorenzispitze, und zur Kassianspitze verspricht ein Wandererlebnis, bei dem die Freunde langer Höhenüberschreitungen voll auf ihre Rechnung kommen. Wenn das Wetter einen guten, sicheren Tag ankündigt, sollte man zeitig vom Radlsee-Haus (2257 m) zur Königsangerspitze (2439 m) ansteigen und die Tour damit beginnen.

Die erste Wanderstunde führt bergab zur Lorenzischarte (2198 m). Die hübsche kleine Lake in der Schartensenke, der Blick in das Schalderer Tal zu den Bauernhäusern am Saum der Bergwälder und inmitten sonniger Hangwiesen

verdient eine kurze Rast – vielleicht mit zweitem Frühstück. An der Lorenzischarte ergibt sich die Möglichkeit, den vorgefaßten Plan zu ändern: Mit der Markierung 5/7 kann man auf immer ausgeprägtem Steig die Lorenzispitze südseitig umgehen, ohne eine Gipfelbesteigung zur Fortschellscharte und zum Latsfonser Kreuz wandern. Von der Lorenzischarte ist das sichtbare Kreuz der Lorenzispitze noch eine Gehstunde entfernt; seine Stille und Einsamkeit erschließen nur spärliche Steigspuren. Diese schwache Führung genügt aber vollauf, das übersichtliche Gelände verbirgt keine Schwierigkeiten, die Kammhöhe ist immer der Wegweiser.

Gleich der Königsangerspitze bietet auch die 2481 Meter hohe Lorenzispitze eine große Aussicht – schon vertraute Gipfel und Taleinschnitte rücken in den Hintergrund, Neues und bisher nicht Gesehenes im großen Rund der Sarner Berge kommt hinzu. Die Aufmerksamkeit gehört aber zu guter Letzt doch dem benachbarten Gipfelstock im Westen; dort ragen die Kassianspitze und die Ritzlspitze auf – die Kassianspitze verspricht den Höhepunkt des Tages!

Ab Lorenzispitze führen Steigspuren in Richtung Plankenhorn abwärts zur Fortschellscharte (2305 m), dort mündet der »Durnholzer Steig« ein (Anstieg vom Durnholzer See) und durchzieht als be-

queme Wanderroute die Ostabstürze der Kassianspitze bis zum Berggasthaus am Latsfonser Kreuz, 2298 Meter.

Die noch alljährlich am Magdalenenkirchtag (22. Juli) ausgeübte Wallfahrt zum legendären »Schwarzen Herrgott von Latsfons« geht in den Anfängen auf ein Wetterkreuz und einen späteren Kapellenbau in der Mitte des 18. Jahrhunderts zurück. Bei dem »Schwarzen Herrgott« erflehen die Bauern von Latsfons Verschonung von den oft verheerenden Unwettern in dieser Gegend. Das heutige Kirchlein stammt aus den Jahren nach 1860 und ist mit seiner »himmelnahen Höhe« eine berühmte Südtiroler Wallfahrtsstätte. Zu jeder Wallfahrt gehört aber seit Menschengedenken auch ein Wirtshaus zur Stärkung des Leibes. Die Geschichte des Latsfonser-Kreuz-Hospizes beginnt mit dem ersten Kapellenbau – das Schutzhaus, das heute die Pilger beim wahrscheinlich höchstgelegenen Heiligtum Europas versorgt, wurde am 25. August 1952 feierlich eingeweiht.

Aber das Wirtshaus zum Latsfonser Kreuz will nicht nur Herberge für die Bittgänger sein; die höchste Spitze im Bergstock dahinter trägt den Namen des Märtyrers Kassian, dem Schutzpatron der Diözese Brixen – die »Gipfelwallfahrt« von einer knappen Stunde hinauf zur 2581 Meter hohen Kassianspitze un-

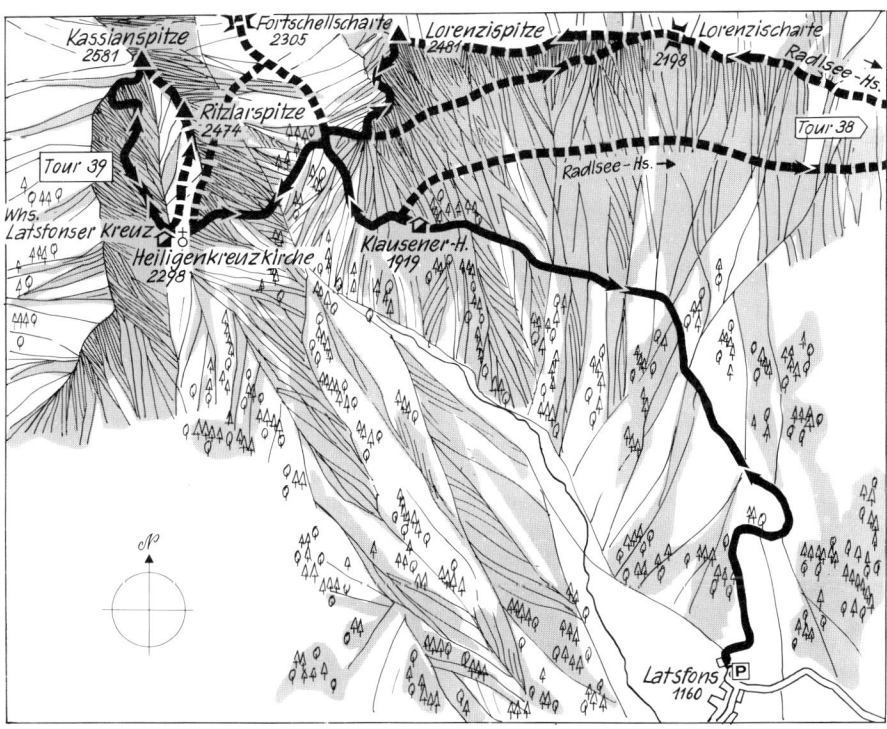

Die »himmelnahe« Höhe des Kirchleins am Latsfonser Kreuz und sein Hospiz locken an schönen Sommertagen zur großen Wallfahrt zum »Schwarzen Herrgott von Latsfons« und zur nahen Kassianspitze.

ternehmen jährlich Tausende von aussichtshungrigen Wanderern. Das erste, in einer neuen Chronik erwähnte Gipfelbuch kam mit dem damaligen Kreuz am 10. Juli 1966 hinauf, das sechste Buch zählt mit der letzten Eintragung am 18. August 1980 den Besuch von 23 702 Personen(!) – seit 1966. Ab Anfang Oktober, mit der Schließung des Hospizes, ist jedoch jegliche Massenwallfahrt, ob zum »Schwarzen Herrgott« oder zur Kassianspitze, vorbei. Die Wanderung vom noch geöffneten Radlsee-Haus oder von Latsfons (1160 m) über die ebenfalls noch offene Klausener Hütte (1919 m) zum grandiosen Aussichtserlebnis auf der Kassianspitze ist vielleicht der Höhepunkt einer herbstlichen Südtirolfahrt.

Tourensteckbrief

Ausgangsort
Radlsee-Haus 2257 m; oder Latsfons 1160 m, oberhalb Klausen im Eisacktal.

Die Tour in Stichworten
Radlsee-Haus 2257 m – Königsangerspitze 2439 m – Lorenzischarte 2198 m – Lorenzispitze 2481 m. Oder Latsfons 1160 m – Klausener Hütte 1919 m – Lorenzispitze. Lorenzispitze – Fortschellscharte 2305 m – Latsfonser Kreuz 2298 m – Kassianspitze 2581 m – Latsfonser Kreuz – Radlsee-Haus oder Latsfons.

Schwierigkeit/Anforderung
I = wenig schwierig, Tagestour, mittlere Anforderung, Wandertour.
Radlsee-Haus siehe Tour 38.
Lorenzispitze: Ab Radlsee-Haus markierter Steig Nr. 7 über die Königsangerspitze zur Lorenzischarte, weiter nur auf Steigspuren in mäßigem Auf und Ab über den Kammzug zur sichtbaren Lorenzispitze. Ab Klausener Hütte (hierher Fahrweg von Latsfons) nach Markierung 1/17 Richtung Latsfonser Kreuz 100 Meter höher zu einer Alm. Dort nach Markierung Nr. 8 = Verbindungsweg Klau-

sener Hütte – Radlsee-Haus bis kurz vor einen Wassertrog an einem Bachlauf; zuerst links des Baches nach Steigspuren über den flachen Almboden gegen den sichtbaren Gipfel der Lorenzispitze. Der Weg 5/7 = Verbindungsweg Fortschellscharte – Lorenzischarte wird dabei gequert; nach Steigspuren mäßig steil zum Gipfelaufbau und steiler über Grashänge zum Gipfel.
Latsfonser Kreuz – Kassianspitze: Ab Lorenzispitze nach Steigspuren in Richtung Plankenhorn und Abstieg zur Fortschellscharte; dort mündet der »Durnholzer Steig« ein und zieht mit der Nr. 5/7 durch die Osthänge der Kassian- und Ritzlarspitze zum Hospiz Latsfonser Kreuz. Ab Klausener Hütte nach Fahrweg 1/17 zum Latsfonser Kreuz. Ab Latsfonser Kreuz nach Steig Nr. 17 mäßig steil zur Kassianspitze.
Markierte Wanderrouten, nur Gipfelanstiege zur Lorenzispitze nicht markiert und wenig begangen.

Höchste Wegestelle/Gipfel
Königsangerspitze 2439 m, Lorenzispitze 2481 m, Latsfonser Kreuz 2298 m, Kassianspitze 2581 m.

Anstiegsleistung
Ab Radlsee-Haus 800, ab Latsfons 1500 Höhenmeter.

Abstieg
Siehe Routenverlauf.

Gehzeiten
Radlsee-Haus 2257 m – Königsangerspitze 2439 m – Lorenzischarte 2198 m – Lorenzispitze 2481 m: 2¹/₂ Stunden; Lorenzispitze – Fortschellscharte 2305 m – Latsfonser Kreuz 2298 m: 1 Stunde; Latsfonser Kreuz – Kassianspitze 2581 m: 1 Stunde. Rückweg: Latsfonser Kreuz – Fortschellscharte – Lorenzischarte – Königsangerspitze – Radlsee-Haus: 3¹/₂ Stunden.
Gesamtgehzeit: Ab Radlsee-Haus 8 Stunden.
Latsfons 1160 m – Klausener Hütte 1919 m: 2¹/₂ Stunden; Klausener Hütte – Lorenzispitze 2481 m: 1¹/₂ Stunden; weiter zur Kassianspitze (siehe oben): 2 Stunden. Abstieg Klausener Hütte: 1 Stunde. Abstieg Klausener Hütte – Latsfons: 1¹/₂ Stunden.
Gesamtgehzeit: Ab Latsfons 8¹/₂ Stunden.

Hütten/Stützpunkte
Radlsee-Haus 2257 m, siehe Tour 38.
Klausener Hütte 1919 m, CAI-Sektion Bozen, 30 Betten und Matratzenlager, bewirtschaftet von Mitte Mai bis Mitte Oktober.
Latsfonser-Kreuz-Hospiz 2298 m, privat, 40 Betten und Matratzenlager, bewirtschaftet von Mitte Juni bis Ende September.

Karten/Literatur
Siehe Tour 38.

Die Wallfahrtskirche am Latsfonser Kreuz, 2298 ▷ Meter hoch gelegen.

Mendelkamm

Der ausgedehnte Mittelgebirgszug vom Gampenpaß bei Meran nach Süden bis hinab zur Einmündung des Noce bei Mezzocorona in die Etsch wird als Mendelkamm bezeichnet. In der alpin-geographischen Einteilung der Ostalpen wird die »Mendel« dem Großraum der Ortler-Gruppe zugerechnet. Zur Etsch fällt der stark bewaldete Mendelkamm teils unvermittelt in hohen Wandabstürzen ab, nach Westen bildet er sanft-hügelige Hochterrassen mit reichen Wäldern und sonnigen Almmatten hinab zum Val di Non, dem früheren Welschtiroler Nonsberg, aus. Entsprechend dem Aufbau dieser Gebirgsgruppe können sich ausgeprägte Höhen nur in der Kammlinie hinab zum Eisacktal profilieren. Diese 35 Kilometer lange, gestreckte Felsfront sinkt in ihrem gesamten Verlauf nur einmal – am Mendelpaß (1363 m) – unter 1500 Meter ab, der Penegal und der Gantkofel reichen an die 2000er-Grenze heran, aber nur die Roènspitze kann sich darüber erheben. Auf der Kammlinie vom Gampenpaß hinab nach Margreid verläuft die heutige politische Grenze zwischen den Provinzen Bozen und Trient und damit auch die Grenze von Südtirol.

Von Westen, aus der heiteren Mittelgebirgslandschaft des Nonsberges, sind alle Höhen im Mendelkamm auf markierten Wanderwegen, wenn auch in ausgedehnten Strecken, unbeschwerlich zugänglich. Die Ostabstürze jedoch fordern zur Überwindung des großen Höhenunterschiedes aus dem Etschtal erhebliche Anstrengungen bis hinauf zu den Abbruchkanten von Gantkofel, Penegal und Roènspitze. Der Mendelpaß bietet sich mit seinem Anschluß an die Nonsberger Wanderrouten als günstiger Ausgangsort an, der gehtüchtige und ausdauernde Bergwanderer aber wird als Anstieg die Steilschluchten der Ostabstürze wählen.

Der Mendelkamm begleitet die Etsch als landschaftlich großartiger Bergrahmen talabwärts auf ihrer rechten Seite. St. Jakob oberhalb Bozen zeigt diesen prächtigen Ausblick hinüber zum Gantkofel, der höchsten Erhebung im nördlichen Abschnitt des Mendelkammes.

Mendelkamm

40 Roènspitze
2116 m

Höchster Gipfel über dem Bozener Unterland

wenig schwierig – mäßig schwierig
Wandertour/Klettersteig

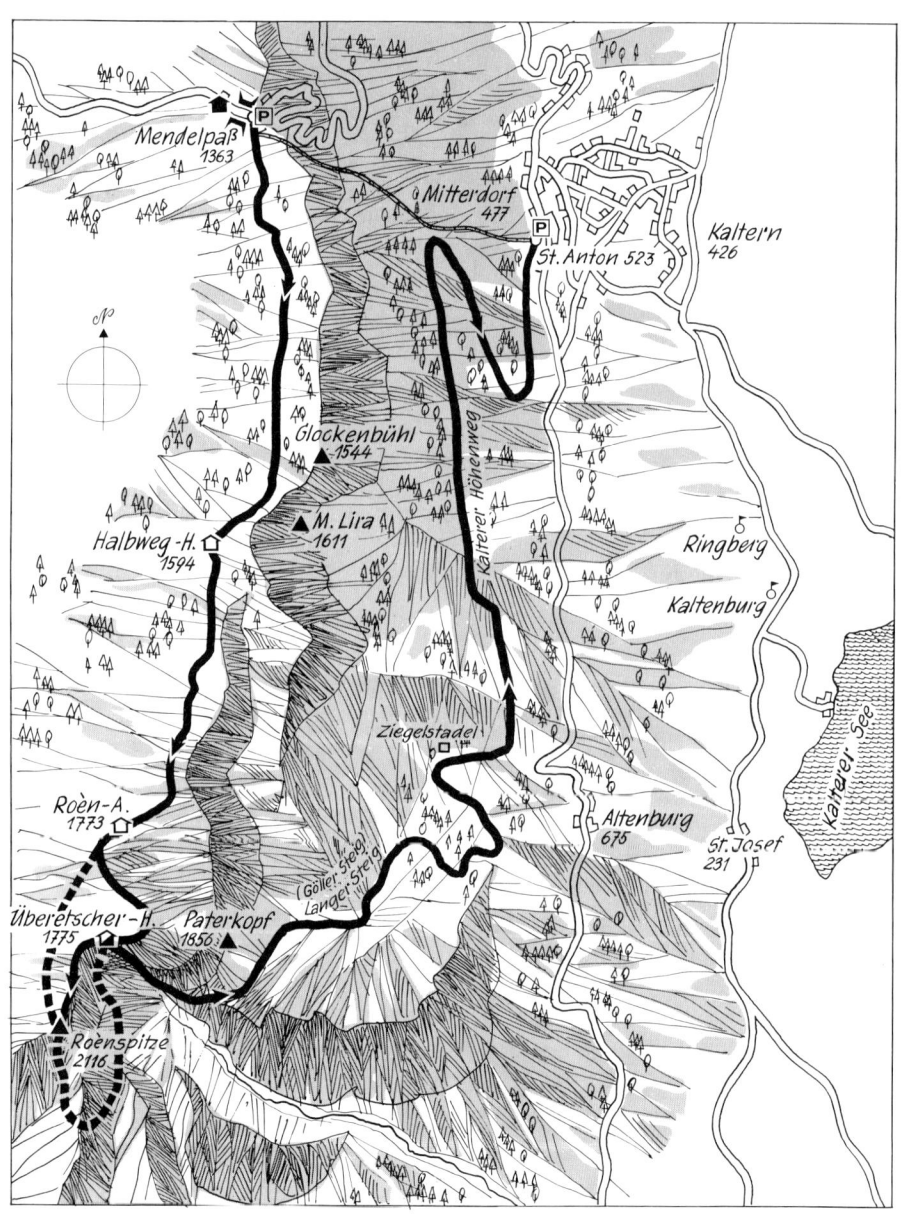

Wer heute in das Bozener Unterland nach Salurn, zur Südspitze von Südtirol fährt, denkt weniger an Bergsteigen als an die edlen Früchte dieses Landes entlang der Weinstraße von Eppan über Kaltern nach Margreid. Die Obstgärten und Weinberge, die berühmten Kirchdörfer und die Straße schmiegen sich in die sonnigen Hangterrassen unter dem felsigen Gebirgszug des Mendelkammes und zaubern ein Bild voll Harmonie und Heiterkeit.

Zu einem Aufenthalt im Bozener Unterland gehört ein Ausflug hinauf zum Mendelpaß und zum Aussichtsturm am Penegal. Den Penegal (1750 m) im Norden des Passes erschließt eine öffentliche Straße, und deshalb bleibt die beste aller »Unterlandler Aussichtswarten«, die 2116 Meter hohe Roènspitze südlich des Mendelpasses, von den Autotouristen unbemerkt.

Wer sein Fahrzeug jedoch am Paß oder noch besser unten in Kaltern abstellt, sich von der nun schon ehrwürdigen Standseilbahn zum Mendelpaß (1363 m) hinaufziehen läßt und dort dem markierten Fußweg nach Süden folgt, den belohnen großartige Wander- und Aussichtsfreuden. Das wußten schon die Alten, die ihr Land nicht nur aus der »Weinglasperspektive« besangen, sondern zu den Höhen hinaufstiegen.

Die Mitglieder der damals jungen Südtiroler Sektion Überetsch des früheren Deutschen und Österreichischen Alpenvereins errichteten an der Ostseite der Roènspitze, am Saum zwischen Wald und Fels, im Jahre 1912 die Überetscher Hütte (1775 m) als Heim der Bergfreunde aus dem Unterland. Im Blick auf die Heimatdörfer drunten im Etschtal, 1500 Meter tiefer, wird manch weinfrohe Gesellschaft das Unterland und seinen höchsten Berg, die Roènspitze, gefeiert haben, ohne zu ahnen, daß die Zeit der Freude nur kurz bemessen war – nach dem Ersten Weltkrieg bekam die CAI-Sektion Bozen das Haus übereignet.

Als Zwischenstation am Weg vom Mendelpaß zur Überetscher Hütte verkündet nach einer Stunde Gehzeit die bescheidene Halbweg-Hütte (1594 m), wie schon ihr Name sagt, die Hälfte der Wegstrecke. Nächste und wichtige Station ist die große Roèn-Alm (1773 m), 20 Minuten vor der Überetscher Hütte. Wer die Roènspitze nur als einfaches Wanderziel ohne die prickelnde Beigabe von steilen Felswänden erleben möchte, sollte am Wiesensattel der Roèn-Alm dem bisherigen Weg (Nr. 521) treu bleiben und sich von ihm über die sanft geneigte, von Latschen bewachsene Nordabdachung zum Gipfelplateau hinaufführen lassen (1 Stunde ab Alm). Für Bergsteiger aber kommt als Anstieg wohl nur der kurze Klettersteig durch die jähen Ostabstürze der Roènspitze in Frage. Diese Felsroute beginnt an der Überetscher Hütte; sie wurde sehr geschickt unter günstiger Ausnützung des Geländes, teils mit Drahtseilen gesichert, angelegt. Wer zügig durchgeht, kann gleichzeitig mit den Wanderern am Gipfel sein – am herrlichsten Aussichtsbalkon über das Bozener Unterland!

Tourensteckbrief

Ausgangsort
St. Anton 523 m, bei Kaltern, Talstation der Standseilbahn; *oder* Mendelpaß 1363 m.

Die Tour in Stichworten
Mendelpaß 1363 m – Halbweg-Hütte 1594 m – Roèn-Alm (Malga di Romeno) 1773 m – Überetscher Hütte 1775 m – Roènspitze 2116 m; *oder* Roèn-Alm – Roènspitze – Halbweg-Hütte – Mendelpaß.

Schwierigkeit/Anforderung
I–II = wenig bis mäßig schwierig, Tagestour, mäßige Anforderung, Wandertour/Klettersteig.
Nach Auffahrt zum Mendelpaß (Standseilbahn ab St. Anton) markierte Wanderroute (521 und 10) über Halbweg-Hütte – Roèn-Alm zur Überetscher Hütte. Ab Roèn-Alm nach Steig 521 Wandertrasse zur Roènspitze; *oder* ab Überetscher Hütte zum Klettersteig. Hinter der Hütte nach Markierungen zu einem Felsvorbau, nach Steigspuren steil hinauf in die Ostwand, einige Drahtseilsicherungen; 300 Höhenmeter bis zum Ausstieg knapp vor dem Gipfel.

Einfache Wanderroute; Klettersteig nur mäßig schwierig, Trittsicherheit erforderlich.

Höchste Wegestelle/Gipfel
Roènspitze 2116 m.

Anstiegsleistung
Ab Mendelpaß 800 Höhenmeter.

Abstieg
Wie Anstieg; *oder* ab Überetscher Hütte auf dem Göller-Steig (= Langer Steig Nr. 523) zurück zur Talstation St. Anton bei Kaltern (1300 Höhenmeter Abstieg!).

Gehzeiten
Mendelpaß 1363 m – Roèn-Alm 1773 m: 1¹/₂ Stunden; Roèn-Alm – Roènspitze 2116 m: 1 Stunde. Roèn-Alm – Überetscher Hütte 1775 m: 20 Minuten; Überetscher Hütte – Klettersteig – Roènspitze: 1 Stunde. Abstieg: zurück zum Mendelpaß: 2 Stunden; *oder* Göller-Steig – Talstation Standseilbahn St. Anton bei Kaltern: 3¹/₂ Stunden.
Gesamtgehzeit: Je nach Routenwahl 4¹/₂ bis 6¹/₂ Stunden.

Hütten/Stützpunkte
Überetscher Hütte 1775 m, CAI-Sektion Bozen, 24 Betten, bewirtschaftet von Ende Mai bis Ende Oktober.

Die Roènspitze gilt als hervorragender Aussichtsbalkon über dem Bozener Unterland, gleichzeitig ist sie der höchste Punkt im Mendelkamm. Unter den Ostabstürzen liegt die Überetscher Hütte.
Dort beginnt der luftige, aber nicht schwierige Klettersteig (Bild) über etwa 300 Höhenmeter hinauf zur Abbruchkante des Mendelkammes, der Ausstieg erfolgt unweit der Roènspitze.

Halbweg-Hütte 1594 m, private Bewirtschaftung.

Karten/Literatur
Kompass-Wanderkarte 1:50 000, Blatt 74, Tramin.

Tip
Lohnende Rundtour: Ab St. Anton oberhalb Kaltern Auffahrt mit der Standseilbahn zum Mendelpaß – Roènspitze – Abstieg auf dem reizvollen Göller-Steig und zurück zum Ausgangsort.

41 Gantkofel
1868 m
Penegal
1750 m

Vielbewunderter Bergrahmen von Eppan und Kaltern

wenig schwierig
Wandertour

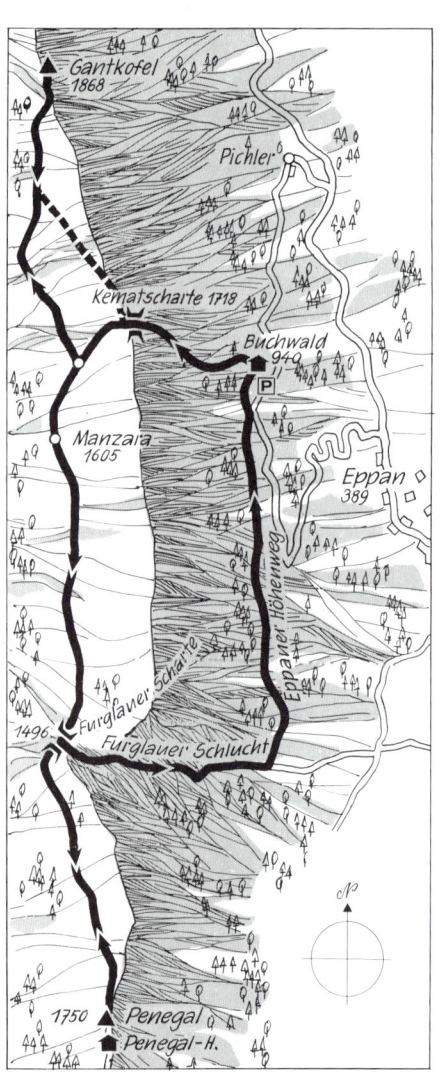

Aus der Sicht von Meran die Etsch abwärts beherrscht die markante »Nase« des Gantkofels das Landschaftsbild. Aus dem Bozener Talkessel gesehen, wirkt in der gestreckten, über 8 Kilometer langen Front des Mendelkammes die Bastion des Penegal als südlicher Punkt. Der Gantkofel und der Penegal gehören zum Bozener Stadtbild, gemeinsam mit der hohen Felskante der »Mendel« geben sie den Weindörfern der Gemeinden Eppan und Kaltern den allseits bewunderten Bergrahmen. Bei soviel vorteilhafter Darbietung präsentieren sich der Gantkofel und der Penegal als lohnende Wanderziele und versprechen große Aussichtsfreuden hinab zu den Weingärten am Hochplateau von Überetsch, nach Osten zu den Dolomiten, nach Süden und Westen zu Brenta, Adamello und zum Ortler.

Die Felsmauer des Mendelzuges entwächst dem dichten Waldgürtel von Überetsch; Wald und Fels verbünden sich zu einer geschlossenen Barriere und verwehren auf den ersten Blick jeden Eintritt. Von mehreren Scharteneinschnitten stürzen jedoch Steilschluchten in die Wälder und geben den Hinweis auf mögliche Anstiege. So öffnen die Gaider Scharte, die Große Scharte, die Kematscharte und die Furglauer Scharte vier Eingangstore hinauf zu dem Wanderparadies, das sich zwischen Gantkofel und Penegal ausbreitet. Aber vor diesem Vergnügen liegt die Überwindung großer Höhenunterschiede auf steilen, mühsamen Wegen hinauf zu den Scharten. Obwohl der Gantkofel und der Penegal in Luftlinie 6 Kilometer voneinander entfernt sind, können beide gut die Gipfelziele einer Tagestour sein.

Dieser Vorschlag ist »maßgeschneidert« für geübte, ausdauernde Bergwanderer, deren Kondition für etwa 10 Stunden (!) Gehzeit ausreicht. Das Berggasthaus Buchwald (940 m) unter der Kematscharte (1718 m) bietet den obersten Parkplatz. In der schmalen Schlucht hinauf zur Kematscharte erfolgt der steile Anstieg zur Hochfläche, weiter entlang den Wandabstürzen wandert man unbeschwert zum Gipfelkreuz am Gantkofel, 1868 Meter. Dort beginnt mit dem Rückweg zur Kematscharte die große Nord-Süd-Wanderung durch Wälder und Bergwiesen, vorbei an der Furglauer Scharte (1496 m), hinauf zum 1750 Meter hohen Penegal. Wieder zurück an der Scharte, führt ein Steig in vielen Kehren durch die Furglauer Schlucht hinab zum Eppaner Höhenweg, der die Runde am Gasthaus Buchwald wieder schließt.

Im Anstieg von Buchwald zur Kematscharte – ▷ Gantkofel.

Die Aussicht vom Penegal zur Roènspitze.

Tourensteckbrief

Ausgangsort
Buchwald 940 m, über St. Michael/Eppan.

Die Tour in Stichworten
Buchwald 940 m – Kematscharte 1718 m – Gantkofel 1868 m – Penegal 1750 m – Furglauer Scharte 1496 m – Eppaner Höhenweg – Buchwald.

Schwierigkeit/Anforderung
I = wenig schwierig, Tagestour, große Anforderung, Wandertour.
Von St. Michael schmale Straße (7–8 km) zum Parkplatz am Gasthaus Buchwald. Nach Schild »Kematscharte Weg 545« zu einer Forststraße, auf Weg 546 weiter zur Waldlichtung Pfaunboden, 1230 m. Das Schild »Kematscharte – Gantkofel« weist nach rechts in eine steile Fels- und Geröllschlucht, über eine Eisenleiter und auf Steigkehren hinauf zur Kematscharte. Ab Scharte nach Pfeil und Wege-Nr. 546 durch Bergwald etwas abwärts zum Verbindungsweg Penegal – Gantkofel (Nr. 512). *Oder* auf ausgeprägtem Steig (ohne Nr.) rechts aufwärts zu einer Aussichtskanzel mit Holzkreuz (1779 m), auf Steigspuren nach Norden zur Großen Scharte, Einmündung in den Weg 512 zum Gantkofel. Auf Weg 512 (nie verlassen!) zurück zur Kematscharte und durch unübersichtliches Waldgelände weiter zu den Niederfrieninger Wiesen (verfallene Holzhütte, 1530 m) und zur Furglauer Scharte; Anstieg zum Penegal. Auf gleichem Weg zurück und durch die Furglauer Schlucht, Weg Nr. 540, auf steilem Waldsteig zum Eppaner Höhenweg (ca. 950 m); auf ihm zurück nach Buchwald, oder direkt hinab nach St. Michael.
Lange, anstrengende Route, nur für sehr ausdauernde Bergwanderer.

Höchste Wegestelle/Gipfel
Gantkofel 1868 m, Penegal 1750 m.

Anstiegsleistung
Ab Parkplatz Buchwald 1300 Höhenmeter.

Abstieg
Siehe Routenverlauf.

Gehzeiten
Buchwald 940 m – Kematscharte 1718 m: 2 Stunden; Kematscharte – Gantkofel 1868 m: 1 Stunde; Gantkofel – Penegal 1750 m: $3^1/_2$ Stunden. Abstieg Penegal – Furglauer Scharte 1496 m – Eppaner Höhenweg – Buchwald 940 m: $3^1/_2$ Stunden.
Gesamtgehzeit: 10 Stunden.

Hütten/Stützpunkte
Restaurant Penegal 1750 m.

Karten/Literatur
Kompass-Wanderkarte 1:50000, Blatt 54, Bozen, Blatt 74, Tramin; Freytag Berndt Wanderkarte 1:50000, Blatt S 1, Bozen.

Tip
Ab Penegal Kleinbusverkehr nach Eppan und Umgebung!

Ultner Berge

Die Anrede »Ultner Berge« erhebt nicht den Anspruch, eine offizielle und allgemein gültige Bezeichnung zu sein. Sie entstand aus der Notwendigkeit einer getrennten Betrachtung des Tourenangebotes der großen, in das Meraner Becken und zum Vinschgau einmündenden Täler von Ulten, Martell und Sulden. Die alpin-geographische Einteilung der Ostalpen zählt die Bergwelt der genannten Täler im ganzen zur Ortler-Gruppe.

In der landsmannschaftlichen Einordnung des Ultentales verwendet die Südtiroler Landeskunde mit Recht noch immer den mittelalterlichen Begriff »Burggrafenamt«. Damit ist nach historischer Überlieferung das Umland des Meraner Beckens mit seinen Seitentälern, dem Passeiertal und dem Ultental, gemeint. Im Gegensatz zur weiten Öffnung des Passeiertales nach Meran verschließt sich das Ultental hinab nach Lana mit einer Felswand, die in der Gaulschlucht nur dem Wasser der Falschauer ein schmales Tor öffnet. Die Straße überlistet die Geländestufe und zieht in einer Trasse von etwa 40 Kilometer zum Talschluß in St. Gertraud. Vielleicht auch aus diesem Grunde ist das Ultental bis heute ein Land der Bergbauern nach alter, geschätzter Südtiroler Art geblieben.

Die Ultner Bergwelt wird von zwei großen Gebirgskämmen gestaltet, die zu beiden Seiten das Tal umrahmen. Der Zufrittkamm im Norden und der südseitige Ilmenkamm bieten überraschend viele und abwechslungsreiche Tourenmöglichkeiten: beschauliche Spaziergänge auf aussichtsreichen Wegen zwischen den Bergbauernhöfen, anspruchsvolle Wanderziele im Gipfelbereich der Kämme und hochalpine Unternehmungen zu den Gletscherbergen über dem Talschluß.

Den Talschluß von Ulten überhöht die vergletscherte Dreitausender-Kulisse der Eggenspitzen. Die Hintere Eggenspitze (Bildmitte) ist das höchste Tourenziel im Gipfelkranz der Ultner Berge.

Ultner Berge

42 Große Laugenspitze 2433 m

Schon im Mittelalter ein »Damenberg«

wenig schwierig Wandertour

Lana am Fuße des Gampenjoches ist heute noch ein »reiches Äpfeldorf mit Kirchen und Edelsitzen« und ein Hauptort des Burggrafenamtes. In Oberlana (301 m) beginnt unter bester Ausnützung der Berglehnen herab zum Etschtal die 18 Kilometer lange, sehr gut angelegte Gampenstraße hinauf zum Gampenjoch (1518 m).

Geschichtsforscher schreiben dem Gampenjoch schon eine Bedeutung vor der Zeit Christi zu; tatsächlich dürfte es über Jahrtausende hinweg bis zum Bau der heutigen Straße im Jahre 1939 eine Verbindung aus dem Etschtal hinüber zum Nonsberg und zum Tal des Noce gegeben haben. Wie hätte die »Teutschgegent«, die vier deutschen Gemeinden im welschen Nonsberg, Unsere Liebe Frau im Walde, St. Felix, Laurein und Proveis, wohl sonst entstehen können?

Die Doppelgestalt der Laugenspitzen ragt frei und weithin sichtbar über dem Etschtal und weckte schon sehr früh die Neugier und Phantasie der Menschen. Die Aufzeichnung des etschländischen Edelmannes Jakob von Boymont: »… ich bin mit meiner schwiger (Schwiegermutter) und hausfrau auf den hechsten Laugenspitz gangen« gilt als eines der ältesten Zeugnisse einer Bergbesteigung mit Damenbegleitung. Der Edle und seine Frauen haben auch den als »Hexensee« verschrieenen Laugensee (2182 m), den runden, hellen Wasserspiegel zwischen der Großen und der Kleinen Laugenspitze (2297 m), nicht gefürchtet.

Vom Parkplatz am Gampenjoch im Anstieg über die Laugen-Alm (1853 m) ist die Große Laugenspitze, 2433 Meter, vom Frühsommer bis zum Spätherbst eine leichte und beliebte Bergtour. Alt und jung, Herren mit und ohne Damen, aber auch Damen allein wandern hinauf zum hohen Holzkreuz des Gipfels. – Bei den Urlaubsgästen aus der Meraner Gegend hat es sich längst herumgesprochen: Die Große Laugenspitze bietet ein schönes, lohnendes Bergerlebnis!

Tourensteckbrief

Ausgangsort
Gampenjoch 1518 m.

Die Tour in Stichworten
Gampenjoch 1518 m – Laugen-Alm 1853 m – Große Laugenspitze 2433 m – Gampenjoch.

Schwierigkeit/Anforderung
I = wenig schwierig, Tagestour, mäßige Anforderung, Wandertour.
Ab Gampenjoch auf Steig Nr. 10 über die Laugen-Alm zum felsigen Südgrat (ca. 2200 m); über ihn nach Steigspuren steil zum Gipfel.
Markierte Wanderroute.

Höchste Wegestelle/Gipfel
Große Laugenspitze 2433 m.

Anstiegsleistung
Ab Gampenjoch 900 Höhenmeter.

Abstieg
Wie Anstieg.

Gehzeiten
Gampenjoch 1518 m – Laugen-Alm 1853 m: 1 Stunde; Laugen-Alm – Große Laugenspitze 2433 m: 2 Stunden. Abstieg: 2 Stunden. Gesamtgehzeit: 5 Stunden.

Hütten/Stützpunkte
Laugen-Alm 1853 m, private Bewirtschaftung.

Karten/Literatur
Kompass-Wanderkarte 1:50 000, Blatt 53, Meran; Freytag-Berndt-Wanderkarte 1:50 000, Blatt S 1, Bozen – Meran und Umgebung.

Ultner Berge

43 Ultner Hochwart
2626 m

*Die »Hohe Warte« über
St. Walburg*

**wenig schwierig
Wandertour**

»Bergsteigen im Ultental« – das war in den sechziger Jahren noch fast ein Geheimtip unter Südtirolkennern. Dieses abseitige, ursprüngliche Burggräfler Bergbauerntal bekam erst in den siebziger Jahren mit einer neuen Straße den Anschluß zum Touristenstrom im Etschtal. Heute gehört ein Ausflug zu den Ultner Dorfheiligen St. Pangraz, St. Walburga, St. Nikolaus und St. Gertraud und eine Wanderung hinauf zu den Gipfeln zum festen Vorhaben vieler Urlaubsgäste. Die ernsthaften Ultental-Freunde freilich – und es werden immer mehr – nehmen ihr Quartier irgendwo im Ulten selbst, sie wissen aus Erfahrung, je höher im Tal, desto klarer und würziger die Luft und um so wertvoller die Sommerfrische.
»Ulten bietet schlechthin zahllose Möglichkeiten des Wanderns, im Tal, zu den verstreuten Bauernhöfen, zu den Hochalmen, zu den Gipfeln, die, wenn nicht vergletschert, ohne Schwierigkeiten zu erreichen sind«, schreibt Helmut Ellmenreich in seinem Wanderführer »Die Meraner Bergwelt«.
Die mächtigen Gebirgszüge des Zufrittkammes und des Ilmenkammes begrenzen das Ultental. Die zum Talboden fallenden Südhänge des Zufrittkammes sind weniger bewaldet, die Sommersonne brennt voll auf die »Sonnleit'n« der Berge. Die Gipfel im Ilmenkamm dage-

gen weisen die »Nörderseite« dem Tal zu; sie verheißt schattige, lange Waldanstiege hoch hinauf bis zur Begegnung mit dem frischen Bergwind.
Der Ultner Hochwart, 2626 Meter, ist ein Wanderziel der »Nörderseite«, er ist auch an heißen Sommertagen die richtige Bergtour: Er bietet einen steilen, kühlen Waldanstieg mit schnellem Höhengewinn, das Idyll einer urigen, entlegenen Hochalm weitab von jedem Straßenanschluß, einen Bergsee mit dem Schatz unberührter Wasser und vielleicht sogar eine einsame Gipfelrast. Der Höhenunterschied von 1500 Meter vom Ausgangsort St. Walburg schreckt Gelegenheitswanderer ab, lockt aber den passionierten Berggeher um so mehr. Die Route Zoggler Stausee – Spitzner Alm (1847 m) sollte man ausschlagen, eine weit ausholende Wegeschleife dehnt sich, ohne den Gipfel vorzustellen, schier endlos lange und kann leicht die Anstiegsfreude verderben; sie eignet sich für gute Geher vielleicht für den Abstieg. Die Direktroute vom Zoggler

Stausee (1093 m) über die Seegruben-Alm (1916 m) ist die beste Empfehlung. Am Staudamm folgt man dem Schild »Seegruben – Hochwart«, das vom Südufer des Sees den steilen Waldsteig zur Seegruben-Alm weist. Die Rast und die »Marende« (= Jause) bei der alten, aber sauberen Almhütte und die nun ringsum offene, freie Bergwelt stärken den Auftrieb. Über Almwiesen erreicht man ein Karbecken unter der Westflanke des Hochwart, unsichtbare Zuflüsse spenden die Wasser für den stillen Hochwart-See (2193 m). Wegweisend und scheinbar nah ist das Gipfelkreuz in Sicht, es wirkt in den Steilkehren des Westhanges im Bergauf über Geröll und Fels zu einer Schulter (ca. 2500 m) wie ein Magnet.
Voll Freude über das endlich erreichte Ziel betrachtet man von »hoher Warte« den Hauptort der Gemeinde Ulten, St. Walburg, sein Bergbauernland am Sonnenhang, das hineinzieht nach Innerulten bis unter die Gletschergipfel im Zufrittkamm.

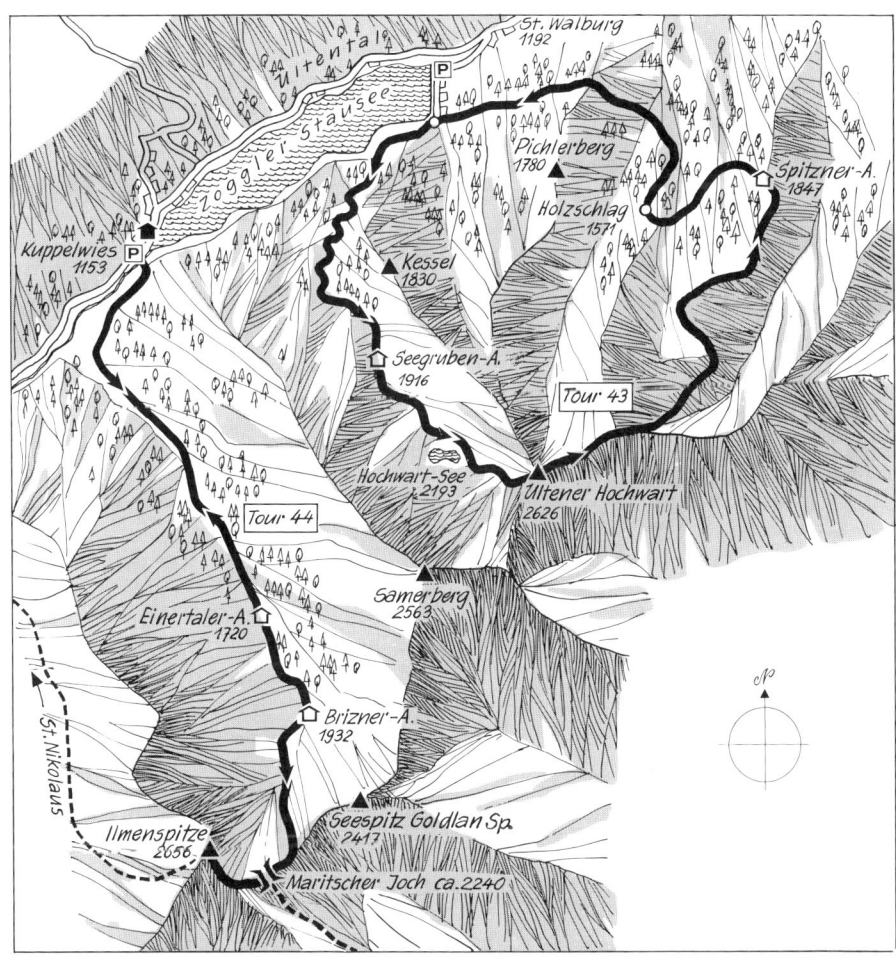

◁ *Auf dem Weg vom Gampenpaß zur Großen Laugenspitze wartet die Laugen-Alm als willkommene Jausenstation. Darüber, noch zwei Gehstunden entfernt, das Gipfelziel.*

107

Tourensteckbrief

Ausgangsort
St. Walburg 1192 m, im Ultental.

Die Tour in Stichworten
St. Walburg 1192 m – Staudamm Zoggler Stausee – Seegruben-Alm 1916 m – Ultner Hochwart 2626 m – Seegruben-Alm – St. Walburg.

Schwierigkeit/Anforderung
I = wenig schwierig, Tagestour, große Anforderung, Wandertour.
Von St. Walburg zum Parkplatz am Zoggler Stausee; über den Damm zum Südufer und dort nach Schild »Seegruben-Alm – Hochwart Nr. 20« dem Ufer entlang (1 km), bis das Schild »Seegruben – Hochwart« nach links in den Wald weist. Sehr steiler, markierter Anstieg, immer auf gutem Waldpfad, zur Seegruben-Alm; ab Alm auf Steig Nr. 20 zum Hochwart-See (2193 m), links an ihm vorbei und auf Steigkehren in der Westflanke steil höher zu einer Schulter im Südwestgrat und auf dem breiten Gratrücken zum Gipfel. Markierte Wanderroute, nur für ausdauernde Bergwanderer.

Höchste Wegestelle/Gipfel
Ultner Hochwart 2626 m.

Anstiegsleistung
Ab Zoggler Stausee 1500 Höhenmeter.

Abstieg
Wie Anstieg = schnellste und sicherste Route! *Oder* ab Gipfel nach Markierung 22 über den Ostgrat, teilweise ausgesetzt, sehr lang, nur Steigspuren, bis zu einem weiten Sattel; immer nach Markierung 22, über Geröll, und in ausgedehnter Wegestrecke zur Spitzner Alm (1847 m), von dort Abstieg zum »Holzschlag« und zum Zoggler Stausee. (Vom Ostgrat Zwischenabstieg zur Pfandl-Alm, 1838 m, möglich, aber nicht empfehlenswert!)

Gehzeiten
Zoggler Stausee 1193 m – Seegruben-Alm 1916 m: 2 Stunden; Seegruben-Alm – Hochwart 2626 m: 2 Stunden. Abstieg wie Anstieg: 3 Stunden, über die Spitzner Alm 1847 m: 4 Stunden.
Gesamtgehzeit: 7–8 Stunden.

Hütten/Stützpunkte
Seegruben-Alm 1916 m und *Spitzner Alm* 1847 m, private Bewirtschaftung, keine Übernachtung.

Karten/Literatur
Kompass-Wanderkarte 1:50000, Blatt 53, Meran; Wanderkarte Ultental 1:50000, Verkehrsverein Ulten/St. Walburg; Helmut Ellmenreich »Die Meraner Bergwelt«.

Tip
Rundtour für sichere, selbständige Berggeher: Anstieg über die Seegruben-Alm, Rückweg über den Ostgrat und die Spitzner Alm; anspruchsvolle Tour, nur bei gutem Wetter unternehmen!

Nach dem steilen Bergauf vom Ufer des Zoggler Stausees im Ultental freut man sich über die Einladung der Seegruben-Alm zur Rast vor dem Weiterweg hinauf zum Ultner Hochwart. Weitab von jeglicher Straßenzufahrt und wegen des erheblichen Höhenunterschiedes vom Ausgangsort treffen sich nur passionierte Bergsteiger und Wanderer am Brotzeittisch vor der Almhütte. Der Ausblick zum Zufrittkamm drüben auf der anderen Ultner Talseite ist das besondere Geschenk der Seegruben-Alm.

44 Ilmenspitze
2656 m

*Einsamer Gipfel
über Innerulten*

**wenig schwierig
Wandertour**

Der Ilmenkamm löst sich an der Lorchenspitze (3343 m), im Bereich des Weißbrunnferners, vom Marteller Hauptkamm und sinkt nach Südosten zu den Haselgruber Seen am Rabbijoch (2467 m) ab. Vom Rabbijoch schwenkt er zum Vinschgau und bildet bis zum Auslauf bei den Laugenspitzen den südlichen Bergrahmen des Ultentales; in ihm ist die Ilmenspitze, 2656 Meter, der höchste Gipfel.

Im Vergleich der beiden Ultner Bergkämme, des Zufritt- und des Ilmenkammes, kommt dem Ilmenkamm das größere Interesse entgegen; seine nahe Gipfelkette ist eine attraktive alpine Werbung für das Bergsteigen und Wandern im Ultental. Der hohe Steilfels über dichtem Wald und anmutigen Almflecken erweckt bei der Einfahrt in das Tal sogleich den Wunsch, zu den Höhen hinaufzusteigen. Der Zufrittkamm versteckt seine besten Trümpfe hinter Bergwäldern und weiten, kahlen Alphängen, fast alle seine Gipfel präsentieren sich besser dem Martelltal und dem Vinschgau zu: Die Gletscher der Zufrittspitze und des Hasenöhrl glänzen hinüber nach Norden, der letzte hohe, markante Felsberg im Auslauf des Zufrittkammes zum Vinschgau trägt zur Unterscheidung vom Ultner Hochwart im Il-

menkamm den Namen Naturnser Hochwart. (In den Landkarten sind sowohl der Ultner, 2626 Meter, als auch der Naturnser Hochwart, 2606 Meter, bisher nur als Hochwart verzeichnet.)

Die Ilmenspitze erhebt sich vom Ultner Hochwart nach Südwesten kammeinwärts und ist aus Innerulten von St. Nikolaus (1256 m) und von Kuppelwies (1153 m), am Ende des Zoggler Stausees, auf markierten Steigen gut zu erreichen. Der kürzere und vielleicht landschaftlich reizvollere Anstieg beginnt nach Kuppelwies am Ende des Stausees bei einem Waldparkplatz und dem Schild »Ilmenspitze«. Ein Almsträßchen übernimmt nach Überbrückung der in den Stausee fließenden Falschauer die Führung in das Einertal und hinauf zur Einertaler Alm (1720 m) an der Grenze von dichtem Bergwald zur kargen Region der Hochalmen und des Niederwuchses. Flinke Bergwasser springen von Stein zu Stein – ungestört wie schon seit 1000 Jahren – schüttere Lärchengruppen mit einzelnen, starken Wetter-

bäumen und ein steiniger, holpriger Ziehweg verbinden die Einertaler Alm mit dem letzten almerischen Vorposten, der Brizner Alm (1932 m). Der wuchtige, nordseitige Felsbau der Ilmenspitze beherrscht das Hochbecken, ihr Gipfelkreuz grüßt die Almen. Ab Brizner Alm zieht ein Steig nach rechts über einen uralten, bewachsenen Moränenrücken zum Sattel östlich des Gipfelaufbaues (Maritscher Joch, ca. 2240 Meter, Übergang zum Nonsberg). Das Schild »Ilmenspitze«, Markierungen und Steigspuren lenken am Joch überraschend in die Südseite des Berges.

Das Finale über 400 Höhenmeter in der schrofigen, teils mit einer Grasnarbe befestigten Südflanke der Ilmenspitze ist unerwartet steil und mühsam. Am geräumigen Gipfelplateau steht ein weithin sichtbares, hohes Holzkreuz und als Seltenheit ein altes Bildstöckl; lange möchte man hier verweilen, sich ausruhen in stiller Betrachtung der so gegensätzlichen Talschaften nord- und südseits des Ilmenkammes.

Die Anstiege aus dem Ultental zu den Gipfeln im Ilmenkamm fordern eine erhebliche Leistung. Oberhalb der Einertaler Alm, im gleichnamigen Tal, ist die Ilmenspitze (Bild) immer noch fast 900 Höhenmeter entfernt.

Tourensteckbrief

Ausgangsort
Kuppelwies 1153 m, bei St. Walburg im Ultental.

Die Tour in Stichworten
Kuppelwies 1153 m – Einertaler Alm 1720 m – Brizner Alm 1932 m – Maritscher Joch ca. 2240 m – Ilmenspitze 2656 m – Brizner Alm – Einertaler Alm – Kuppelwies.

Schwierigkeit/Anforderung
I = wenig schwierig, Tagestour, große Anforderung, Wandertour.
Ab St. Walburg taleinwärts über Kuppelwies hinaus zum Waldparkplatz am Ende des Stausees mit Schild »Ilmenspitze«. Eine Brücke führt über die Falschauer, auf einem steilen Almsträßchen (gesperrt, markiert, Weg Nr. 19) Anstieg zur Einertaler Alm und zur Brizner Alm; ab Brizner Alm auf Steig Nr. 19 zu einem Sattel östlich der Ilmenspitze (Maritscher Joch, ca. 2240 m, Übergang nach Markierung 113 A nach Proveis und Lanza am Nonsberg). Die Markierungen 113/19 und Steigspuren weisen in die schrofige Südflanke der Ilmenspitze und in sehr steilem Anstieg zum Gipfel. Markierte Wanderroute. Nur für ausdauernde, geübte Bergwanderer.

Höchste Wegestelle/Gipfel
Ilmenspitze 2656 m.

Anstiegsleistung
Ab Parkplatz am Ende des Zoggler Stausees 1500 Höhenmeter.

Abstieg
Wie Anstieg; *oder* nach Markierung Nr. 18 zur Seefeld-Alm und im Auerbergtal nach St. Nikolaus in Ulten.

Gehzeiten
Parkplatz 1153 m – Einertaler Alm 1720 m – Brizner Alm 1932 m: 2 Stunden; Brizner Alm – Ilmenspitze 2656 m: 2 Stunden. Abstieg wie Anstieg: 3 Stunden, über die Seefeld-Alm ca. 3 Stunden.
Gesamtgehzeit: 7 Stunden.

Hütten/Stützpunkte
Einertaler Alm 1720 m und *Brizner Alm* 1932 m, privat, keine Übernachtung.

Karten/Literatur
Kompass-Wanderkarte 1:50000, Blatt 53, Meran; Wanderkarte Ultental 1:50000, Verkehrsverein Ulten/St. Walburg.

Dieses große Bergkreuz und die aus Stein gemauerte kleine Kapelle schmücken den 2656 Meter hohen Gipfel der Ilmenspitze. Die Anschrift »Kuppelwies« und der Pfeil weisen den Ausgangsort für diesen Tourenvorschlag.

Ultner Berge

45 Gleckspitze
2957 m

*Über den Weißbrunner und
den Haselgruber Seen*

**wenig schwierig
Wandertour**

Wasser und Holz begründen neben dem Fremdenverkehr den Ultner Wohlstand. Seit der Besiedelung des Tales bedeuten die reichen Bergwälder – Fichten, Lärchen, Zirben – die Existenz vieler Bewohner. Die Wasser der Falschauer waren über Jahrhunderte die Transportträger des »geschlägerten« Holzes hinab nach Lana, doch nach Unwettern und starker Schneeschmelze auch des öfteren eine Gefahr für das ganze Tal. Fünf Stauseen lenken, kontrollieren und nützen seit den fünfziger Jahren die Wasserschätze von Ulten – die ungebändigten Hochwasser, aber auch das Erlebnis der jährlichen Holztrift gehören der Vergangenheit an. Die Talstraße läuft in Innerulten beim Dörfchen St. Gertraud (1519 m) aus. Das Becken darüber, das unter dem Bergkamm zwischen Gleckspitze und Zufrittspitze liegt, ist der wichtigste Lieferant des Wasserreichtums. Dort entspringen die »weißen Brunnen« der Falschauer, die letzte Eiszeit hinterließ den Weißbrunnsee, den Grünsee und die Seenstufe unter dem Schwärzer Joch; sie alle entwässern hinab nach Ulten, in den Zoggler Stausee, der bei St. Walburg das mächtige Hauptreservoir bildet. Die Landschaft im Talschluß bei St. Gertraud hat trotz der Stauseen die Harmonie zwischen Menschenwerk und Natur behalten. Der Sonnenhang von St. Gertraud hinauf zum Weißbrunnsee ist der Lebensraum uralter, in steile Wiesenleiten verankerter Bauernhöfe. Von der schmalen Straßentrasse in das Herz der Ultner Bergwelt, nach Weißbrunn, schaut man hinab auf die holzbeschindelten Hausdächer dieser höchstgelegenen Berghöfe des Ultentales.

Der geräumige Parkplatz am Stausee (1900 m) ist begehrt wie kein zweiter in Ulten. Almen, Bergwald, Wasser und Hochgebirge, mit und ohne Gletscher, bilden ein Wanderparadies, in das jeder Ultner Sommergast einmal hineinschauen möchte. Geschnitzte Holztafeln geben die nötigen Hinweise, auch die Gleckspitze ist mit 4 Stunden Gehzeit angeschrieben.

Nach Überschreitung des Grünseebaches an der Unteren Weißbrunner Alm trifft man die junge, spritzige Falschauer. Im Bergwald eilen ihre Wasser durch eine Lärchengasse hinab zum Weißbrunnsee, an ihr entlang zieht der Weg hinauf zu einem flachen Almboden, in dem das Wasser in kurvigen Mäandern verläuft und kleine grüne Inseln bildet. Die Lärchen und Zirben bleiben zurück, wenig höher ruht der Fischersee (2068 m), großzügig öffnet sich die Landschaft unter der Gipfelkette des Ilmenkammes von der Gleckspitze bis zu den beiden Eggenspitzen. Der Zufrittkamm stellt seine schönsten Gipfel, die Zufrittspitze und das Hasenöhrl, vor; diese großartige Bergwelt begleitet den Weg über die Alpweiden hinauf zum Langsee (2339 m). Sein flaches Becken sammelt die Zuflüsse vom Wilden Pludersee (2481 m) und vom Schwärzer See (2538 m) unter dem gleichnamigen Joch.

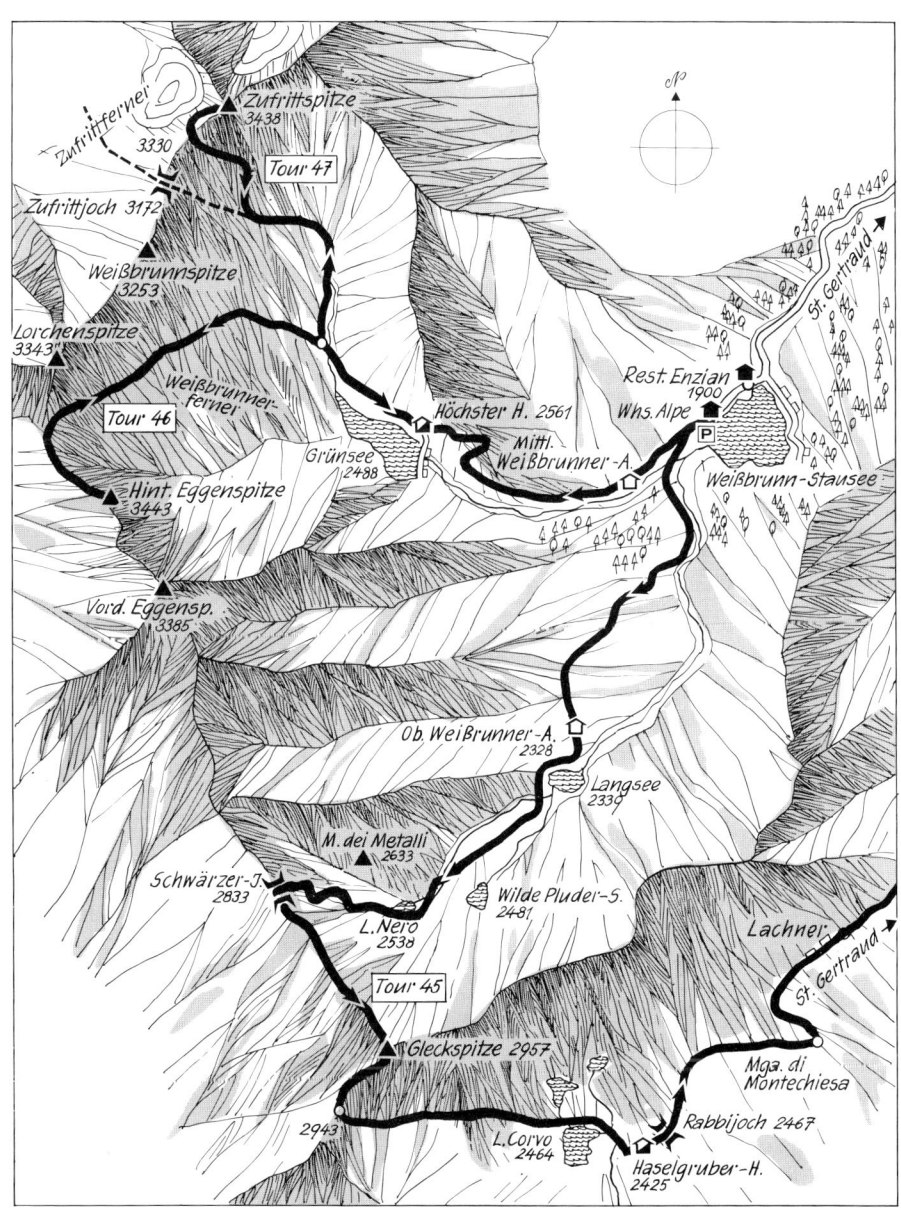

Das Schwärzer Joch (2833 m) ermöglicht dem Tourismus den Übergang zum Rifugio Dorigoni (2436 m) im Rabbital. Früher mögen mehr »Schwärzer« (= Schmuggler) zwischen dem welschen Rabbi und dem tirolerischen Ulten hin- und hergependelt sein als vielleicht heute Wanderer und Bergsteiger! Der Pfad vom See zur Jochschneide ist steil und mühsam, aber dafür belohnt der felsige Rücken nach Süden über die letzten 100 Höhenmeter zu den Steinmännern am Doppelgipfel des »Gleck« mit einem Spaziergang, bei dem man sich ganz dem neuen Gebirgspanorama hingeben kann. Der sonst mit markanten Formen gut ausgestattete Ilmenkamm bescheidet

sich bei der 2957 Meter hohen Gleckspitze und ihren Nachbargipfeln mit gerundeten Kuppen, die keinen Anspruch auf alpines Ansehen erheben. Aber die Gleckspitze bietet die beste Aussicht zu den Wasserschätzen von Weißbrunn und der Haselgruber Seenplatte – das Gebirge ist dort am schönsten, wo Wasser in ihm lebt.

500 Meter unter dem Gipfel blinken südseits des Ilmenkammes die Haselgruber Seen. Der Abstieg zu ihnen, vom obersten und kleinsten See (2630 m) hinab zum größten Wasserspiegel, dem Lago Corvo (2462 m), entlang an ihren Ufern und Steinschwellen zur Haselgruber Hütte (Edelweiß-Hütte am Hasel-

gruber See, 2425 m) schenkt einen erneuten Einblick in den Wasserhaushalt der Berge, demonstriert aber auch die eiszeitliche Schürfarbeit der Gletscher, die vor einer Jahrmillion den Haselgruber Seen ihr Felsbett bauten.

Das Wasser bleibt uns auch noch treu auf dem Rückweg über das Rabbijoch, der Kirchbergbach begleitet uns durch sein Tal hinab nach St. Gertraud.

Die Wanderung vom Weißbrunn-Stausee über die Weißbrunner Almen, vorbei am Langsee und am Schwärzer See hinauf zur Gleckspitze (links oben) verläuft in großer landschaftlicher Weite.

Die Bilder auf diesen Seiten zeigen nur einen schwachen Abglanz der Wanderfreude in der Rundtour über die Weißbrunner Seenstufen hinauf zum Schwärzer Joch (im großen Bild in Bildmitte), weiter zur Gleckspitze und im Abstieg zur Haselgruber Seenplatte. Nahe den Seeufern, unter dem Rabbijoch, schon außerhalb Südtirols, steht die Haselgruber Hütte (Bildmitte) und bietet eine gemütliche Einkehr vor dem Rückweg durch das Kirchbergtal, hinab nach St. Gertraud in Ulten.

Tourensteckbrief

Ausgangsort
St. Gertraud 1519 m, im Ultental.

Die Tour in Stichworten
St. Gertraud 1519 m – Weißbrunn-Stausee, Parkplatz 1900 m – Langsee 2339 m – Schwärzer Joch 2833 m – Gleckspitze 2957 m – Haselgruber Hütte 2425 m – Rabbijoch 2467 m – St. Gertraud.

Schwierigkeit/Anforderung
I = wenig schwierig, Tagestour, mittlere Anforderung, Wandertour.
Von St. Gertraud auf schmaler, aber asphaltierter, öffentlicher Werkstraße (6 km) Auffahrt zum Parkplatz am Weißbrunn-Stausee. Ab Parkplatz zur Unteren Weißbrunner Alm, auf Weg Nr. 140 in Richtung Grünsee bis zur Brücke über den Grünseebach. Dort nach Schild »Lago Nero, Schwärzer Joch, Gleckspitze« über die Brücke und auf Weg Nr. 107 zur Oberen Weißbrunner Alm, zum Langsee und zum Schwärzer See (= Lago Nero). Ab Schwärzer See steiler, markierter Anstieg nach Steigspuren zum Schwärzer Joch, nach Steigspuren und Markierungen auf dem breiten Kammrücken zur Gleckspitze (= erster Gipfel mit Steinmann). Abstieg: Nach Markierungen und Steigspuren am Nachbargipfel nördlich vorbei und auf dem Steig Nr. 145 hinab zu den Haselgruber Seen und zur längst sichtbaren Haselgruber Hütte. Von der Hütte kurzer Anstieg zum Rabbijoch, Abstieg durch das Kirchbergtal auf Almweg (Markierung 108) nach St. Gertraud. Markierte Route, aber gut auf Markierungen achten und nicht verlassen!
Nur für ausdauernde Bergwanderer.

Höchste Wegestelle/Gipfel
Gleckspitze 2957 m.

Anstiegsleistung
Ab Weißbrunn-Stausee 1100 Höhenmeter.

Abstieg
Wie Anstieg; *oder,* wie beschrieben, zur Haselgruber Hütte und nach St. Gertraud.

Gehzeiten
Weißbrunn-Stausee 1900 m – Schwärzer See 2538 m: 3 Stunden; Schwärzer See – Schwärzer Joch 2833 m – Gleckspitze 2957 m: 1 Stunde. Abstieg Gleckspitze – Haselgruber Hütte 2425 m: 1½ Stunden; Hütte – Rabbijoch 2467 m – St. Gertraud 1519 m: 2 Stunden.
Gesamtgehzeit: 7½ Stunden.

Hütten/Stützpunkte
Haselgruber Hütte (Edelweiß-Hütte am Haselgruber See) 2425 m, privat, 20 Betten, bewirtschaftet von Juli bis September.

Karten/Literatur
Kompass-Wanderkarte 1:50000, Blatt 72, Ortler; Wanderkarte Ultental 1:50000, Verkehrsverein Ulten/St. Walburg.

Tip
Zwei-Tage-Tour: *1. Tag:* Weißbrunn-Stausee – Gleckspitze – Haselgruber Hütte (herrliche Sicht zur Brenta!); *2. Tag:* Übergang auf Steig Nr. 12 über die Kirchberg-Alm und den Kirchbergkamm (2846 m) zum Langsee und zurück zum Weißbrunn-Stausee, ca. 4 Stunden.

Ultner Berge

46 Hintere Eggenspitze 3443 m

Der Gletschergipfel des Ultentales

mäßig schwierig Gletschertour

Wie der Weißbrunnsee, so war auch der Grünsee ein Natursee, bis sich die Technik für ihn interessierte und sein Becken mit einer Staumauer dem Tal zu verriegelte. In der Ultner Seenstufe ist der Grünsee (2488 m) der höchstgelegene See, er sammelt die Gletscherwasser des Weißbrunnferners und die bescheideneren Abflüsse der Zufrittspitze; über seinem Ufer, nahe der Staumauer, steht ein neues und gut geführtes Schutzhaus des Club Alpino Italiano, das Rifugio »Canziani al Lago Verde« (2561 m).

Der Grünsee war in den Jahren vor dem Ersten Weltkrieg die Bergheimat einer deutschen Alpenvereinssektion. Die Sektion Höchst erwarb am Ostufer des Grünsees einen Baugrund, errichtete die Höchster Hütte (2504 m) und übergab mit der Einweihung am 18. August 1910 den Bergsteigern einen hochalpinen Stützpunkt im Ultental. Die Grundfeste dieser ersten Höchster Hütte versanken im Stausee, aber an das alte deutsche Schutzhaus erinnert die Anschrift »Höchster Hütte am Grünsee« an der weißen Hausmauer der neuen Hütte. Damit wird auch im Ultental wie in anderen Südtiroler Tälern die Erinnerung an die Tätigkeit des früheren Deutschen und Österreichischen Alpenvereins wachgehalten, seine Sektionen waren erste Wegbereiter für den Bergtourismus in Südtirol. Auch die Wanderkarten vermerken neben der ebenfalls geläufigen Anrede »Grünsee-Hütte« noch immer den Erstnamen.

Die Hintere Eggenspitze, 3443 Meter, ist der höchste Gipfel des Ultentales und deshalb ein begehrtes Bergziel. Im Blick aus dem St. Gertrauder Talkessel bilden die beiden Eggenspitzen ein hohes Bergpanorama, der Weißbrunnferner schließt mit einem Firngrat zur Hinteren Eggenspitze bis zu ihrem höchsten Punkt auf. Die benachbarte, nach Süden vorgesetzte Vordere Eggenspitze (3385 m) besitzt nur noch einen Firnfleck, bei ihr dominiert breiter, wuchtiger Fels. Obwohl die Hintere Eggenspitze zwischen Ulten und Martell der höchste Berg ist, wird kein Kamm nach ihr benannt. Beide Eggenspitzen erheben sich südlich der Lorchenspitze (3343 m) im Ilmenkamm, der Marteller Hauptkamm zieht an ihnen mit Einschluß der Weißbrunnspitze (3253 m) vorbei zur Zufrittspitze (3438 m).

Die bisher im Ilmenkamm vorgestellten Ultner Bergfahrten waren Wanderungen mit erheblichem Höhenunterschied aus dem Tal, aber ohne den besonderen Ansprüchen von Gletschertouren. Auch die Hintere Eggenspitze kann ein ausdauernder, tüchtiger Berggeher in einem Tag hin und zurück ab Parkplatz am Weißbrunnsee besteigen, aber eine Eisausrüstung und die Sicherheit in der Überwindung steiler Firnflanken und -grate ist dazu die Voraussetzung.

Von der Höchster Hütte führt ein horizontaler Steig in den Winkel nördlich über dem Seeufer. Nach Markierungen und Steinmännern sucht der Anstieg durch den Irrgarten haushoher Felsblöcke hinein in das untere Gletscherbecken des Weißbrunnferners, Steigspuren nützen Moränenrücken steil hinauf zum Gletschersaum. Meist zieht eine Trittspur in den Gletscher und legt in einem Bogen eine teils steile Route empor zum Nordgrat, den man an einer Scharte erreicht. Am Grat ist man für die Höhe von etwa 3300 Meter dankbar, es beginnt das aufregende Spiel des Gleichgewichts und der sicheren Tritte auf einem schmalen Grat über Firn und Fels entlang steiler, abschüssiger Flanken zum höchsten Punkt.

Das Holzkreuz der Hinteren Eggenspitze grüßt mit der Inschrift »Gott schütze die Heimat« das Ultental. Der Gipfel rückt vom Marteller Hauptkamm nach Süden zu ab, deshalb ist die Aussicht dorthin besonders prachtvoll: Über das Rabbital hinweg schaut man zur Presanella und zum Adamello, herrlich leuchten die silbernen Gletscherdächer der Südlichen Ortler-Gruppe von den Zufallspitzen über den Cevedale bis zum Monte Vioz.

Tourensteckbrief

Ausgangsort
St. Gertraud 1519 m, im Ultental.

Die Tour in Stichworten
St. Gertraud 1519 m – Weißbrunn-Stausee, Parkplatz 1900 m – Höchster Hütte 2561 m – Hintere Eggenspitze 3443 m – Höchster Hütte – Weißbrunn-Stausee.

Schwierigkeit/Anforderung
II = mäßig schwierig, Tagestour, große Anforderung, Gletschertour.
Von St. Gertraud auf schmaler, asphaltierter Straße (6 km) Auffahrt zum Parkplatz am Weißbrunn-Stausee; auf Weg Nr. 140 zum Grünsee und zur Höchster Hütte (= Grünsee-Hütte). Ab Hütte markierter Steig in den Winkel nördlich des Grünsees, dort nach Pfeil und Anschrift auf einem Stein nach links durch unübersichtliches Blockgelände in den Kessel unter dem Weißbrunnferner. Über Moränen nach Steigspuren und Markierungen steil höher zum Gletscher, über ihn, möglichst hoch, zum Ansatz des Nordgrates (ca. 3300 m), über den verfirnten Grat, mäßig steil, teilweise ausgesetzt, zum Gipfel. Eisausrüstung notwendig.
Nur für erfahrene Bergsteiger.

Höchste Wegestelle/Gipfel
Hintere Eggenspitze 3443 m.

Anstiegsleistung
Ab Parkplatz Weißbrunn-Stausee 1500, ab Höchster Hütte 900 Höhenmeter.

Abstieg
Wie Anstieg.

Gehzeiten
Weißbrunn-Stausee 1900 m – Höchster Hütte 2561 m: 1¹/₂ Stunden; Höchster Hütte – Hintere Eggenspitze 3443 m: 3¹/₂ Stunden. Abstieg zur Hütte: 2¹/₂ Stunden; Höchster Hütte – Weißbrunn-Stausee: 1 Stunde. Gesamtgehzeit: 8¹/₂ Stunden.

Hütten/Stützpunkte
Höchster Hütte (Grünsee-Hütte) 2561 m, CAI-Sektion Mailand, 60 Betten und Matratzenlager, bewirtschaftet von Anfang Juli bis Ende September.
Gaststätten am Weißbrunn-Stausee.

Karten/Literatur
Kompass-Wanderkarte 1:50000, Blatt 72, Ortler; Wanderkarte Ultental 1:50000, Verkehrsverein Ulten/St. Walburg; Helmut Ellmenreich »Die Meraner Bergwelt«; Sepp Schnürer »Hohe Routen Ortler, Adamello, Brenta«.

Die Tour zur Hinteren Eggenspitze ist ein Unternehmen für den gletschererfahrenen Bergsteiger. Die Gruppe befindet sich im Abstieg auf dem Nordgrat, den Horizont bildet der Laas-Marteller Kamm. ▷

Ultner Berge

47 Zufrittspitze
3438 m

*Der stolzeste Berg
im Marteller Hauptkamm*

*mäßig schwierig
Gletscher-/Felstour*

Bergsteiger, die sich von der Hinteren Eggenspitze (3443 m) nach einer neuen, ebenbürtigen Hochtour umschauen, richten ihr Augenmerk nach Nordosten, zum Marteller Hauptkamm. Als höchster Gipfel und als Beherrscher des gleichnamigen Kammzuges hinaus zum Hasenöhrl (3256 m) ragt dort die 3438 Meter hohe Zufrittspitze.

Auch Julius Payer erkannte bei seinen Vermessungsarbeiten auf der Hinteren Eggenspitze die Bedeutung dieses Berges; 10 Tage später, am 9. August 1868, beendete er mit der Erstbesteigung der Zufrittspitze die ihm gestellte Erschließungsaufgabe. Als er um 8.30 Uhr den Gipfel betrat, riefen seine Begleiter: »Dös nimmt si schön aus, Zufritt, und wir sind zufrieden, daß mir'n letzt'n habn!«. Payer selbst schreibt: »Die letzte der 60 Bergbesteigungen in den Ortleralpen, die Bearbeitung des Martelltales beschließend, geschah mit dem erhebenden Gefühle, welches die endliche Erreichung eines jahrelang mit Gefahr, Entbehrung und Mühe erschwerten Zieles zu begleiten pflegt, aber auch mit der Überzeugung, dieses vollständig gewonnen zu haben.«

Zum oberen Martelltal zeigt sich die Zufrittspitze mit ihren Gletschern als auffallender Gipfel. Die Namensgebung »Zufritt« verdankt sie dem Zufrittsee und dem Zufritt-Tal, das zu ihr hinaufzieht. Ein landschaftlich großartiger, langer Anstieg folgt dem Zufritt-Tal zu seiner Spitze, günstiger läuft die Tour aus dem Ultental mit dem Stützpunkt Höchster Hütte (2561 m) am Grünsee. Am Hochplateau des Oberen Zufrittferners treffen beide Routen zusammen.

Tourensteckbrief

Ausgangsort
St. Gertraud 1519 m, im Ultental.

Die Tour in Stichworten
St. Gertraud 1519 m – Weißbrunn-Stausee, Parkplatz 1900 m – Höchster Hütte 2561 m – Zufrittspitze 3438 m – Höchster Hütte – Weißbrunn-Stausee.

Schwierigkeit/Anforderung
II = mäßig schwierig, Tagestour, große Anforderung, Gletscher-/Felstour.
Von St. Gertraud auf schmaler, asphaltierter Straße (6 km) Auffahrt zum Parkplatz am Weißbrunn-Stausee; auf Weg Nr. 140 zum Grünsee und zur Höchster Hütte (= Grünsee-Hütte). Ab Hütte markierter Steig in den Winkel nördlich des Grünsees, dort Pfeil und Anschrift auf einem Stein nach rechts, nach Steigspuren und Markierungen hinauf in das Hochtal unter dem Zufrittjoch. In diesen Karkessel (ca. 2900 m) mündet von rechts ein steiles Firnfeld, das an einem gut sichtbaren Firnsattel unter der Zufrittspitze seinen Ursprung hat. In ihm steiler Anstieg über einige Felsinseln nach Markierungen hinauf zum Sattel und Übertritt zum Gletscherplateau des Oberen Zufrittferners, ca. 3300 m. (Das Zufrittjoch wird nicht berührt.) Durch eine Geröllrinne und den Fels des Südwest-grates steil, teilweise ausgesetzt, zum Gipfel. Eisausrüstung notwendig.
Nur für erfahrene Bergsteiger.

Höchste Wegstelle/Gipfel
Zufrittspitze 3438 m.

Anstiegsleistung
Ab Parkplatz Weißbrunn-Stausee 1500, ab Höchster Hütte 900 Höhenmeter.

Abstieg
Wie Anstieg.

Gehzeiten
Weißbrunn-Stausee 1900 m – Höchster Hütte 2561 m: 1 1/2 Stunden; Höchster Hütte – Zufrittspitze 3438 m: 3 1/2 Stunden. Abstieg zur Hütte: 2 1/2 Stunden; Höchster Hütte – Weißbrunn-Stausee: 1 Stunde. Gesamtgehzeit: 8 1/2 Stunden.

Hütten/Stützpunkte
Höchster Hütte (Grünsee-Hütte) 2561 m, siehe Tour 46.

Karten/Literatur
Siehe Tour 46.

Tip
Zufrittspitze aus dem Martelltal: Ab Gasthaus Zufritt nach Markierung 17 über den Gelbsee zum Becken des Zufrittferners; nach links steil hinauf zum Oberen Zufrittferner, weiter siehe Tour 47.

Die Zufrittspitze (Bildmitte) im Anstieg von der Grünsee-Hütte.

Ultner Berge

48 Hasenöhrl

3256 m

Östlichster Dreitausender der Ortler-Gruppe

mäßig schwierig Wander-/Felstour

Die Straßenschleifen auf dem eiszeitlichen Murkegel bei Kortsch hinab nach Schlanders öffnen die Einfahrt in den Untervinschgau und geben ein neues Landschaftsbild preis. In der südlichen Talseite glänzt der Hasenohrferner über der breiten Einmündung des Martelltales in den Vinschgau. Dieses Gletscherdreieck ist der herrliche Silberschmuck des reichen Obstlandes zwischen Schlanders und Latsch und stellt das Hasenöhrl prächtig zur Schau.

Der Marteller Hauptkamm ist mit seiner Länge von etwa 40 Kilometer Luftlinie der mächtigste Gebirgszug der Ortler-

Gruppe. Als Ostausläufer trägt er die Ortlerberge bis nach St. Vigil (1750 m) zum Meraner Becken hinaus. In seinem Nordabfall zum Martelltal hütet er im Veneziakamm und im Zufrittkamm bis zur Zufrittspitze noch mächtige Eiskammern. Nach der markanten Zufrittspitze (3438 m) muß er sich aber mit sanften, hügeligen Formen begnügen, vereinzelte Ewig-Schnee-Flecken geben kund, daß die Gipfellinie nur noch knapp über 3000 Meter liegt. Bevor jedoch die Bergkette endgültig unter die 3000-Meter-Grenze absinkt, gelingt dem Zufrittkamm mit dem 3256 Meter hohen Hasenöhrl nochmals ein bedeutender Aufschwung. Die Zeitenuhr des Werdens und Vergehens vergönnt dem Hasenöhrl – weit entfernt vom Hauptreservat der ewigen Gletscher – noch zwei Relikte aus der Eiszeit: den Hasenohrferner und den Kuppelwieser Ferner. Der Hasenohrferner verleiht dem Hasenöhrl zum Vinschgau den Nimbus eines Gletscherberges, der Kuppelwieser Ferner schmiegt sich in die Nordostflanke des Berges, gegen Ulten, zeigt sich aber den Bergsteigern und Wanderern erst, wenn sie hinauf zur Kuppelwieser Alm und zum Arzker Stausee kommen.

Dem Hasenöhrl als dem Leitgipfel zwischen Martell und Ulten fliegen aus beiden Tälern Anstiegswünsche zu. Der Höhenunterschied von den Ausgangsor-

ten im Martelltal, Bad Salt (1158 m) und Gand (1267 m), beträgt jedoch 2000 Meter!

Günstiger liegt das Dorf Tarsch (854 m) nahe dem Vinschgauer Marktflecken Latsch; es ermöglicht mit einer Straße und einem Sessellift die Auffahrt zur Tarscher Alm (1940 m). Ab der Alm erreicht man in 1¹/₂ Stunden den Tarscher Paß und trifft dort den Weg aus dem Ultental.

Der Tarscher Paß (2517 m), ein seit Jahrhunderten gebräuchlicher Übergang zwischen Martell und Ulten, öffnet den schönsten und bergsteigerisch interessantesten Anstieg zum Hasenöhrl. Vom Zoggler Stausee im Ultental überwindet ab Kuppelwies (1153 m) eine öffentliche Werkstraße den Höhenunterschied von fast 900 Meter bis zur Straßenschranke oberhalb der Neuen Kuppelwieser Alm (ca. 2000 m). Damit bietet das Ultental eine erheblich kürzere und auch allgemein bevorzugte Route an. Vom Wiesen- und Lärchenboden der Kuppelwieser Alm ziehen Straßenkehren hinauf zur Staumauer des Arzker Stausees, an der letzten Kehre (ca. 2200 m) weist eine Tafel zum Hasenöhrl und damit den Anstieg zum Tarscher Paß.

Aus dem Becken des Arzker Stausees (2249 m) sind Steilanstiege über den Kuppelwieser Ferner oder über Geröllflanken zum Hasenöhrl möglich, aber

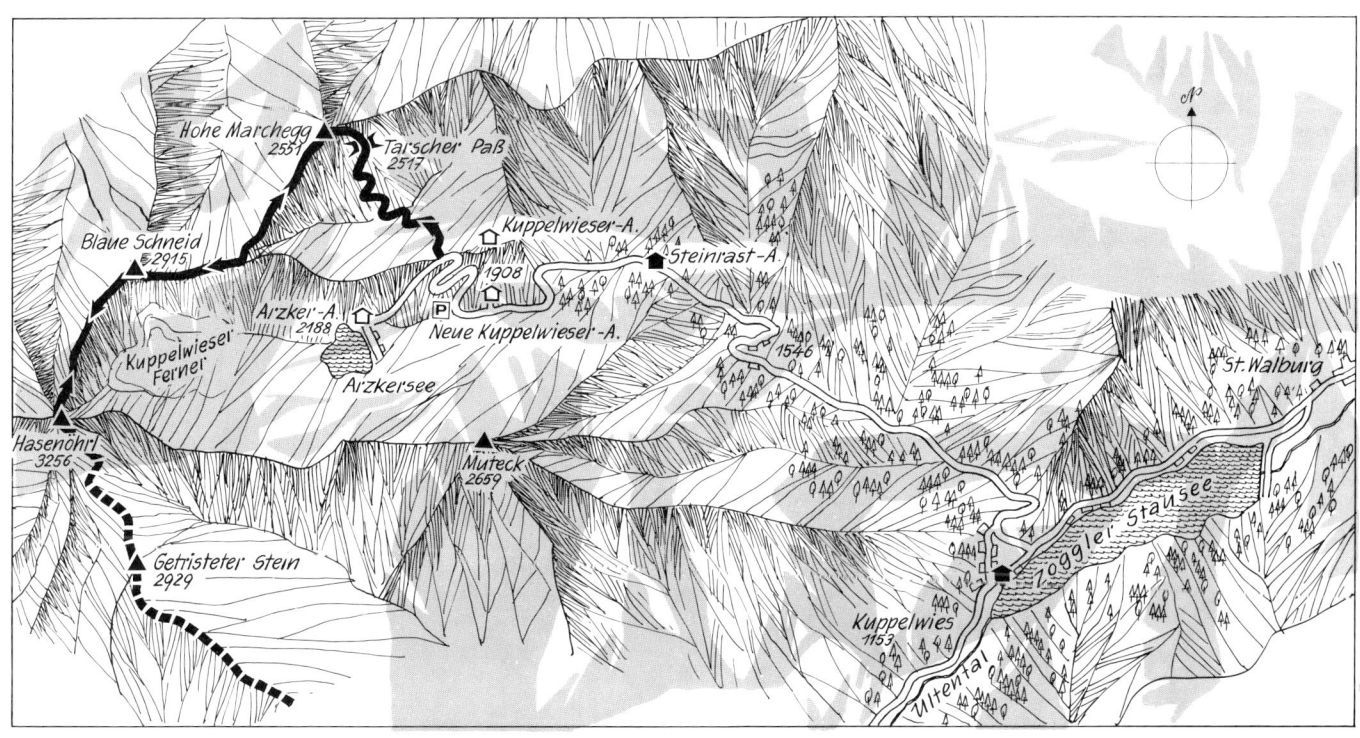

117

Tourensteckbrief

Ausgangsort
Kuppelwies 1153 m, bei St. Walburg im Ultental.

Die Tour in Stichworten
Kuppelwies 1153 m – Neue Kuppelwieser Alm 1908 m – (Straßensperre ca. 2000 m) – Tarscher Paß 2517 m – Blaue Schneid 2915 m – Hasenöhrl 3256 m – Blaue Schneid – Tarscher Paß – Kuppelwieser Alm.

Schwierigkeit/Anforderung
II = mäßig schwierig, Tagestour, mittlere Anforderung, Wander-/Felstour.

nicht allgemein üblich. Unvergleichlich schöner ist die von der Natur vorgegebene Route vom Tarscher Paß über den Rücken des Ostgrates zur Blauen Schneid. Diese Führe folgt dem buckeligen, schrofigen, nur mäßig steilen Gratfels hinauf zum großen Steinmann auf der Blauen Schneid (2915 m) und wendet sich zwischen dem Hasenohrferner und dem Kuppelwieser Ferner nach Süden, dem Gipfel zu.

Rechts und links des Weges, zur Tiefe und in die Ferne, gibt es viel zu schauen, aber schließlich konzentriert man sich nur noch auf das riesige Gipfelkreuz, zu dem man, zuletzt über grobe Blöcke und Schnee, mitunter auch Eis, ansteigt.

An einem schönen, klaren Tag ist die Rast am Hasenöhrl, dem östlichsten Dreitausender der Ortler-Gruppe, ein großes Glück!

Wie weit der Blick reichen kann, bestimmt der gewaltige Rundbogen der Zentralalpenkette, der Dolomiten und der Ortlerberge.

Dieser Tourenvorschlag lobt den Anstieg zum Hasenöhrl mit Ausgang im Ultental hinauf zum Parkplatz an der Neuen Kuppelwieser Alm, weiter zum Tarscher Paß und über die Blaue Schneid zum Gipfel. Schöner kann kein Weg zum Hasenöhrl sein!
Das Bild versucht das Landschaftserlebnis dieser Route zu schildern: Es zeigt den oberen Abschnitt der Gratführe im Blick auf das Hochbecken des Kuppelwieser Ferners, im Mittelgrund den Ilmenkamm und in südöstlicher Ferne eine Ahnung von den Dolomiten.

Beim Bergsteigen im Ultental, auf der Seite des ▷ Ilmenkammes, gilt dem Hasenöhrl immer wieder ein bewundernder Blick.
Die Rast am Fischer See über der Unteren Weißbrunner Alm (Bild) zeigt diesen letzten Dreitausender im Zuge des Marteller Hauptkammes hinaus zum Meraner Kessel.

Von St. Walburg auf der Talstraße bis Kuppelwies und Auffahrt auf Werkstraße zur Neuen Kuppelwieser Alm, evtl. bis vor die Straßensperre (ab Kuppelwies 10 km). Entweder auf den Straßenkehren oder mit dem alten Steig hinauf zur letzten Kehre vor dem Arzker-Stausee, ca. 2200 m; dort Schild »Hasenöhrl«, und nach ihm auf markiertem Steig zum Tarscher Paß. Vom Paß Steigspuren und Markierungen nach Westen zu einer deutlichen Scharte (ca. 2600 m) in den Arzker Wänden und über den Kammzug dieser Wände zum Ostgrat des Hasenöhrls. Teilweise steiler Anstieg nach Markierungen und Steinmännern zur Blauen Schneid; auf dem nun schmäleren, blockigen Grat zum Gipfel. Nur für ausdauernde, geübte Berggeher.

Höchste Wegestelle/Gipfel
Hasenöhrl 3256 m.

Anstiegsleistung
Ab Straßensperre Neue Kuppelwieser Alm 1200 Höhenmeter.

Abstieg
Wie Anstieg; *oder* nach Steigspuren und Markierungen sehr steil hinunter zum Arzker-Stausee.

Gehzeiten
Neue Kuppelwieser Alm, Schranke Werkstraße ca. 2000 m – Tarscher Paß 2517 m: $1^1/_2$ Stunden; Tarscher Paß – Hasenöhrl 3256 m: $2^1/_2$ Stunden. Abstieg wie Anstieg: 3 Stunden.
Gesamtgehzeit: 7 Stunden.

Hütten/Stützpunkte
Neue Kuppelwieser Alm 1908 m, privat.

Karten/Literatur
Kompass-Wanderkarte 1:50000, Blatt 52, Vinschgau; Wanderkarte Ultental 1:50000, Verkehrsverein Ulten/St. Walburg; Sepp Schnürer »Hohe Routen Ortler, Adamello, Brenta«.

Marteller Berge

»Marteller Alpen«: Dies war zur Erschließungszeit der Ostalpen der Sammelbegriff für den Marteller Hauptkamm, mit seinen Abschnitten Veneziakamm und Zufrittkamm, und den Laas-Marteller Kamm; sie rahmen zu beiden Seiten das Martelltal. Leider erfuhr diese gute Bezeichnung keine Festschreibung, und so trifft für die Überschrift »Marteller Berge« das gleiche zu wie im Abschnitt »Ultner Berge« erläutert.

Als sich in den Jahrzehnten vor dem Ersten Weltkrieg in Sulden die große Welt zum Bergsteigen traf, war das benachbarte Martelltal noch fast unbekannt. Die Erbauung der Zufall-Hütte in den Jahren 1881/82 war für das Martell ein erster Anschluß an die Welt; die Erschließung der Ortler-Gruppe für den Tourenskilauf in unseren dreißiger Jahren rückte die Gletscher und Gipfel beiderseits des Martelltales vollends in das alpine Rampenlicht. Der Innsbrucker Lois Köll schrieb 1958 in seinem »Führer durch die Ortler-Gruppe« noch von einem düsteren, unfreundlichen engen Tal. Die Enge und Steilheit, die Wasser der Plima und die dichten Wälder sind auch heute noch die Hauptmerkmale der Talsohle, aber seit den siebziger Jahren durchzieht das Martell in seiner ganzen Länge von ca. 20 Kilometer – vom Eingang beim Weiler Morter (730 m) bis hinauf zum Parkplatz bei der Enzian-Hütte in 2000 Meter Höhe – eine gute Straße. Lichte Wiesenflecken am Ufer der Plima und der Zufritt-Stausee verführen zum Verweilen, die Berge des Laas-Marteller Kammes und des Zufrittkammes stellen das Angebot für den geübten Wanderer. Die Hochtouristen sind in den unteren Talstufen weniger zu halten, ihre Welt beginnt beim »Paradies am Cevedale« – auf Zufall.

Der Veneziakamm mit den vergletscherten drei Veneziaspitzen (Bildmitte) ist ein Glied des gewaltigen Marteller Hauptkammes, der vom Cevedale über die Zufrittspitze und das Hasenöhrl zum Meraner Becken ausläuft.

49 Köllkuppe
3330 m
Veneziaspitze I
3396 m

*Das Angebot
der Marteller Hütte*

*mäßig schwierig
Gletscher-/Felstour*

Das Martelltal ist das Tal der Dreitausender; es hat seinen Ursprung oben am Langenferner-Joch (3269 m), im Hochbecken des Langenferners und des Zufallferners, also im Zentrum der Ortler-Gruppe. Bergsteiger halten sich meist nicht lange im Talgrund auf, der geräumige Parkplatz am Ende der Marteller Talstraße (2051 m) ist bereits die Eintrittsstufe nach Zufall und zum Hoch-

tourenparadies der ewigen Gletscher unter den Zufallspitzen, dem Cevedale und dem Veneziakamm. Die Bergwelt von Zufall, im Nahbereich der gleichnamigen Hütte, vergönnt aber auch den einfachen Wandersleuten, die Firn und Eis nicht betreten wollen, aber dennoch ihre Faszination verspüren möchten, einen großartigen, weiten Raum.

Die Zufall-Hütte (2265 m) dient seit Jahrzehnten als gewohnte und geschätzte Marteller Touristen-Drehscheibe. Das Martelltal, die neue Straße, der günstige Parkplatz und der kurze Weg hinauf nach Zufall locken manchmal mehr Menschen zur Hütte, als für die Bewirtschafter gut ist. Den »Alpenverein Südtirol« – seit seiner Gründung nach dem Zweiten Weltkrieg um eigenen Hüttenbesitz bemüht – ermunterte diese Entwicklung, auch im Martelltal mit einem Bergsteiger-Stützpunkt präsent zu sein. In mehrjähriger Bauzeit erstellte die Sektion Martell auf einer aussichtsreichen Felsrampe bei der Unteren Konzenlake ein hübsches Schutzhaus mit komfortabler Ausstattung. Der Tourismus wird diese Großzügigkeit gewiß honorieren, denn die Südtiroler haben den Platz für ihre »Marteller Hütte« (2610 m, Einweihung im Sommer 1981) geschickt und überlegt gewählt: Das Haus ist der beste Stützpunkt für den beliebten Anstieg zur Veneziaspitze I,

durch seine hohe Position bezieht es den gesamten Veneziakamm in den Tourenspielraum mit ein.

Den vielen Tagesgästen, die mehr wollen als nur den Spaziergang zur Zufall-Hütte, kommt diese neue Marteller Offerte wie gerufen. Die im Landhausstil gebaute Hütte grüßt hinunter nach Zufall, die weiteren 400 Höhenmeter zur Konzenlake verordnet man sich gerne selbst als Tagesleistung: Die Umschau von der Hüttenterrasse belohnt die nur mäßige Aufstiegsplage. Die Marteller Hütte zeigt, was die Zufall-Hütte nur ahnen läßt: das Werden und Vergehen dreier Gletscher, des Fürkele-, Zufall- und Langenferners, im ewig gleichen Weben der Jahreszeiten, die weiß leuchtende Decke der Firnflächen in den Hochbecken, das apere, rissige Eis der unteren Regionen und die stete Auszehrung am Gletschersaum durch den Abfluß des Gletscherbaches – der Plima – nach Zufall.

Die Plima war zur Zeit der mächtigen Gletscherstände bis zum Ausklang des vorigen Jahrhunderts das Schicksal und die Geißel für das damals sehr arme Martell. Die Gletscherwasser der aufgestauten Eisseen durchbrachen immer wieder ihre natürlichen Schutt- und Gerö-lldämme und tobten mit fürchterlicher, alles vernichtender Gewalt das Tal hinab; im Ausbruch von 1889 verwüsteten 630000 Kubikmeter Wasser den Talboden! In den Jahren danach verriegelten die Marteller mit dem Bau eines Dammes aus Steinquadern den unkontrollierten Abfluß. Der »Wasserdrache Plima« schien gezähmt zu sein – aber erst seit 1956, mit der Anlage des Zufritt-Stausees, darf sich das Martelltal sicher fühlen. Nach dieser alten Staumauer – die eingemeißelte Jahreszahl 1893 erinnert an die Fertigstellung – durchtost die Plima in einer schmalen Felsschlucht einige hundert Höhenmeter Gefälle: Dieser »Zu-Fall« gab der Gegend den Namen.

An der Staumauer, 100 Meter oberhalb der Zufall-Hütte, zeigt eine Wegetafel zur Dammkrone, drüben, am breiten Bachlauf der Plima, beginnt der steile Anstieg zur Marteller Hütte. Im flachen Wasser der Unteren Konzenlake spiegeln sich die weißen Firnhauben der Zufallspitzen, die Vormittagssonne taucht die Risse und Spalten im nackten grauen Fluß der Ferner in ein grelles Licht, vielleicht huscht der schützende Schatten ei-

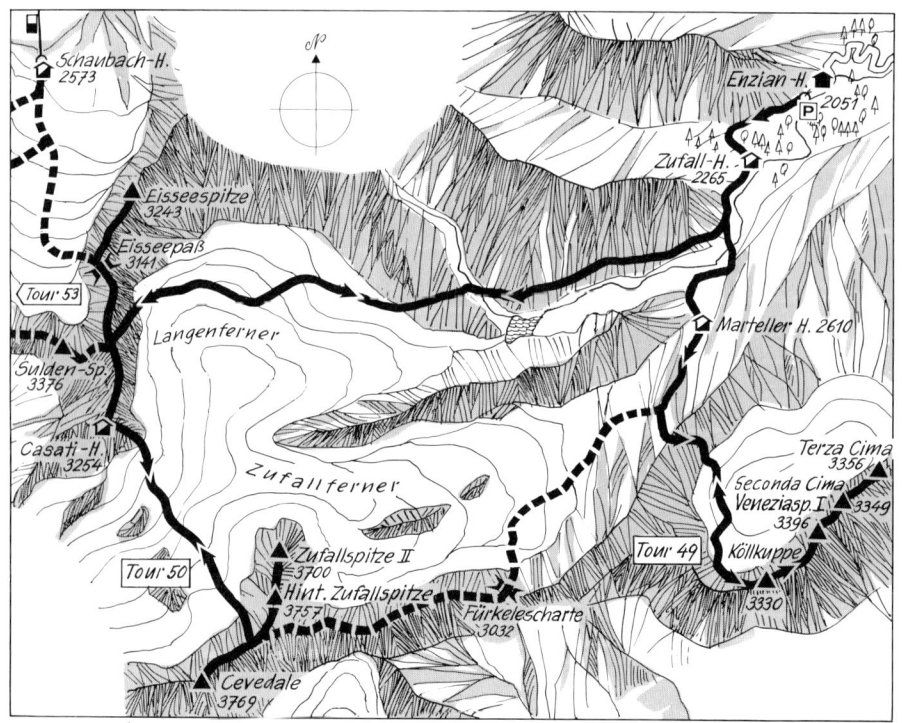

ner Wolke darüber, der Wind und das Rauschen der Gletscherbäche spielen die Melodie des Bergsommers in dieser Hochregion um die Marteller Hütte.

Ein Moränenrücken trägt den Weiterweg hinauf zum Hohen Ferner. Die 3000er-Höhenlinie bildet die Untergrenze der Hanggletscher des Veneziakammes und zugleich den Eintritt in das Gletscherhochbecken unter der Köllkuppe und den Veneziaspitzen. Übersichtlich und scheinbar kaum spaltengefährdet öffnet sich die Route zur Köllkuppe. Eine einsame Stange fixiert ihre Höhenkote – 3330 Meter – der Name gilt als Nachruf für den verdienten Ortler-Skipionier, den Innsbrucker Lois

Köll. Im Veneziakamm schließen Fels und Firn einen angenehmen Vergleich und ermöglichen dem geübten Bergsteiger ohne Schwierigkeiten die reizvolle Überschreitung der Köllkuppe hinauf zur 3396 Meter hohen Venezia I – für den nimmermüden Geher auch noch weiter zu Venezia II und III.

Die Überschreitung des Veneziakammes darf jeder gletschererfahrene Bergsteiger wagen. Nach der Köllkuppe wartet die Veneziaspitze I (Bild), auch im Weiterweg zu den Nachbarspitzen wird die Gratroute nie schwierig.

Tourensteckbrief

Ausgangsort
Parkplatz Enzian-Hütte 2051 m, im Martelltal.

Die Tour in Stichworten
Parkplatz Enzian-Hütte 2051 m – Zufall-Hütte 2265 m – Marteller Hütte 2610 m – Köllkuppe 3330 m – Veneziaspitze I 3396 m – Marteller Hütte – Parkplatz.

Schwierigkeit/Anforderung
II = mäßig schwierig, Tagestour, mittlere Anforderung, Gletscher-/Felstour. Ab Parkplatz Enzian-Hütte auf Weg Nr. 151 oder über »Paradiso« zur Zufall-Hütte; weiter auf markiertem Weg Nr. 150 zum alten Staudamm auf dem Zufallboden. Dort Abzweigung des Weges Nr. 103, Schild »Marteller Hütte«; auf der Dammkrone bis zur Mitte, nach rechts in den ebenen Boden der Plima, nach Steig und Markierungen steil zur Marteller Hütte. Ab Hütte auf dem Moränenrücken taleinwärts zur Wegeteilung: Veneziaspitze – Fürkelescharte; dort nach Steigspuren und Markierungen nach links steil höher zum Hohen Ferner (ca. 3000 m), aus dem Gletscherhochbecken übersichtlicher, mäßig steiler Anstieg zur Köllkuppe. Auf der Kammlinie (Vorsicht Wächten!) über Fels und Firn, teils ausgesetzt, zum trigonometrischen Dreikant der ersten und höchsten Veneziaspitze. Eisausrüstung notwendig.
Nur für erfahrene Bergsteiger.

Höchste Wegestelle/Gipfel
Köllkuppe 3330 m, Veneziaspitze I 3396 m.

Anstiegsleistung
Ab Parkplatz Enzian-Hütte 1300, ab Marteller Hütte 800 Höhenmeter.

Abstieg
Wie Anstieg.

Gehzeiten
Parkplatz Enzian-Hütte 2051 m – Zufall-Hütte 2265 m: $1/2$ Stunde; Zufall-Hütte – Marteller Hütte 2610 m: $1^1/2$ Stunden; Marteller Hütte – Köllkuppe 3330 m: $2^1/2$ Stunden; Köllkuppe – Veneziaspitze I 3396 m: $1/2$ Stunde. Abstieg zum Parkplatz: $3^1/2$ Stunden. Gesamtgehzeit: $8^1/2$ Stunden.

Hütten/Stützpunkte
Zufall-Hütte 2265 m, CAI-Sektion Mailand, 120 Betten und Matratzenlager, bewirtschaftet von Mitte Juni bis Mitte Oktober.
Marteller Hütte 2610 m, Alpenverein Südtirol, Sektion Martell, 42 Betten und Matratzenlager, bewirtschaftet von Ende Juni bis Ende September.

Karten/Literatur
Kompass Wanderkarte 1:50000, Blatt 72, Ortler; Wanderkarte Sulden – Ortlergruppe 1:50000, Verkehrsverein Sulden; Peter Holl, Kleiner Führer »Ortlergruppe«; Sepp Schnürer »Hohe Routen Ortler, Adamello, Brenta«.

50 Hintere Zufallspitze

3757 m

Cevedale

3769 m

Die Firnkrone des Martelltales

mäßig schwierig
Gletschertour

Als im Jahre 1881 die Sektion Dresden des damaligen Deutschen und Österreichischen Alpenvereins den Bau der Zufall-Hütte (2265 m) auf der gleichnamigen Alpe beschloß, war das Martell eine unbekannte und arme Tiroler Talschaft; die Zufall-Alpe konnte vom Talort Gand (1267 m) nur in 5 Gehstunden erreicht werden! Die Einweihung der Hütte am 23. August 1882 – in Würdigung der Örtlichkeit mit dem Taufnamen »Zufall« – war ein Ereignis, an dem 200 Gäste teilnahmen! Die Kunde von dem herrlichen Marteller Hochgebirge sprach sich herum, der Hüttenbesuch nahm rasch zu, am 11. August 1913 eröffneten die Dresdner einen stattlichen Zubau, an dem sich aber die Bergsteiger nur kurz erfreuen konnten. Mit dem Kriegseintritt von Italien im Mai 1915 wurde die Zufall-Hütte zum österreichischen Hauptquartier im Abschnitt Cevedale. Nach dem Krieg sorgte die CAI-Sektion Mailand für die Instandsetzung der Hütte und im Jahre 1939 für eine nochmalige Erweiterung des »Rifu-

gio Nino Corsi«, wie die Zufall-Hütte in der italienischen Sprache heißt.

Obwohl die Bergwelt von Zufall mit der Marteller Hütte (1981) einen zweiten Stützpunkt erhielt, wird das touristische Schwergewicht bei der Zufall-Hütte bleiben; hier beginnt die beliebte, eisfreie Wanderroute zum Madritschjoch (3123 m), mit Übergang nach Sulden, und der Gletscherweg hinauf zum Cevedale. Mancher wird glauben, den Cevedale zu erkennen, aber er sieht die beiden Zufallspitzen, die dem Talschluß von Martell die weiße Gletscherkrone aufsetzen. Die Vordere und die Hintere Zufallspitze, 3700 und 3757 Meter hoch, orientieren sich nach Zufall (siehe Namensgebung), erheben sich auf Marteller Gemeindegrund und gelten als

Die Bergsteiger befinden sich im Anstieg zur Königspitze. Am Osthimmel der Cevedale (rechts), die Hintere Zufallspitze in Bildmitte, die Firnkante der Vorderen Zufallspitze weist zur Casati-Hütte am Rande des Cevedale-Plateaus. ▷

Die Zufall-Hütte, der Zufritt-Stausee, rechts oben die Zufrittspitze.

Südtiroler Berge. Mit dem italienischen Namen Cevedale wird eine aus Zufall nicht sichtbare, nach Südwesten zurückgesetzte, aber etwas höhere Gipfelkuppe angesprochen, die von jeher zum italienischen Sprachgrund gehört; ein schmaler Firngrat verbindet sie mit den Zufallspitzen. Aus der Sicht von Norden und Westen vereinigen sich die Zufallspitzen, der Cevedale und die hohe Schulter des Cevedale-Plateaus zu einem gewaltigen Gletschermassiv am orographischen Mittelpunkt der Ortler-Gruppe.

Jeder gletschererfahrene Ostalpenbergsteiger wird irgendwann einmal zumindest den Cevedale, mit 3769 Meter der höchste der drei Gipfel, besteigen wollen. Der Stützpunkt für die allgemein übliche nördliche Anstiegsroute ist die Casati-Hütte. Die deutschsprachigen Bergsteiger kommen fast ausschließlich entweder von Sulden über den Eisseepaß (3141 m) oder aus dem Martelltal über die Zufall-Hütte, die Italiener bevorzugen das südliche Valfurva und erreichen durch das Val di Cedec, vorbei an der Pizzini-Hütte, ihr »Rifugio Gianni Casati« (3254 m).

Die Casati-Hütte steht am Ursprung des Langenferners, dem Langenferner-Joch (3269 m), und noch auf Marteller Boden; sie kann somit als höchste Baulichkeit dieser Südtiroler Gemeinde gelten. Im Ersten Weltkrieg war am Langenferner-Joch eine Stellung der Österreicher, daraus entstand – in den Nachkriegsjahren 1922/23 von der CAI-Sektion Mailand errichtet – das Rifugio Casati. Die nach dem Kriegsdonner ruhige Zeit ist längst vorbei; der Sommerskilauf entdeckte das Cevedale-Plateau, die Hütte wurde mit dem Umbau in den Jahren 1964/65 eine Großunterkunft für fast 300 Personen! Diese Entwicklung scheint jedoch abzuklingen. Bergfreunde mit Ambitionen für Cevedale, Zufallspitzen oder Königspitze dürfen beruhigt in die »Hütte« zukehren, sie werden gut untergebracht in den vielen Zimmern des Hauses und bestens versorgt.

Eine fast immer vorhandene Trasse, festgetreten von vielen, vielen Bergschuhen, schwenkt über das Cevedale-Plateau zur Nordflanke, überschreitet einen Bergschrund und gewinnt steil die Kammlinie links des Cevedale-Gipfels. Seine schmucklose Plattform mit der berühmten Fernsicht – sie gilt als die beste der Südalpen! – ist nur wenig höher.

Die Hintere Zufallspitze besitzt einige Quadratmeter Gipfelfels und lockt mit einem Kreuz. Der Gang über die schmale, glitzernde Firnschneide zum höchsten Punkt über Martell – je nach den Verhältnissen mehr oder weniger schwierig – wird vielleicht das ganz große Erlebnis der Marteller Bergtage!

Dieses Bild, aufgenommen an der alten Staumauer bei Zufall, zeigt den großartigen Gletscherabschluß des Martelltales. Links oben die Zufallspitzen, darunter die Eisbrüche des Zufallferners, rechts die Gletscherkante des Langenferners.

Tourensteckbrief

Ausgangsort
Parkplatz Enzian-Hütte 2051 m, im Martelltal; *oder* Talstation der Sulden-Seilbahn 1911 m, in Sulden.

Die Tour in Stichworten
Parkplatz Enzian-Hütte 2051 m – Zufall-Hütte 2265 m – Eisseepaß 3141 m – Casati-Hütte 3254 m; *oder* Talstation Sulden-Seilbahn 1911 m – Bergstation 2611 m (an der Schaubach-Hütte 2573 m) – Eisseepaß – Casati-Hütte. Casati-Hütte – Cevedale 3769 m – Hintere Zufallspitze 3757 m – Casati-Hütte; Abstieg nach Wahl.

Schwierigkeit/Anforderung
II = mäßig schwierig, 1$^1/_2$-Tage-Tour, mittlere Anforderung, Gletschertour.
Zur Zufall-Hütte siehe Tour 49.
Ab Hütte nach Weg Nr. 150 hinauf zum Zufallboden und auf mäßig ansteigender Wegetrasse, immer ausgeprägt und markiert, über die Kuppen der Randmorane des Langenferners in Richtung Eisseepaß. Kurz vorher, meist Trasse, in das Hochbecken des Langenferners und über den flachen Gletscher zur Casati-Hütte. *Oder:* von Sulden entweder Auffahrt oder Anstieg zur Bergstation der Sulden-Seilbahn und über den Suldenferner, meist Trasse (Spalten!), Anstieg zum Eisseepaß und auf dem Langenferner zur Casati-Hütte. Ab Casati-Hütte nach meist vorhandener Trasse zur Nordflanke unter dem Cevedale, über den Bergschrund und steil hinauf zum Gipfel. Übergang zur Hinteren Zufallspitze auf einem schmalen, teils ausgesetzten, oft überwächteten Firngrat (Spalten!). Eisausrüstung notwendig.
Nur für im Eis erfahrene Bergsteiger.

Höchste Wegestelle/Gipfel
Cevedale 3769 m, Hintere Zufallspitze 3757 m.

Anstiegsleistung
Ab Parkplatz Enzian-Hütte 1700, ab Bergstation Sulden-Seilbahn 1200, ab Casati-Hütte 500 Höhenmeter.

Abstieg
Wie Anstieg.

Gehzeiten
Parkplatz Enzian-Hütte 2051 m – Zufall-Hütte 2265 m – Casati-Hütte 3254 m: 4$^1/_2$ Stunden. *Oder* Bergstation Sulden-Seilbahn 2611 m – Eisseepaß 3141 m – Casati-Hütte: 2$^1/_2$ Stunden. Casati-Hütte – Cevedale

An der Unteren Konzenlake (Bild) steht die neue Marteller Hütte. Die Pyramide der Königspitze grüßt über das Eis des Suldenferners zur Hütte herüber.

3769 m: 1$^1/_2$ Stunden; Übergang zur Hinteren Zufallspitze 3757 m: $^1/_2$ Stunde. Abstieg Casati-Hütte: 1$^1/_2$ Stunden; Casati-Hütte – Parkplatz Enzian-Hütte: 3$^1/_2$ Stunden; Casati-Hütte – Bergstation Sulden-Seilbahn: 2 Stunden.
Gesamtgehzeit: 8–11$^1/_2$ Stunden je nach Routenwahl.

Hütten/Stützpunkte
Zufall-Hütte 2265 m, CAI-Sektion Mailand, 120 Betten und Matratzenlager, bewirtschaftet von Mitte Juni bis Mitte Oktober.
Casati-Hütte 3254 m, CAI-Sektion Mailand, 290 Betten und Matratzenlager, bewirtschaftet von Mitte März bis Ende September.

Karten/Literatur
Kompass-Wanderkarte 1:50000, Blatt 72, Ortler; Wanderkarte Sulden – Ortlergruppe 1:25000, Verkehrsverein Sulden; Peter Holl, Kleiner Führer »Ortlergruppe«; Sepp Schnürer »Hohe Routen Ortler, Adamello, Brenta«.

Marteller Berge

51 Schluderspitze
3230 m

Versteckter, wenig bekannter Gipfel

wenig schwierig
Wandertour

Das Martelltal spielt seine allseits bekannten Trümpfe vor allem am Marteller Hauptkamm und im Bergrahmen des Zufall- und des Langenferners aus. Aber der Laas-Marteller Kamm, von der Eisseespitze (3243 m) bis hinaus zur Laaser Spitze (3304 m) ist noch mit insgesamt

13 Dreitausendern gespickt; er verbirgt manch lohnende und dazu einsame Tour. Eine nennenswerte Vergletscherung hält sich noch im inneren Kammbereich, meist nur im Norden; ab Lyfispitze (3352 m) sind alle Anstiege aus dem Martelltal bei normalen Verhältnissen fast schnee- und eisfrei.

Von der Lyfispitze kammauswärts bieten sich als nächste Dreitausender der Schluderzahn (3258 m) und die 3230 Meter hohe Schluderspitze an. Der Schluderzahn – im Namen klingt es an – ist ein etwa 50 Meter hoher Felsturm, nur mit Kletterausrüstung zu ersteigen. Wenig entfernt nach Osten bildet sich im grobblockigen Kamm, mit Anschluß an die Lorchenwand, die nur wenig auffallende Schluderspitze aus. Zum Vinschgau zeigen beide Berge eindrucksvoll eine nordseitige, hohe Felsfront, aus dem Martelltal erkennt man die Gipfel erst im Hochkessel des Rosimtales – für erfahrene, »pfadfindende« Berggeher eine lohnende Tour, weit abseits ausgetretener Wege.

Tourensteckbrief

Ausgangsort
4. Kehre vor dem Zufritt-Stausee ca. 1770 m, im Martelltal.

Die Tour in Stichworten
Zufritt-Stausee (Wegabzweigung an der 4. Kehre in der Auffahrt zum See ca. 1770 m) – Hirtenhütte 2049 m – Schluderspitze 3230 m – Hirtenhütte – Parkplatz.

Schwierigkeit/Anforderung
I = wenig schwierig, Tagestour, große Anforderung, Wandertour.
Beim Wegebeginn an der 4. Kehre in der Auffahrt zum Zufritt-Stausee (wenig Parkmöglichkeit) zeigt ein Schild mit der Nr. 9 in das Rosimtal. Der markierte Steig trägt aber die Nr. 8 zur Hirtenhütte und 100 m höher zur Waldgrenze (dort verläßt der Weg Nr. 8 nach rechts, hinüber zum Stallwieser, das Rosimtal). Nun weglos, ohne Markierungen, nur Steigspuren, auf dem begrünten Rücken rechts des Rosimbaches über Alpweiden steil höher zu einem auffallenden Steinmann. Weiterhin steil aufwärts in Richtung der Felspyramide des Schluderzahns und in dem Blockgewirr darunter nach Osten (oft Schneefelder) in einen Winkel zwischen Schluderspitze und Lorchenwand (ein kleiner Eissee bleibt zur Rechten). Über Blockwerk zum Gratrücken, über ihn nach links (Norden) mäßig steil, zum kleinen Gipfelsteinmann der Schluderspitze. Route ab Hirtenhütte nicht markiert (1980), steil, mühsam.
Nur für ausdauernde, selbständige Berggeher.

Höchste Wegestelle/Gipfel
Schluderspitze 3230 m.

Anstiegsleistung
Ab Ausgangsort (Wegabzweigung) 1500 Höhenmeter.

Abstieg
Wie Anstieg.

Gehzeiten
Wegabzweigung ca. 1770 m – Hirtenhütte 2049 m: 1 Stunde; Hirtenhütte – Schluderspitze 3230 m: 4 Stunden. Abstieg zum Parkplatz: 3½ Stunden.
Gesamtgehzeit: 8½ Stunden.

Hütten/Stützpunkte
Keine; *Hirtenhütte* 2049 m nur offene Unterstandshütte.

Karten/Literatur
Kompass-Wanderkarte 1:50 000, Blatt 72, Ortler und Blatt 52, Vinschgau; Freytag-Berndt-Wanderkarte 1:50 000, Blatt S 2, Vinschgau.

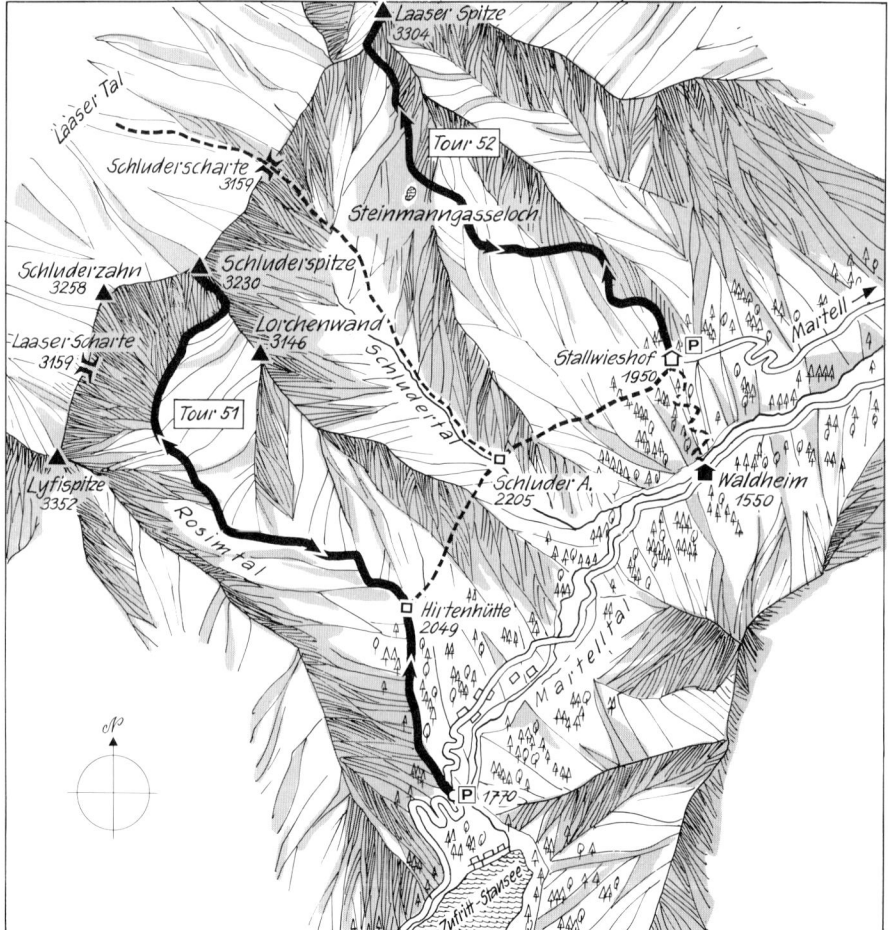

Das meist einsame, nur in einer anstrengenden ▷ Wandertour erreichbare Gipfelkreuz der Laaser Spitze.

Marteller Berge

52 Laaser Spitze 3304 m (Orgelspitze)

Eckpfeiler der Ortler-Berge über dem Vinschgau

wenig schwierig
Wandertour

Im Laas-Marteller Kamm erhebt sich von der Schluderspitze (3230 m) kammauswärts noch ein bedeutender Berg, die 3304 Meter hohe Laaser Spitze. In den Ortler-Frontbergen ist dieser Gipfel ein auffallender Eckpfeiler mit einem mächtigen, geschlossenen Wandsturz nach Norden, hinab zum Vinschgauer Talort Laas. Der Name Laaser Spitze paßt sich gut der Örtlichkeit an, denn auch das Laaser Tal mündet zu ihren Füßen in den Vinschgau. Die Landkarten vermerken noch die Bezeichnung »Orgel-Spitze«, auch im Vinschgauer Sprachge-

brauch klingt dies an. Nach der Überlieferung sehen die Einheimischen diesen hohen, freistehenden Berg schon immer als Wetterspitze, als »Arge-Spitze« – daraus formte sich »Argelspitze« und in unserer Zeit leider der nicht zu deutende Name »Orgelspitze«. Die Laaser Spitze wurde schon frühzeitig besucht: Den Trigonometer J. Feuerstein erwartete im Jahre 1855 ein Gipfelsteinmann!
Eine Tour zur Laaser Spitze ist in langen Anstiegen sowohl aus dem Laaser Tal über die Schluderscharte (2987 m) als auch aus dem Martelltal über den Stallwieshof (1950 m) möglich. Diese letztere Route bevorzugten die Einheimischen schon immer; sie ist zwar auch »himmelweit«, aber sie läuft im Sonnenhang auf besserem Gelände direkt zum Gipfel. Aus dem Marteller Talgrund kann die Tour beim Gasthaus »Waldheim« (1550 m) mit dem Aufstieg zum Stallwieser beginnen, oder nach der Zufahrt vom Kirchdorf Martell (1300 m) bei dem Parkplatz vor der alten Stallwieser Mühle.
Der Stallwieshof besitzt eine herrliche landschaftliche Lage; er trägt die Marteller Hausnummer 1 – die Meereshöhe, »1930 m«, verkündet eine schwarze Schrift an der weißen Hausmauer. Stallwies war, mit Fineil drüben im Schnalstal, der höchste Kornhof Tirols! Die hölzerne Mühle nahe am Hof erzählt über zwei Jahrhunderte zurück von diesen Zeiten.
Für die Laaser Spitze sollte man sich keinen heißen, dunstigen Sommertag aussuchen, sondern einen milden, klaren Herbsttag: Die Berge, der Wald, die Wiesen, Fels und Firn baden dann in seidigem, warmem Licht, die Gipfel scheinen näher und begehrenswerter zu sein wie kaum einmal im Jahr. Der Lärchenwald im Anstieg von der Stallwieser Mühle zur Baumgrenze leuchtet in allen Gelbschattierungen, darüber dehnt sich ein blauer Himmel, in den die Gipfelkette des benachbarten Marteller Hauptkammes deutlich ihre Konturen zeichnet. An solch einem Tag kann das anstrengende Bergauf nach spärlichen Steigspuren in den steilen Alphängen bis zum Steinmanngasseloch (ca. 2900 m) die Laune nicht verderben. Die letzte Gehstunde zum großen Steinmann auf der Laaser Spitze fällt nicht mehr schwer. Das meist einsame Kreuz grüßt seit 1969 den Vinschgau, von der Malser Haide bis Meran.

Tourensteckbrief

Ausgangsort
Gasthaus »Waldheim« 1550 m; *oder* Stallwieshof 1950 m, im Martelltal.

Die Tour in Stichworten
Gasthaus »Waldheim« 1550 m – Stallwieshof 1950 m – Steinmanngasseloch ca. 2900 m – Laaser Spitze 3304 m – Stallwieshof.

Schwierigkeit/Anforderung
I = wenig schwierig, Tagestour, große Anforderung, Wandertour.
Ab Gasthaus »Waldheim« nach Steig Nr. 5 zum Stallwieshof; *oder* von Gand im Martelltal (1267 m) Auffahrt zum Kirchdorf Martell und weiter zum Parkplatz vor dem Stallwieser (evtl. gesperrt, vorher erkundigen!). Auf Steig Nr. 5 mäßig steil durch den Bergwald in Almgelände; dort ist an einem Stein die Laaser Spitze, mit Pfeil, angeschrieben. Der Almweg läuft nach rechts weiter, der Pfeil weist nach links zu den Steilhängen hinauf zum sichtbaren Steinmann am Steinmanngasseloch (kleine Lake) – bis hierher sehr steiler Anstieg. Im Bergkamm über dem Blockkessel nach dem Steinmanngasseloch ist die Laaser Spitze, rechts, zurückgesetzt, mit einem großen Steinmann, später mit dem Gipfelkreuz, in Sicht. Nach Steigspuren, Markierungen und Steinmännern mäßig steil über Blockwerk zum Gipfel.
Nur für ausdauernde, selbständige Berggeher.

Höchste Wegestelle/Gipfel
Laaser Spitze 3304 m.

Anstiegsleistung
Ab Gasthaus »Waldheim« 1800, ab Stallwieshof 1400 Höhenmeter.

Abstieg
Wie Anstieg.

Gehzeiten
Gasthaus »Waldheim« 1550 m – Stallwieshof 1950 m: 1 Stunde; Stallwieshof – Steinmanngasseloch ca. 2900 m: 3 Stunden; Steinmanngasseloch – Laaser Spitze 3304 m: 1 Stunde.
Abstieg Stallwieshof: $2^1/_2$ Stunden.
Gesamtgehzeit: Ab Stallwieshof $6^1/_2$ Stunden.

Hütten/Stützpunkte
Stallwieshof 1950 m, Jausenstation.

Karten/Literatur
Kompass-Wanderkarte 1:50 000, Blatt 72, Ortler und Blatt 52, Vinschgau; Peter Holl, Kleiner Führer »Ortlergruppe«; Alpenvereinsführer »Ortlergruppe«; Sepp Schnürer »Hohe Routen Ortler, Adamello, Brenta«.

Tip
Von der Laaser Spitze Übergang nach Südwesten zur Schluderscharte und von dort Abstieg durch das Schludertal in das Martelltal (nahe Gasthaus »Waldheim«).

Suldner Berge

Die Anrede »Suldner Berge« umschreibt in diesem Tourenbuch die Gipfel der Ortler-Gruppe, die aus dem Suldner Talkessel ihre bevorzugten Anstiege erhalten: die westlichen Berge der Laaser Gruppe und die Gipfel über dem Suldenferner mit Einschluß von Ortler und Königspitze. Zur Ortler-Gruppe ist zu sagen, daß sie noch zu den Zentralalpen gehört; ihr Raum umfaßt nicht nur die höchsten Berge der Ostalpen (östlich der Schweizer Grenze), sondern auch die meisten Gipfel über 3500 Meter Meereshöhe. Die Ortler-Hauptkette übernimmt am Cevedalemassiv – herangeführt vom Ilmenkamm und vom Veneziakamm – die Sprachengrenze Deutsch – Italienisch und trägt sie über Königspitze, Thurwieser Spitze und Trafoier Eiswand nach Westen weiter zum Stilfser Joch. Zum neugeschaffenen »Nationalpark Stilfser Joch« gehört über die Hauptkette hinweg fast die gesamte Ortler-Gruppe; im Norden reicht er zum Etschtal und schließt die Täler von Sulden und Martell und im Osten das Ultental bis St. Gertraud mit ein.

Mit dem Namen »Sulden« wird die ganze Talschaft von Außersulden bis nach Innersulden, bei den Gampenhöfen, angesprochen; das Kirchlein St. Gertraud (aus dem 16. Jahrhundert), die große Pfarrkirche und das »Haus der Berge« bilden den Mittelpunkt. Sulden will wieder an die noch nicht vergessene große Bergsteigertradition vor dem Ersten Weltkrieg anknüpfen, als zeitweise 50 (!) Bergführer auf der Führerbank vor dem Hotel Eller ihre Kunden erwarteten.

Das »Haus der Berge«, eingeschlossen der Bergrettungsdienst unter der Leitung von Pfarrer Dr. Josef Hurton, dient allen Suldner Gästen: Wer Rat und Hilfe für seine Touren im Bereich der Suldner Berge braucht, wende sich dorthin.

Das Suldner Dreigestirn im Ausblick von der Düsseldorfer Hütte: von links Königspitze, Monte Zebrù, Ortler.

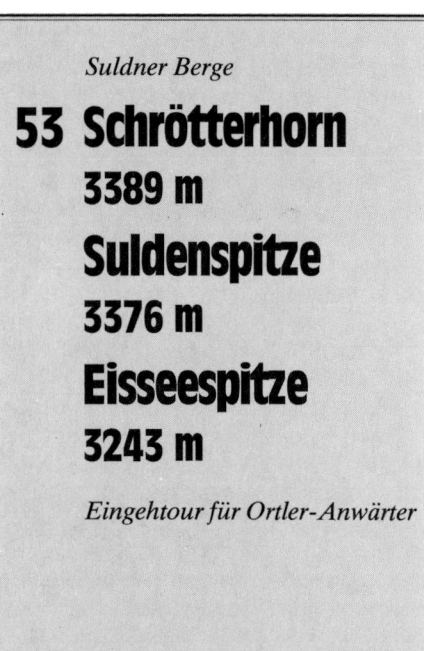

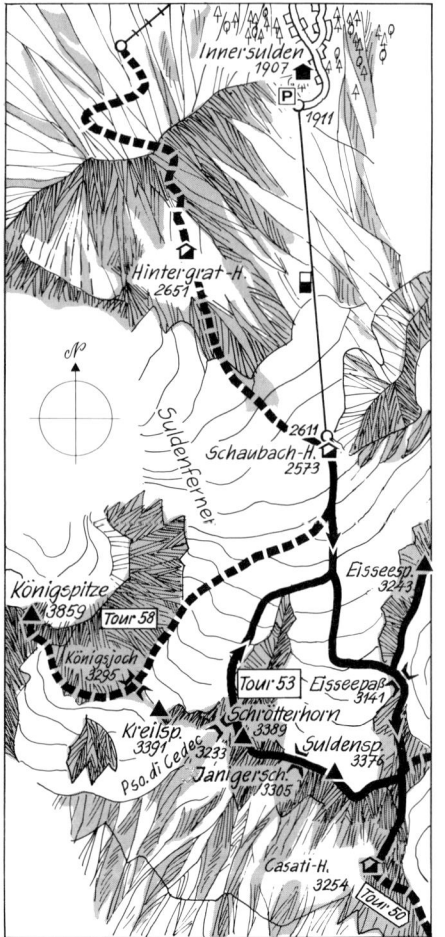

53 Schrötterhorn

3389 m

Suldenspitze

3376 m

Eisseespitze

3243 m

Eingehtour für Ortler-Anwärter

schwierig
Gletschertour

Wer heute nach Sulden anreist, sieht zu allererst den Ortler. Die Fahrt von der Straßengabelung in Gomagoi (1273 m) hinein in das Suldental rückt nach den ersten Kehren die Nordwand des Ortler mit dem Martlferner ins Blickfeld und verführt vielleicht zum Anhalten, damit dieses Kennenlernen nicht nur flüchtig bleibt. Der Ortler stellt sich aber noch prächtiger und großartiger auf der neuen Straße über dem orographisch rechten Ufer des Suldenbaches, hinein zum Suldner Talkessel, zur Schau. An die mächtige Nordwand schließen die Ostabstürze mit dem End'-der-Welt-Ferner an, graue Schuttreisen, aufgerissen von Lawinen und Steinschlagrunsen, verlaufen sich im Krummholzgürtel der Latschen.

Bis zum Beginn der neunziger Jahre des vergangenen Jahrhunderts führte von der Stilfser-Joch-Straße, ab Gomagoi, nur ein holpriger Karrenweg hinauf zum Kirchlein St. Gertraud, zum Widum des Kuraten und zum einzigen Gasthaus, dem »Hotel Eller«. Trotz des schlechten Zuganges war aber im Widum und im Hotel Eller die Bergsteigerwelt seit Jahren zu Hause. Großherzige Spenden und die Unterstützung von Sektionen des damaligen Deutschen und Österreichischen Alpenvereins ermöglichten den Bau einer Straße, und im Jahre 1892 rollte der erste Vierspännerzug hinauf nach Innersulden, bis zu den Gampenhöfen (1906 m) im Talschluß – so weit mußte die Straße gebaut werden, das war die Bedingung der Mäzene! Bei den Gampenhöfen liegt der Ursprung von Sulden. Alte Urbare weisen diese früher armseligen Bergbauernhöfe als »Grashöfe« aus, ständig bedroht vom Eis des Suldenferners, der noch im Jahre 1818 seine Gletscherzunge bis auf gezählte 346 Schritt an den oberen Gampenhof heranschob!

Weit zurückgezogen hat sich der Suldenferner. Die Gipfel aber, die den Suldner Talschluß im Süden rahmen, sind glänzend weiß und makellos geblieben wie zu Zeiten, als noch niemand daran dachte, zu ihnen hinaufzusteigen. Diese leuchtende und unverändert schöne Gletscherkulisse vom Schrötterhorn über die Suldenspitze zum Eisseepaß ist seit 1975 das Ziel der »Sulden-Seilbahn«. Aber zur Genugtuung wohl aller Freunde von Sulden ist der Angriff der Seilbahn-Erbauer im Vorfeld, bei der Schaubach-Hütte, steckengeblieben.

An der Bergstation der Sulden-Seilbahn präsentieren sich: links die Suldenspitze, rechts das Schrötterhorn und die Eisbrüche des Suldenferners. ▷

Der Talschaft von Sulden darf man diese Seilbahn – so, wie sie heute dem Tourismus dient – wohl gönnen. Mit ihrer Hilfe knüpft der Ort, einst das »Zermatt Tirols« genannt, an die große Vergangenheit, ein ostalpines Bergsteigerzentrum zu sein, wieder an. Nirgendwo sonst in den Ostalpen (östlich der Schweizer Grenze) ragen die Berge höher und mächtiger auf!

Wer nach Sulden zum Bergsteigen kommt, sollte nicht nur den Ortler, die Königspitze und den Cevedale sehen. Gewiß, diese Gipfel sind die Glanzpunkte im Suldner Gipfelreigen, die jeder Hochtourist erreichen möchte, aber die Suldner Berge stellen noch andere lohnende Ziele zur Wahl. Die Drei-Gipfel-Tour: Schrötterhorn, 3389 Meter, Suldenspitze, 3376 Meter, und Eisseespitze, 3243 Meter, ist hervorragend als Eingehtour für größere Unternehmungen geeignet, zum Akklimatisieren und zum Sammeln erster Kenntnisse in der Suldner Bergwelt. Die Seilbahn-Auffahrt ermöglicht diese hohe Route an einem Tag, und es bleibt Zeit genug zum Rasten und Schauen.

Im Anstieg aus dem zerklüfteten Hochbecken des Suldenferners zum Schrötterhorn ist sein anfangs breiter Gletschersockel ein Genuß, nach oben wird aus dem runden Eisbuckel eine steile, schmale Kante – im Abstieg für weniger sichere Bergsteiger vielleicht etwas heikel. Eine Stange fixiert die spitze Felsinsel des Gipfels, auf der eine Seilschaft kaum einen gemeinsamen Rastplatz findet. Der Gang vom Schrötterhorn zur Suldenspitze im Auf und Ab am schmalen Grat und über eingelagerte Firnterrassen ist wie ein Schreiten zwischen Himmel und Erde. Am Schneeplateau der Suldenspitze freut man sich dieser so unerwartet großartigen Tour, die geprägt wird von der unmittelbaren Kulisse von Königspitze und Ortler.

Nach einer Einkehr in der nahen Casati-Hütte ist der dritte Dreitausender, die Eisseespitze, vom Eisseepaß (3141 m) aus noch eine gern mitgenommene Dreingabe, ehe man über die breit ausgetretene Trasse zurückkehrt zur Bergstation.

Tourensteckbrief

Ausgangsort
Sulden, Talstation Sulden-Seilbahn 1911 m.

Die Tour in Stichworten
Talstation Sulden-Seilbahn 1911 m – Bergstation 2611 m (Schaubach-Hütte 2573 m) – Schrötterhorn 3389 m – Suldenspitze 3376 m (– Casati-Hütte 3254 m) – Eisseepaß 3141 m – Eisseespitze 3243 m – Eisseepaß – Bergstation.

Schwierigkeit/Anforderung
III = schwierig, Tagestour,
mittlere Anforderung, Gletschertour.
Ab Bergstation auf Steig in Richtung Eisseepaß zum Suldenferner; aus seiner unteren Region (Spalten!) nach rechts zu einem Felssporn, mit dem das Schrötterhorn im Suldenferner fußt. Links dieses Felssporns steil (Spalten!) hinauf zum Gletschersockel des Schrötterhorns, über den Eisrücken, zuletzt steil und ausgesetzt, hinauf zu einer Gletscherterrasse rechts des Gipfels; kurzer, felsiger Schlußanstieg. Ab Schrötterhorn auf der Firnschneide, teilweise ausgesetzt, über eine

vergletscherte Zwischenhöhe (3366 m) zur Janigerscharte (3305 m) und hinauf zum Gletscherplateau der Suldenspitze.
Nun entweder auf dem steilen, sehr ausgesetzten Nordost-Firngrat hinab in die Scharte vor den Felsen der Kleinen Suldenspitze und östlich vorbei über den Gletscher zum Eisseepaß. *Oder* auf meist vorhandener Trasse zur nahen Casati-Hütte, auf ausgetretener Gletschertrasse zum Eisseepaß; nach Steigspuren über Fels und Firn kurzer, problemloser Anstieg zur Eisseespitze. *Abstieg* Eisseepaß – Bergstation: Nach Steigspuren und Markierungen steil hinab (Steinschlaggefahr!) zum Suldenferner und auf fast immer vorhandener Trasse (Spalten!) zurück zur sichtbaren Bergstation. Eisausrüstung notwendig.
Nur für sichere, erfahrene Eisgeher.

Höchste Wegestelle/Gipfel
Schrötterhorn 3389 m, Suldenspitze 3376 m, Casati-Hütte 3254 m, Eisseespitze 3243 m, Eisseepaß 3141 m.

Anstiegsleistung
Ab Bergstation 1000 Höhenmeter.

Abstieg
Siehe Tourenverlauf.

Gehzeiten
Bergstation Sulden-Seilbahn 2611 m – Schrötterhorn 3389 m: 3 Stunden; Schrötterhorn – Suldenspitze 3376 m – Casati-Hütte 3254 m: 1 Stunde; Casati-Hütte – Eisseepaß 3141 m – Eisseespitze 3243 m: 1 Stunde; Eisseespitze – Eisseepaß – Bergstation: 1½ Stunden.
Gesamtgehzeit: Ab Bergstation Sulden-Seilbahn 6½ Stunden.

Hütten/Stützpunkte
Schaubach-Hütte 2573 m, CAI-Sektion Mailand, 60 Betten und Matratzenlager, ganzjährig bewirtschaftet.
Casati-Hütte 3254 m, CAI-Sektion Mailand, 290 Betten und Matratzenlager, bewirtschaftet von Mitte März bis Ende September.

Karten/Literatur
Kompass-Wanderkarte 1:50 000, Blatt 72, Ortler; Wanderkarte Sulden – Ortlergruppe, 1:25 000, Verkehrsverein Sulden; Peter Holl, Kleiner Führer »Ortlergruppe«; Alpenvereinsführer »Ortlergruppe«; Sepp Schnürer »Hohe Routen Ortler, Adamello, Brenta«.

54 Vordere Schöntaufspitze
3214 m
Hintere Schöntaufspitze
3324 m

Im Gegenüber des Ortler-Dreigestirns

wenig schwierig
Wandertour

Im Gefolge der Ostalpenerschließung begann in den siebziger Jahren des 19. Jahrhunderts der 1873 konstituierte Deutsche und Österreichische Alpenverein mit Hüttenbauten als Wegebereiter für den Bergtourismus. Ortler und Königspitze waren schon damals die Traumziele der Alpinisten, und so konnte es nicht ausbleiben, daß die Suldner Bergwelt gleich zu Beginn dieses allgemeinen Aufbruchs mehrere Bergsteiger-Stützpunkte erhielt.

Die Sektion Prag erbaute 1875 am Ortler die Payer-Hütte (3020 m); eine private Gruppe Wiener Bergsteiger, die Alpine Gesellschaft »Wilde Bande« errichtete ein Jahr später im Nahbereich der Königspitze die Schaubach-Hütte (2573 m), benannt nach dem Schriftsteller und Alpenreisenden Adolf Schaubach (1800–1850). Im Jahre 1888 übernahm nach Auflösung der »Wilden Ban-

de« die Alpenvereinssektion Hamburg diesen Stützpunkt. Die Hamburger freuten sich an ihrem Haus, verbesserten und erweiterten es zweimal, zuletzt 1894. Mit dem Habitus dieser letzten Veränderung, ein behäbiger, anheimeliger Bau, überstand die Schaubach-Hütte eine lebhafte Zeit des Bergtourismus bis zum Beginn des Ersten Weltkrieges. Es folgten die Kriegsjahre mit Beschädigung durch italienischen Artilleriebeschuß und die stille Zeit über noch einen Weltkrieg hinweg bis zur neuen Bergsteiger-Ära in der zweiten Hälfte unseres Jahrhunderts. Der neue Besitzer, die CAI-Sektion Mailand, hat das »Rifugio Citta di Milano« nicht verändert, aber renoviert und gut ausgestattet.

Nachdem Sulden durch den Bau der Straße im Jahre 1892 den Anschluß zum Vinschgau erhielt, reiste die große Welt zur Sommerfrische an, die vielen Bergführer hatten alle Hände voll zu tun. Der Alpenchronist und große Freund der Suldner Berge, Theodor Christomannos, schrieb 1895: »Für die ›Bummler‹ am leichtesten zugänglich sind die Schaubachhütte am grossen Suldenferner und die Düsseldorferhütte im Zaytale; trotz ihrer verhältnismässig hohen Lage kann man sie auf bequemen Reitsteigen in 2 bis längstens 2½ Stunden von den Hotels erreichen, und an manchen Tagen wimmelt es auf den Wegen zu denselben von fröhlichen Schaaren von Fussgängern und Reitern, die alle demselben Ziel zustreben.«

Die Schaubach-Hütte, damals zu Fuß oder hoch zu Roß – die Damen im langen Rock und Reitsitz –, heute meist mit der Seilbahn erreicht, ist das selbstverständliche Suldner Ausflugziel geblieben: Neben der aufregend nahen, aber risikolosen Betrachtung der Königspitze kann sie zwei leicht ersteigbare, aussichtsreiche Gipfel anbieten, die schon in der »guten alten Zeit« niemand übersehen durfte. Die beiden Schöntaufspitzen waren und bleiben, so lange Bergsteiger und Wanderer nach Sulden kommen, ein äußerst lohnendes, beliebtes Bergziel.

Die niedrigere Vordere Schöntaufspitze, 3214 Meter, macht sich als vorspringender, massiver Felsberg mit einem weithin sichtbaren Gipfelkreuz auffällig hinab nach Sulden bekannt, die Hintere Schöntaufspitze, 3324 Meter, erhebt sich zurückgesetzt nach Osten, aber als hoher Gipfel im Zug des Madritschkam-

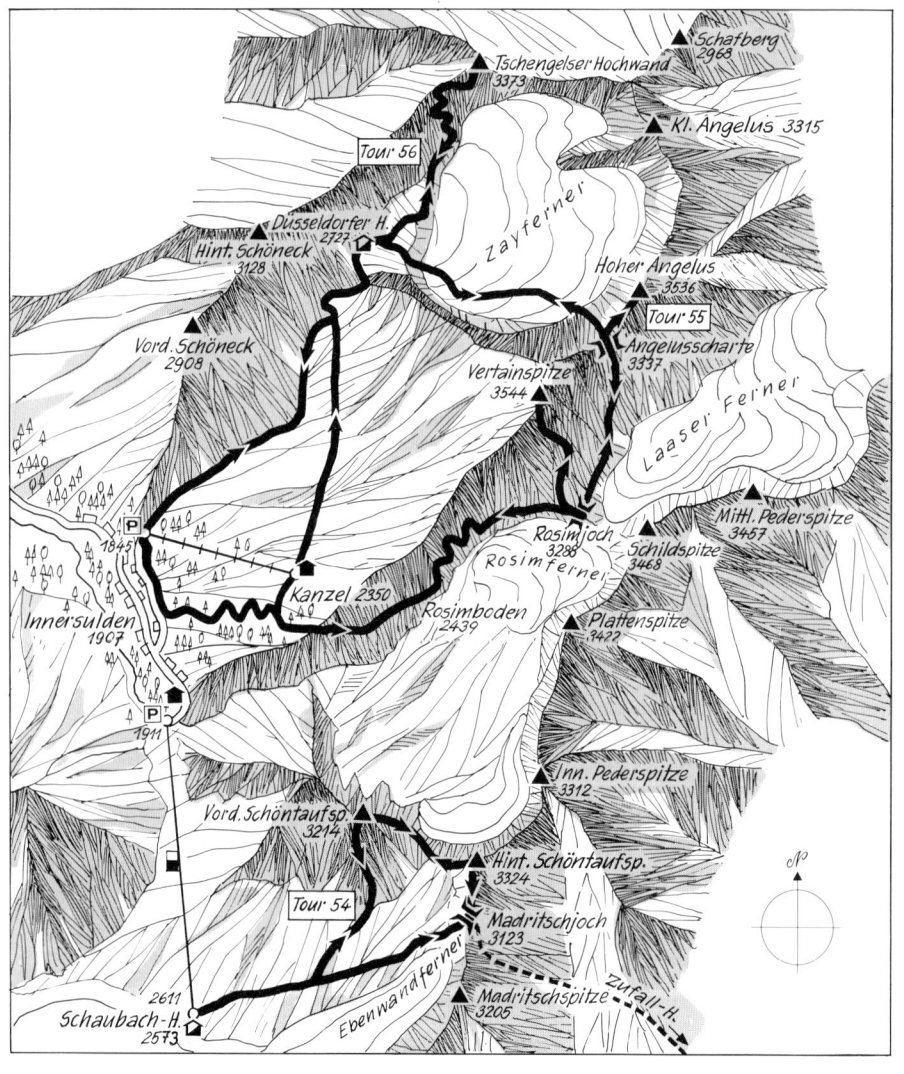

Das Bergsteigen und Wandern hoch über Sulden wird von der Aussicht her immer ein besonderer Genuß sein. Die Tour zu den Schöntaufspitzen profitiert vom Anblick des Suldner Dreigestirns; im Bild links der Monte Zebrù, rechts der Ortler.

mes, in hervorragender Aussichtsposition über dem Madritschjoch (3123 m). Über dieses Joch, zu dem auch ein guter, eisfreier Weg aus dem Martelltal über die Zufall-Hütte führt (2½ Stunden), läuft fast das ganze Jahr über die Hauptroute zur Hinteren Schöntaufspitze. Nicht lange, nachdem der letzte Bergsteiger im Herbst den Gipfel verlassen hat, kommen die Skifahrer von der Bergstation der Sulden-Seilbahn mit dem Schlepplift über den Ebenwandferner herauf zum Madritschjoch, und bei schönem Wetter stapfen immer ein paar Unentwegte die halbe Stunde hinauf zum Gipfel.

Der »Spaziergang« zur Hinteren Schöntaufspitze kann – trotz Liftanlagen – sehr reizvoll sein: Man meide den Trampelpfad entlang der Lifttrasse zum Madritschjoch und lasse sich vom weniger besuchten Kreuz der vorderen Spitze zur wohl besten Sicht hinab zum grünen Suldner Talkessel locken; über einen breiten Bergrücken steigt man dann gemächlich zur Gipfelstange der hinteren Spitze hinauf – dort die überwältigende Rundschau! Als »Genußspecht« schlendert man auf der Anstiegspromenade schnee- und eisfrei den gleichen Weg zurück – ein Bergab, bei dem sich das Dreigestirn: Ortler, Zebrù, Königspitze nochmals von seiner schönsten Seite zeigt.

Tourensteckbrief

Ausgangsort
Sulden, Talstation Sulden-Seilbahn 1911 m.

Die Tour in Stichworten
Talstation Sulden-Seilbahn 1911 m – Bergstation 2611 m – Vordere Schöntaufspitze 3214 m – Hintere Schöntaufspitze 3324 m – Madritschjoch 3123 m – Bergstation.

Schwierigkeit/Anforderung
I = wenig schwierig, Tagestour, mäßige Anforderung, Wandertour.
Ab Bergstation auf Steig und nach Markierungen zum sichtbaren Kreuz der Vorderen Schöntaufspitze und über den schrofigen Rücken zur Hinteren Schöntaufspitze. Für geübte Bergwanderer.

Höchste Wegestelle/Gipfel
Vordere Schöntaufspitze 3214 m, Hintere Schöntaufspitze 3324 m.

Anstiegsleistung
Ab Bergstation 700 Höhenmeter.

Abstieg
Wie Anstieg; *oder* hinab zum Madritschjoch und entlang der Lifttrasse zur Bergstation.

Gehzeiten
Bergstation 2611 m – Vordere Schöntaufspitze 3214 m: 2 Stunden; weiter zur Hinteren Schöntaufspitze 3324 m: ½ Stunde. Abstieg: 1½ Stunden.
Gesamtgehzeit: 4 Stunden.

Hütten/Stützpunkte
Schaubach-Hütte 2573 m, CAI-Sektion Mailand, 60 Betten und Matratzenlager, ganzjährig bewirtschaftet.
Zufall-Hütte 2265 m, CAI-Sektion Mailand, 120 Betten und Matratzenlager, bewirtschaftet von Mitte Juni bis Mitte Oktober.

Karten/Literatur
Kompass-Wanderkarte 1:50000, Blatt 72, Ortler; Wanderkarte Sulden – Ortlergruppe, 1:25000, Verkehrsverein Sulden; Peter Holl, Kleiner Führer »Ortlergruppe«; Alpenvereinsführer »Ortlergruppe«; Sepp Schnürer »Hohe Routen Ortler, Adamello, Brenta«.

Tip
Von der Hinteren Schöntaufspitze Abstieg zum Madritschjoch, in mäßig schwieriger Kletterei zur Madritschspitze.

Suldner Berge

55 Hoher Angelus
3536 m

Vertainspitze
3544 m

*Anspruchsvolle Tour von der
Düsseldorfer Hütte*

*mäßig schwierig
Gletschertouren*

Mit dem Namen »Laaser Gruppe« wird der nordöstliche Bergraum der Ortler-Gruppe zwischen dem Suldental und dem Martelltal deutlich umschrieben. Das Laaser Tal stößt vom berühmten Vinschgauer Marmorort Laas in das Innere der Gruppe vor und war daher für die Namensgebung zuständig.

Aus der Laaser Gegend gut erkennbar, blinkt über dem Talschluß, im Herzen dieser Bergwelt, die Gletscherschüssel des Laaser Ferners. Die Alpenvereinssektion Troppau erschloß in den Jahren 1894/95 mit der Troppauer Hütte (2200 m) die Tourenmöglichkeiten am Laaser Ferner; leider ist die Hütte seit Jahrzehnten eine Ruine, und niemand denkt an den Wiederaufbau. Der Alpenverein Südtirol wollte aber das Laaser Tal, seinen Ferner und die Gipfeltouren, die sich daraus vor allem zum Laas-Marteller Kamm anbieten, nicht ganz verwaist lassen und richtete 1972 die Obere Laaser Alm (2047 m) als Selbstversorgerhütte ein.

Aber auch zu den Zeiten als die Trop-pauer Hütte noch bestand, konzentrierte sich das touristische Schwergewicht mehr im Westteil der Laaser Gruppe, auf der Suldner Seite. Die angesehensten Hochgipfel, die Tschengelser Hochwand, 3373 Meter, der Hohe Angelus, 3536 Meter, und die Vertainspitze, 3544 Meter, orientieren sich dorthin, sie besitzen mit der Düsseldorfer Hütte (2727 m) einen sehr vorteilhaften Stützpunkt mit günstigem Zugang von Sulden und können daher für den Tourismus als Suldner Berge gelten.

Die Alpenvereinssektion Düsseldorf traf für ihren Hüttenbau (1891/92) auf der Südwestrampe des Zaytales eine glückliche und landschaftlich hervorragende Standortwahl; der Name Düsseldorfer Hütte wird auch heute noch im Sprachgebrauch bevorzugt, wenn auch die Landkarten die Bezeichnung »Zaytal-Hütte« voranstellen (heutiger Besitzer ist die CAI-Sektion Mailand). Mit dem Zayferner im Hochkessel des gleichnamigen Tales besitzt die Laaser Gruppe noch ein zweites Eisreservat. An der Vertainspitze ist darin ein sehr steiler Hängegletscher eingelagert, der sogar extreme Eisgeher anlockt. Diese Eiskaskade und die Firnkalotte des Hohen Angelus werben für die Hütte, die vielen Tagesgäste bestaunen das malerische Bild von Eis und Urgestein, der Bergsteiger beachtet die Gipfelhöhen und überlegt die Anstiege.

Die Vertainspitze zeigt zur Düsseldorfer Hütte ihren starken, felsigen Nordwest-

◁ *Die Düsseldorfer Hütte, in den Landkarten auch Zaytal-Hütte genannt, war sogleich nach ihrer Errichtung durch die Alpenvereinssektion Düsseldorf im vorigen Jahrhundert ein beliebter Suldner Bergsteigerstützpunkt. Kein Wunder, denn die Hütte erschließt den Zaykessel und sein Tourenangebot, in dem die Eiskuppe des Hohen Angelus (Bild) ungemein lockend glänzt. Rechts die Angelusscharte.*

Die Tour zum Hohen Angelus – das Bild zeigt ▷
die Bergsteiger in der Route über den Südwestgrat – kann im Suldner Tourenprogramm ein Höhepunkt sein, denn diese Gratführe mit ihrem großen Ausblick nach Nord und Süd schöpft das Bergerlebnis voll aus. (Die Trittspur führt zur Angelusscharte.)

pfeiler mit einem Vorgipfel, der Hohe Angelus dagegen ein Firnschild, eine Felsschulter, die zum Gipfel aufschließt, und steile Gletscherhänge; die mit Fels gesäumte Firnschneide seines Südwestgrates verbindet ihn mit dem Gletschersattel der Angelusscharte (3337 m). Diese hohe Scharte kann wegen ihrer günstigen Position der Schlüssel zu einem Tourentag sein, der in einem Zug den Hohen Angelus und die Vertainspitze einbringt.

Auch wenn man nur zum Hohen Angelus möchte, ist die Angelusscharte eine wichtige Orientierungshilfe im teilweise steilen Anstieg auf einem Seitenflügel des Zayferners zum Südwestgrat. Die Zayseite des Grates trägt über einige Felsinseln und die Bastion eines Gratturmes die mäßig steile Route hinauf zum futuristischen Stahlrohrkreuz der AVS-Sektion Laas. An einem schönen, klaren Tag ist das Bergerlebnis am »Hohen Engel« so groß, daß man damit zufrieden zur Düsseldorfer Hütte absteigen kann. Aber man sollte die hohe La-

ge der Angelusscharte nicht voreilig verschenken – wer weiß, ob der nächste Tag noch einen Gipfel vergönnt.

Die Vertainspitze erhält ihren Besuch zumeist aus dem südlich eingelagerten Rosimjoch (3288 m), entweder über den breiten Nordostgrat oder – je nach den Verhältnissen – durch die verfirnte Südflanke. Das Rosimjoch gibt sich von der Angelusscharte in Südrichtung unter der Schildspitze zu erkennen, fast immer führt eine Trasse über das Hochbecken des Laaser Ferners zu ihm hinüber. Die Vertainspitze nennt man die Königin der Laaser Gruppe. Wer von ihrem Felsgipfel Umschau hält, kann höhere Wünsche nur noch auf der anderen Suldner Talseite, drüben am Ortler oder bei der Königspitze, finden.

Besonders schön und von ihrer alpinsten Seite, mit dem Anblick ihres Hängegletschers, präsentiert sich die Vertainspitze im Anstieg zur Tschengelser Hochwand.

Tourensteckbrief

Ausgangsort
Sulden 1845 m.

Die Tour in Stichworten
Sulden 1845 m – Düsseldorfer Hütte 2727 m – Angelusscharte 3337 m – Hoher Angelus 3536 m – Angelusscharte – Rosimjoch 3288 m – Vertainspitze 3544 m – Rosimjoch – Rosimboden 2439 m – Sulden (Kanzellift-Bergstation 2350 m).

Schwierigkeit/Anforderung
II = mäßig schwierig, 1¹/₂-Tage-Tour, mittlere Anforderung, Gletschertouren.
Von Sulden nach markiertem Steig Nr. 5; *oder* mit dem Kanzellift Auffahrt zur Kanzel (2350 m) und von dort nach Steig Nr. 12 zur Düsseldorfer Hütte. Ab Hütte nach Steig Nr. 152 zum Saum des Zayferners und auf der Gletscherroute teilweise steil, meist Trasse (Spalten), zum Ansatz des Südwestgrates links der Angelusscharte; über den Südwestgrat mäßig steil, wenig ausgesetzt, zum Hohen Angelus. Abstieg zur Angelusscharte, fast horizontaler Übergang im Hochbecken des Laaser Ferners zum sichtbaren Rosimjoch; dort entweder über den Südostgrat nach Steigspuren oder im Firn der Südflanke, meist Trittspuren, steil zur Vertainspitze. *Abstieg* zum Rosimjoch und über den Rosimferner (Spalten) hinab in das Rosimtal, auf Steig Nr. 11 zum Rosimboden; entweder weiter nach Sulden oder nach markiertem Steig zur Bergstation Kanzellift. Eisausrüstung notwendig.
Nur für erfahrene, sichere Bergsteiger.

Höchste Wegestelle/Gipfel
Hoher Angelus 3536 m, Vertainspitze 3544 m.

Anstiegsleistung
Ab Sulden 1900, ab Düsseldorfer Hütte 1100 Höhenmeter.

Abstieg
Siehe Routenverlauf; *oder* ab Angelusscharte zurück zur Düsseldorfer Hütte.

Gehzeiten
Sulden 1845 m – Düsseldorfer Hütte 2727 m: 2¹/₂ Stunden (ab Bergstation Kanzellift 2350 m: 1 Stunde); Düsseldorfer Hütte – Hoher Angelus 3536 m: 3 Stunden; Abstieg Angelusscharte 3337 m – Rosimjoch 3288 m: 1 Stunde; Rosimjoch – Vertainspitze 3544 m: 1 Stunde. Abstieg Rosimboden – Bergstation Kanzellift: 2¹/₂ Stunden; Rosimboden – Sulden 3¹/₂ Stunden.
Gesamtgehzeit: Ab Düsseldorfer Hütte 7¹/₂ bis 8¹/₂ Stunden.

Hütten/Stützpunkte
Düsseldorfer Hütte 2727 m, CAI-Sektion Mailand, 50 Betten und Matratzenlager, bewirtschaftet von Anfang Juli bis Ende September.

Karten/Literatur
Siehe Tour 53.

Suldner Berge

56 Tschengelser Hochwand
3373 m

Aussichtskanzel über dem oberen Vinschgau

*wenig schwierig
Felstour*

Bergsteiger, die bei der Düsseldorfer Hütte zukehren, haben ein hervorragendes Ausweichziel vor sich, wenn ihnen der Hohe Angelus und die Vertainspitze zu schwierig erscheinen: Die Tschengelser Hochwand gilt seit jeher als attraktiver Hausberg der Düsseldorfer Hütte!

Ihre Vorzüge, ein kurzer, aber interessanter, eisfreier und sogar teils gesicherter, südseitiger Felsanstieg – der »Otto-Erich-Steig« –, ein großes, schönes Gipfelkreuz und die hervorragende Rundumschau empfehlen die 3373 Meter hohe Tschengelser Hochwand als ein lohnendes Suldner Bergziel, das auch den anspruchsvollen Bergwanderer zufriedenstellt. Wer trittsicher und schwindelfrei ist, sich nicht scheut, auch einmal in den Fels zu greifen, einige kurze Holzleitern hochzuklettern und konditionell einen Steilanstieg über 400 Höhenmeter durchhält, der wird an der Tschengelser Hochwand seine helle Freude haben.
Schon Christomannos, unser Chronist vom Jahre 1895, schrieb: »Den bequemen Touristen, den Feind größerer Beschwerden, der die Hütte vielleicht sogar zu Pferde erreicht hat, interessiert jedoch unter den Spitzen nur die Tschengelser Hochwand, welche die leichteste und zugleich auch eine der aussichtsreichsten dieser Gipfel ist!«

Tourensteckbrief

Ausgangsort
Sulden 1845 m.

Die Tour in Stichworten
Sulden 1845 m – Düsseldorfer Hütte 2727 m – »Otto-Erich-Steig« – Tschengelser Hochwand 3373 m – Düsseldorfer Hütte – Sulden.

Schwierigkeit/Anforderung
I = wenig schwierig, Tagestour, mittlere Anforderung, Felstour.
Zur Düsseldorfer Hütte siehe Tour 55.
Ab Hütte auf Steig Nr. 5 zu den beiden Seelein (ca. 2900 m) unter der Südwand der Tschengelser Hochwand; dort nach Schild links steil höher gegen die Geröllrinne, die von einer Scharte links des Gipfels herabzieht. (Durch die Geröllrinne verläuft der alte Normalanstieg.) Bei ca. 3000 m zeigt ein Schild zur Rechten den »Otto-Erich-Steig« und damit die markierte und auch gesicherte Route durch den steilen, schrofigen Südwandfels bis zum Ausstieg am Südwestgrat; wenig schwierig über den Grat zum Gipfel.
Nur für trittsichere, schwindelfreie Bergwanderer.

Höchste Wegestelle/Gipfel
Tschengelser Hochwand 3373 m.

Anstiegsleistung
Ab Sulden 1500, ab Bergstation Kanzellift 1000, ab Düsseldorfer Hütte 600 Höhenmeter.

Abstieg
Wie Anstieg.

Gehzeiten
Sulden 1845 m – Düsseldorfer Hütte 2727 m: $2^{1}/_{2}$ Stunden; (ab Bergstation Kanzellift 2350 m: 1 Stunde). Düsseldorfer Hütte – »Otto-Erich-Steig« – Tschengelser Hochwand 3373 m: $2^{1}/_{2}$ Stunden. Abstieg Düsseldorfer Hütte: 2 Stunden; Düsseldorfer Hütte – Sulden: 2 Stunden (mit Benützung Kanzellift: 1 Stunde).
Gesamtgehzeit: Ab Sulden $6^{1}/_{2}$ bis 9 Stunden.

Hütten/Stützpunkte
Düsseldorfer Hütte 2727 m, siehe Tour 55.

Karten/Literatur
Kompass-Wanderkarte 1:50 000, Blatt 72, Ortler; Wanderkarte Sulden – Ortlergruppe, 1:25 000, Verkehrsverein Sulden; Peter Holl, Kleiner Führer »Ortlergruppe«; Sepp Schnürer »Hohe Routen Ortler, Adamello, Brenta«.

Aus dem leuchtend grünen Suldner Talgrund schnellt die Sulden-Seilbahn hinauf zur Bergstation nahe der Schaubach-Hütte am Rande des Suldenferners. Darüber der Schöneck-Kammzug, der zur Tschengelser Hochwand (rechts) ansteigt.

Suldner Berge

57 Ortler
3905 m

Der König der Ostalpen

schwierig
Fels-/Gletschertour

»Als Erzherzog Johann von Österreich seine erste Reise nach Tirol unternahm, besuchte er den Vintschgau und die Quellen der Etsch. Der Anblick des Ortlers, der gewaltig sein Haupt über alle nachbarlichen Gletscher und Gipfel erhebt, hatte das lebhafte Interesse des fürstlichen Herren erregt. Er äußerte die Meinung, daß dieser Berg den höchsten Gipfeln von Savoyen und der Schweiz nur wenig nachgeben dürfte. Wer konnte diese Meinung bejahen oder verneinen?« (»Die Erschließung der Ostalpen«.)

In den Gesichtskreis der gebildeten Leute trat der Ortler mit dem Jahre 1774 im »Atlas Tyrolensis«, herausgegeben von Peter Anich und Blasius Hueber. In richtiger Erkenntnis hatten diese beiden Tiroler Bauern-Kartographen den »Ortelesspitz'« als »höchsten Spitz' im Land Tirol« darin eingezeichnet. Erzherzog Johann von Österreich (1782–1859) war ein großer Förderer des Alpinismus, und der Erfolg am Großglockner bewog ihn, den k.u.k. Bergoffizier Dr. Friedrich Gebhard nach Sulden zu schicken mit dem Auftrag, den Ortler zu vermessen und zu besteigen. Am 28. August 1804 kam Dr. Gebhard mit seinen ständigen Begleitern, den Zillertalern Johann Leitner und Johann Klausner, zum Vierkantturm des Kirchleins St. Gertraud – zum »Sibirien Tirols, allwo die Bauern mit den Bären aus einer Schüssel essen und die Kinder auf den Wölfen daherreiten«, wie noch am 4. Jänner 1802 das Innsbrucker Wochenblatt schrieb!

»Auf dem Ortlereis wirst ausrutschen, Mandele«, prophezeite ein alter Suldner Bauer, als Gebhard von seinem Vorhaben erzählte und mit klingender Münze um Unterstützung warb. Nach mehreren Fehlschlägen kam am 26. September der Gemsjäger Joseph Pichler aus dem Passeier, genannt »das Pseyrer Josele«, zu Gebhard und meinte: »Der Ortler ischt mir nit unbekannt, wenn der Herr will, nachher steig i aufi.« – »Und wie

hoch ist die Forderung?« – »I geh nit wegen dem Geld alloan, Herr! I will den Ortler packn; zwing i den Spitz', nachher nimm i gern, was der Herr den anderen boten hätt', zwingt er mi, so lass i mi nimmer sehgn.« Noch am gleichen Tag wanderten das Josele und die beiden Zillertaler mit den Barometern des Doktors nach Trafoi und gewannen tags darauf, am 27. September 1804, nach etwa 9stündigem Aufstieg über die »Hinteren Wandln« den Gipfel!

Auch die Nachricht, die Dr. Gebhard daraufhin seinem erlauchten Auftraggeber sandte, ist wert, nachgelesen zu werden: »Königliche Hoheit! Es ist vollendet, das grosse Werk! Der Stand der Barometer auf der Ortlerspitze war am 27. September zwischen 10 und 11 U. mittags 194'', die correspondierende Beobachtung zu Mals zeigte 300''. Wie unaussprechlich glücklich fühle ich mich, imstande zu sein, Eurer königlichen Hoheit diese Nachricht in Unterthänigkeit ertheilen zu können!« – König Ortler hatte seinen Eintritt in die alpine Geschichte vollzogen!

Ein Jahr später erschloß das Pseyrer Josele unter Dr. Gebhard den Anstieg über den Hintergrat und eröffnete damit eine Route, die auch in unserer Zeit nur erfahrenen, in Fels und Eis geübten Bergsteigern vorbehalten ist. Den Normalweg, so wie er heute von Sulden über die Tabaretta-Hütte (2556 m) zur Bärenkopfscharte (2877 m) und zur Payer-Hütte (3020 m) verläuft, erkundete Julius Payer mit seinem Führer Johann Pinggera im Zuge seiner ersten, im Jahre 1865 ausgeführten Erschließungsfahrt in die Ortler-Gruppe. Die Payer-Route fand sehr schnell allgemeine Zustimmung und bekam 10 Jahre später durch die Payer-Hütte am Tabarettagrat ihre endgültige Festschreibung.

Julius Payer, dem die Ortler-Gruppe eine Bereinigung der verworrenen Nomenklatur und eine erste kartographisch genaue Aufnahme verdankt, wurde mit der Payer-Hütte geehrt – er war damals erst 33 Jahre alt!

Die Alpenvereinssektion Prag errichtete 1875 den bescheidenen Erstbau der Hütte. Im Jahre 1887 kam, nach einem

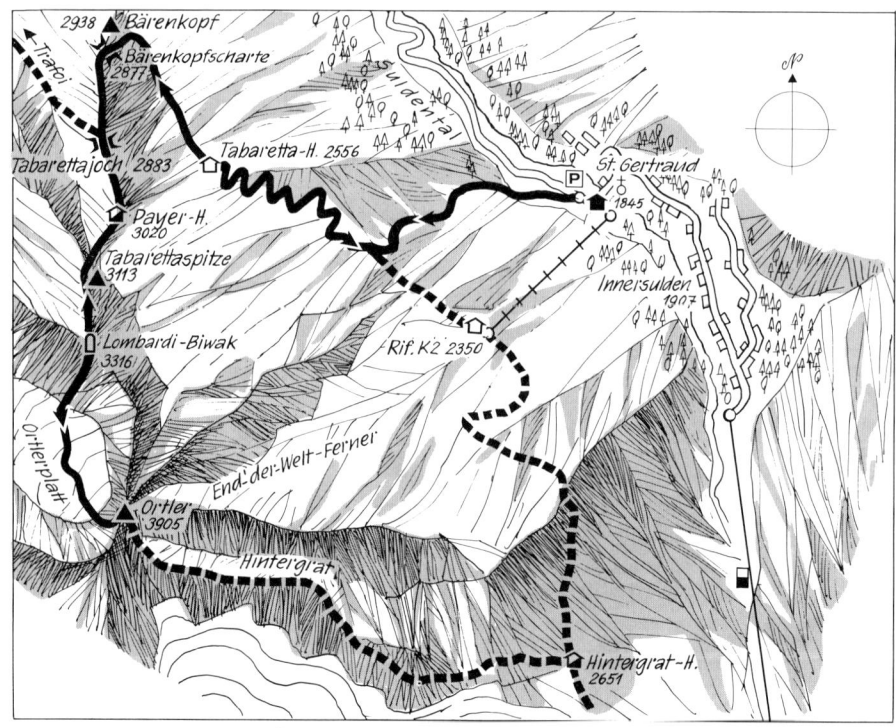

Im Ortler-Anstieg auf dem »Felsenweg« von ▷ *der Payer-Hütte aus befinden sich die Bergsteiger vor dem Felsköpfl des Tschierfeck mit dem Lombardi Biwak; links der Ortlergipfel.*

vorangegangenen Neubau, der erste Hüttenwirt, 1894 mußte nochmals ein großer Zubau erstellt werden; das Jahr 1899 registrierte bereits mehr als 1000 Übernachtungen – der Nimbus des Ortler als höchster Berg des damaligen Österreichs war wie ein Magnet! Ihr heutiges, stattliches Aussehen bekam die Payer-Hütte – mit einem Aufwand von 120000 Kronen – im Jahre 1909. Im Ersten Weltkrieg diente sie als österreichischer Stützpunkt in der Ortlerfront, nach dem Krieg erhielt die CAI-Sektion Mailand die Payer-Hütte zugesprochen. Die Mailänder beließen ihr den angestammten Namen, schließlich war »Giulio Payer« ihr Ehrenmitglied! Im Aufblick aus dem Suldner Talgrund wirkt die Silhouette der Payer-Hütte in der freien Position am Tabarettagrat wie eine Zuflucht aus der lauten Welt – nach 3¹/₂ Stunden Gehzeit kann man sich beim Hüttenwirt Willi Ortler zur Übernachtung anmelden! In den siebziger Jahren hat sich der sogenannte »Felsenweg« eingeführt, der von kaum einer

Seilschaft verlassen wird. Die Nordhangquerung der Tabarettaspitze hinüber zu einer schmalen Scharte ist der Auftakt. An der Scharte weisen Trittspuren im schuttigen, südseitigen Fels abwärts, ein Steiglein führt zu einem Zwischenkopf, den man überschreitet und damit vor den berüchtigten »Wandln« anlangt. Ketten und eine Leiter sichern diesen steinschlaggefährdeten, fast senkrechten Durchstieg hinauf zur Felskuppe (ca. 3150 m), die Route kommt zur ersten, kurzen Gletscherberührung im Anstieg zum Felsköpfl des Tschierfecks, auf dem das steinerne Lombardi-Biwak (3316 m) steht. Dieser Stützpunkt ist leider dem Verfall preisgegeben und könnte doch eine rettende Insel als letzter Vorposten auf sicherem Fels vor dem Gletscherdach des Oberen Ortlerferners sein. Stufe um Stufe über noch 600 Höhenmeter heben steile Eisterrassen die fast immer vorhandene Trasse, vorbei an drohenden, oft breiten Spalten, hinauf zur Hochebene des »Ortlerplatts« und damit in Gipfelnähe.

Auf einem schmalen, immer wieder von Wind, Wetter und Sonne veränderten Firngrat läuft der Anstieg aus – das Gipfelkreuz steht wenig tiefer auf den Felsen, mit denen der Hintergrat zum Ortlerplatt aufschließt.
Im Ersten Weltkrieg war der Ortler-Gipfel der höchste Punkt einer 450 Kilometer langen Front in Fels und Eis, ausgehackte Eiskavernen am Ortlerplatt verbargen die Holzhütten für eine bis zu 30 Mann starke Besatzung. Heute gibt es von diesem Geschehen keine Spuren mehr – Bergsteiger aus aller Welt treffen sich zu glücklicher Gipfelrast am »König Ortler«.

Der Ortlergipfel, 3905 Meter, höchster Gipfel ▷
der Ostalpen östlich der Schweizer Grenze.

In ihrem Urbau ist die Payer-Hütte eines der ältesten Schutzhäuser der Ostalpen. Das heutige stattliche Ansehen hat ihr die Sektion Prag in einer letzten Baumaßnahme im Jahre 1909 gegeben.

Tourensteckbrief

Ausgangsort
Sulden (St. Gertraud) 1845 m; *oder* Trafoi 1543 m.

Die Tour in Stichworten
Sulden 1845 m; *oder* Trafoi 1543 m – Payer-Hütte 3020 m – Lombardi-Biwak 3316 m – Ortler 3905 m – Payer-Hütte – Sulden.

Schwierigkeit/Anforderung
III = schwierig, 1½-Tage-Tour,
große Anforderung, Fels-/Gletschertour.
Von Sulden: Hinter der Kirche auf Steig Nr. 8 zur Tabaretta-Hütte (2556 m) und Steig Nr. 4 über die Bärenkopfscharte (2877 m), teilweise steil, zur Payer-Hütte.
Von Trafoi: Auf Steig Nr. 185 über die Alpenrosen-Hütte (2029 m) und Edelweiß-Hütte (2481 m, beide Hütten verfallen) zur Payer-Hütte.
Ortler: Ab Payer-Hütte auf dem sog. »Felsenweg« = Normalanstieg: Querung des Nordwesthanges der Tabarettaspitze (Schnee, im Spätsommer vereist) zu einer Scharte, dort nach Steigspuren abwärts (!) und unter der Tabarettaspitze auf Steig (klei-

ner Holzsteg) zu einem felsigen Zwischenkopf. Seine Überschreitung führt zu einer Scharte, aus der das »Wandl« im Anstieg zum Oberen Ortlerferner die schwierigste Stelle im »Felsenweg« darstellt; Ketten und eine Leiter sichern diesen sehr steilen, steinschlaggefährdeten Durchstieg. Nach den »Wandln« über eine Gletschertraverse, meist Trasse, hinauf zum Tschierfeck, dem letzten Felsköpfl am Auslauf des »Felsenweges«. Hier steht das Lombardi-Biwak (kaum noch benützbare Notunterkunft); ab Biwak Anstieg über den Oberen Ortlerferner, weite Gletscherroute mit großer Spaltengefahr, meist Trasse; über einen Steilaufschwung zum »Ortlerplatt«, nur noch mäßig ansteigend zu einem kurzen Firngrat, an dessen Auslauf, etwas tiefer, das Kreuz steht. Ab Payer-Hütte Route nicht markiert; Eisausrüstung notwendig!
Nur für im Fels und Eis erfahrene, ausdauernde und selbständige Bergsteiger!

Höchste Wegestelle/Gipfel
Ortler 3905 m.

Anstiegsleistung
Ab Sulden 2100, ab Trafoi 2500, ab Payer-Hütte 900 Höhenmeter.

Abstieg
Wie Anstieg.

Gehzeiten
Sulden (St. Gertraud) 1845 m – Tabaretta-Hütte 2556 m – Payer-Hütte 3020 m: 3½ Stunden; ab Trafoi 1543 m: 5 Stunden. Payer-Hütte – Lombardi-Biwak 3316 m: 2 Stunden; Biwak – Ortler 3905 m: 2 Stunden. Abstieg zur Payer-Hütte: 3 Stunden.
Gesamtgehzeit: Ab Payer-Hütte 7 Stunden.

Hütten/Stützpunkte
Tabaretta-Hütte 2556 m, privat, 23 Betten, bewirtschaftet von Mitte Juni bis Ende September.
Payer-Hütte 3020 m, CAI-Sektion Mailand, 90 Betten und Matratzenlager, bewirtschaftet von Anfang Juli bis Ende September.

Karten/Literatur
Kompass-Wanderkarte 1:50 000, Blatt 72, Ortler; Freytag-Berndt-Wanderkarte 1:50 000, Blatt S 2, Vinschgau – Südliche Ötztaler Alpen; Wanderkarte Sulden – Ortlergruppe, 1:25 000, Verkehrsverein Sulden; Alpenvereinsführer »Ortlergruppe«; Sepp Schnürer »Hohe Routen Ortler, Adamello, Brenta«; Fischer/Klier »König Ortler«.

58 Königspitze
3859 m

*Die schönste Berggestalt
der Ortler-Gruppe*

**sehr schwierig
Gletschertour**

»Unter allen Berggestalten der Ortler-Gruppe nimmt die Königspitze, was Adel ihrer Form und Steilheit der Abstürze betrifft, den vornehmsten Platz ein. Von Sulden aus gesehen, erscheint sie als steil abfallende, wächtengekrönte

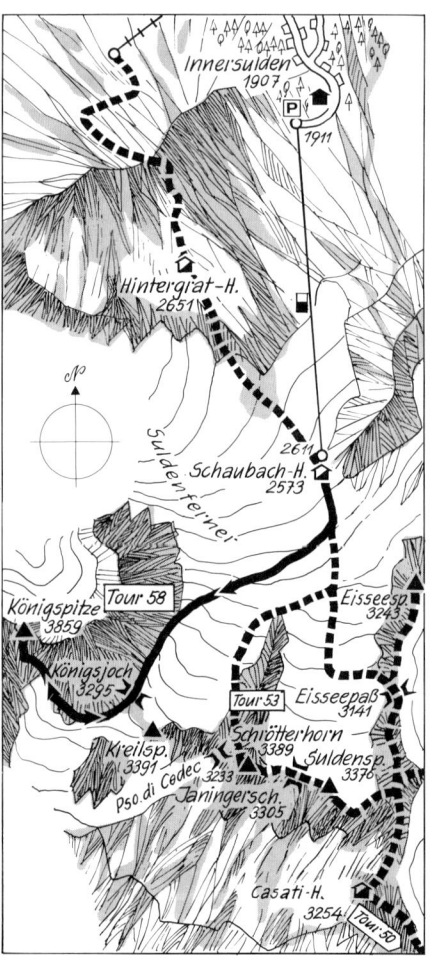

Wand, während sie sich dem auf dem Eisseepasse befindlichen Beschauer als schlanke Eisnadel darstellt.« So beschreibt »Die Erschließung der Ostalpen« die Königspitze und vermerkt zudem, daß der 20jährige Kandidat der Theologie, Stefan Steinberger, der bereits das geistliche Kleid trug, aber sich noch durch und durch als Student fühlte, »übervoll von verwegen-leichtsinnigem Jugendmuthe« die Königspitze im Jahre 1854 als erster bestiegen haben soll.

»Der Kinig ischt noch weitaus schiecher als der Ortler selm, darüber waren sich die Suldner und die Trafoier einig. Der Kinig? Nur ein zugereister Fremdling konnte fragen, welcher Berg das wohl wäre; natürlich die Königsspitze!« (Aus »König Ortler« von Fischer/Klier.)

Aus dem Welschland südlich der Ortler-Hauptkette kam für »Königspitze« der Name »Gran Zebrù«, denn sie erhebt sich mit ihrem Südsockel auf italienischem Sprachgrund. Stefan Steinberger wählte bei seinem legendären, etwa 18stündigen (!) Alleingang – von Trafoi zum Stilfser Joch, vom Joch auf den südseitigen Gletschern der Ortler-Hauptkette zum Col Pale Rosse, von dort zur Königspitze und auf dem gleichen Weg wieder zurück – eine Südroute. Diese Gewaltleistung, die man sich auch heute bei Kenntnis des Geländes und der Entfernung kaum vorstellen kann, wird in der »Erschließung der Ostalpen« angezweifelt; dieses Werk erkennt erst die Unternehmung der Engländer Tuckett und der beiden Buxtons mit ihren Schweizer Führern Michel und Biener am 3. August 1864 als Erstbesteigung der Königspitze zweifelsfrei an. Die »Englischen Herren«, tüchtig, westalpenerfahren und erfolgsgewohnt, fanden ohne Umwege gleich den auch heute noch günstigsten Anstieg von Süden über das Vedretta d. Gran Zebrù hinauf zur Unteren Schulter und über die steile, vergletscherte Ostflanke zum Gipfel. Mit dem Sieg der Engländer verlor die Königspitze endgültig ihren Nimbus der Unersteigbarkeit, auch auf der Suldner Seite, denn diese Seilschaft stieg zum nordseitigen Suldenferner ab: Von der Unteren Schulter kam Tuckett zu der auffallenden Scharte zwischen der Königspitze und der Kreilspitze, taufte diese Übergangsstelle »Königsjoch« (3295 m) und gab damit den Fingerzeig für die Normalroute von der Suldner Seite. Die Normalwege von Süd und

Nord treffen an der Unteren Schulter (3482 m) zusammen, gemeinsam meistern sie den Schlußanstieg über 400 Höhenmeter im 30–50 Grad steilen Osthanggletscher der 3859 Meter hohen Königspitze.

Die etwa 50 Grad steile, vereiste Nordwand der Königspitze – von den Einheimischen wird sie Königswand genannt – bietet nach Sulden und noch besser zur Schaubach-Hütte ein fast bestürzend großartiges Bild dieses zweithöchsten Berges der Ortler-Gruppe. Die Ostflanke kann von der Suldner Seite nicht eingesehen werden. Den besten Nahblick und eine möglichst zuverlässige Beurteilung der Verhältnisse am Normalweg bringt ein Anstieg zum Eisseepaß oder die Tour zur Suldenspitze und zum Schrötterhorn (siehe Tour 53). Bis zum Hochsommer schmilzt, je nach Wetter, die Firnauflage der Gipfelpyramide, von Tag zu Tag kann sie – vor allem im Abstieg (!) – problematischer und gefährlicher werden. Besonders die letzten 100 Meter zwischen ausgeaperten Felsrippen und an der Gipfelkante zur Nordwand können dann eine ernste Prüfung bedeuten.

Julius Payer folgte mit seinem Führer Johann Pinggera im Jahre 1865, zu einer späteren Jahreszeit, den Engländern; er beschreibt sein Erlebnis auf diesen letzten Seillängen zum Gipfel: »Es folgte nun ein Gang, der an die Grenze des Lebens hingeht, die Idee eines Fehltrittes – und sie war überschritten. Anfangs noch fußbreit, ging dieser Grat bald in eine völlig scharfe Schneide über, die Neigung erreichte an 50°; der unmittelbar links anschließende Eishang war von so furchtbarer Steilheit, daß es Pinggera rätlich fand, die Stufen stets auf der Schneide selbst zu hauen, und rechts genau neben unseren Tritten sank die grauenvolle Eiswand über 3000 Fuß hinab in ungeheure Tiefe.« Über den Abstieg schreibt er: »Ich ging voraus – besondere Vorsicht erfordert das Herablassen in die entfernten Steige; langsam muß man das Knie biegen, den Fuß vorsetzen, das Knie darf nicht zittern, der Blick in die Tiefe nicht beirren, denn die geringste Stabilitätsverrückung kann der Führer nicht mehr abwenden.«

Auch wenn heute manch einer über diese Zeilen lächeln mag, der Berg und seine Gefahren sind gleich geblieben: Die Königspitze darf nur Ziel für den im Eis erfahrenen, tüchtigen Bergsteiger sein!

Tourensteckbrief

Ausgangsort
Sulden, Talstation Sulden-Seilbahn 1911 m.

Die Tour in Stichworten
Talstation Sulden-Seilbahn 1911 m – Berg-
station 2611 m – Schaubach-Hütte 2573 m –
Königsjoch 3295 m – Untere Schulter
3482 m – Königspitze 3859 m – Königsjoch –
Schaubach-Hütte.

Schwierigkeit/Anforderung
IV = sehr schwierig, 1½-Tage-Tour,
große Anforderung, Gletschertour.
Ab Schaubach-Hütte auf Steig über Rand-
moränen zum Suldenferner und über den
Gletscher (Spalten) in den Winkel unter dem
sichtbaren Königsjoch; nach Steigspuren in
dem schuttigen, felsigen Steilhang (je nach
Verhältnissen auch Schnee und Eis) hinauf
zum Königsjoch – steinschlaggefährdet – und
in südseitigem Fels höher zum Firnansatz der
Unteren Schulter. In der Ostflanke meist
nach Trasse in zunehmender Steilheit (bis zu
50°) direkt hinauf zu den Felsrippen unter
dem Gipfel, zwischen den Felsen hindurch
und entlang der Gratschneide zum höchsten
Punkt. Bei guter Firnauflage wesentlich ein-
facher und sicherer als bei Vereisung im
Spätsommer! Eisausrüstung notwendig.
Nur für erfahrene, auch in steilem Eis sichere
Bergsteiger.

Höchste Wegestelle/Gipfel
Königsjoch 3295 m, Königspitze 3859 m.

Anstiegsleistung
Ab Schaubach-Hütte 1300 Höhenmeter.

Abstieg
Wie Anstieg.

Gehzeiten
Schaubach-Hütte 2573 m – Königsjoch
3295 m: 2½ Stunden; Königsjoch – Untere
Schulter 3482 m – Königspitze 3859 m:
3 Stunden. Abstieg zur Schaubach-Hütte:
4 Stunden.
Gesamtgehzeit: 9½ Stunden.

Hütten/Stützpunkte
Schaubach-Hütte 2573 m, siehe Tour 53.
Casati-Hütte 3254 m, siehe Tour 53.
Pizzini-Hütte 2706 m, im Val di Cedec, CAI-
Sektion Mailand, 85 Betten und Matratzen-
lager, bewirtschaftet von Ende Juni bis Mitte
September.

Karten/Literatur
Siehe Tour 53.

Tip
Wenn die Verhältnisse am Königsjoch
schlecht sind, sollte man entweder die Casati-
Hütte oder noch besser die Pizzini-Hütte als
Stützpunkt nehmen (siehe Sepp Schnürer
»Hohe Routen Ortler, Adamello, Brenta«).

*Auf dem Suldenferner am Weg zum Eisseepaß,
im Bild die Ostflanke der Königspitze
= Anstiegsroute.*

Sesvenna-Gruppe

»Sesvenna«, diesen wohlkingenden rätoromanischen Namen trägt eine Bergwelt, an der Südtirol nur zum oberen Vinschgau hin einen schmalen Anteil besitzt. Zur Hauptsache erstreckt sich die Sesvenna-Gruppe keilförmig nach Westen, hinein in die Schweiz; sie gehört als Untergruppe zum Großraum der Münstertaler Alpen. Die Begrenzungstäler sind im Norden das Inntal – in seinem Verlauf durch das Unterengadin nach Zernez – und im Süden das Münstertal mit seiner Einmündung bei Taufers in den Vinschgau. Der Grenzkamm zwischen der Schweiz und Südtirol zieht von der Dreiländerecke Österreich – Schweiz – Italien, vom Piz Lat, nach Süden zum Piz Terza und läuft im Münstertal aus. In Betrachtung einer Landkarte möchte man die Lage der Sesvenna-Gruppe fast als toten Winkel zwischen den berühmten Ötztaler Alpen, der Silvretta und der Ortler-Gruppe sehen, den die Touristik vielleicht wenig beachtet. Aber im Südtiroler Anteil bieten zwei bekannte Täler, das nördliche Rojental und im Süden das Schliniger Tal, einen einladenden Zugang und sichern so der Sesvenna-Gruppe seit langem eine treue Anhängerschaft.

Mit der neuen Sesvenna-Hütte der AVS-Sektion Mals im Bereich des Piz Sesvenna und des Muntpitschen erhielt der Bergtourismus im Grenzkamm einen neuen Auftrieb; der Kammzweig zum Vinschgau profitiert vom Gondellift ab St. Valentin auf der Haide, hinauf zur Haider Alm. Schöneben im Norden des Kammes wird vom Reschensee und vom Rojental aus durch eine gute Straße erschlossen. Die Wanderfreuden beginnen auf 2000 Meter Höhe, Steige führen zu den schönsten Gipfelzielen über dem Land an den Reschenseen und vollenden unseren großen Tourenbogen durch das Westliche Südtirol.

Von Reschen zieht das Rojental hinein zum italienisch-schweizerischen Grenzkamm der Sesvenna-Gruppe (Bild) und öffnet eine Südtiroler Eingangspforte.

59 Piz Sesvenna
3204 m

*Höchster Grenzgipfel
zwischen Südtirol
und der Schweiz*

*mäßig schwierig
Gletscher-/Felstour*

Der Tourismus war in den Grenzbergen, im östlichen Teil der Sesvenna-Gruppe, schon in der Zeit vor dem Ersten Weltkrieg zuhause, die wichtigsten Gipfel haben sowohl aus der Schweiz als auch aus Südtirol alte, traditionelle Anstiege. So konnte es schon zur Gründerzeit nicht ausbleiben, daß der Deutsche und Österreichische Alpenverein sich trotz der Staatengrenze für die weitläufige und ursprüngliche Bergwelt interessierte und ihr einen Stützpunkt hoch im Talschluß des Schliniger Tales gab. Dieses Tal öffnet über die Schliniger Alm einen Zugang zu den höchsten und schönsten

Gipfeln, zum Muntpitschen (3162 m) und zum Hauptgipfel der Gruppe, dem 3204 Meter hohen Piz Sesvenna.

Zur Jahrhundertwende hielt die Alpenvereinssektion Pforzheim ihren Einzug im kaum bekannten Schliniger Bergbauerntal, dem die aufblühende Touristik sehr willkommen war, blieben doch ein paar Gulden als Nebeneinkünfte für die Bevölkerung übrig. Die im Jahre 1901 eingeweihte zweistöckige Pforzheimer Hütte (2256 m) im Hochkessel der Schliniger Alm war zur damaligen Zeit das Muster eines alpinen Schutzhauses. Als Grenzhütte zur Schweiz wurde sie nach dem Ende des Ersten Weltkrieges ein Stützpunkt der italienischen Finanzwache. Die »Finanzer« sind längst ausgezogen – das Haus verfällt und wird bald eine Ruine sein.

Der obere Vinschgau besitzt nur noch auf seiner Ostseite, zum Ötztaler Hauptkamm, ein intaktes alpines Schutzhaus, die Weißkugel-Hütte im Langtauferer Tal. Die schmerzliche Lücke im Westen, in der Sesvenna-Gruppe, konnte im Jahre 1981 durch einen Neubau der AVS-Sektion Mals geschlossen werden. Sehr großzügig und in der Hoffnung auf viele Besucher haben die Malser unweit der alten Pforzheimer Hütte in mehrjähriger Bauzeit ein prächtiges Haus in der heiteren Welt der Schliniger Alm erstellt. Die Sektion Mals erwartet auch Frühjahrs-

gäste, denn im Umkreis der »Sesvenna-Hütte« – so heißt dieses neue Schutzhaus – locken hohe und nicht zu schwierige Skiberge den Tourenfahrer; im Sommer und Herbst ist dieser Gipfelkranz ein gewiß nie überlaufenes Paradies für anspruchsvolle Bergwanderer.

Der Weg zur Sesvenna-Hütte beginnt am Dorf-Parkplatz vor Schlinig (1738 m), führt fast eben entlang einer Kreuzwegstation zum grünen Wiesentrog des Schliniger Hochtales und zu seinen Almen. Auch die »Schwarze Wand«, eine Steilstufe hinauf zum Almkessel darüber, mindert kaum das Wandervergnügen, immer den spitzen Muntpitschen und den abenteuerlich gezackten Föllerkopf im Blickfeld. Sie vertreten den Hauptgipfel, der sich noch vornehm zurückhält. Auch nach der Sesvenna-Hütte bleiben diese Gipfel die Kulisse, der markierte Steig wendet sich nach Südwesten zur Fuorcla Sesvenna (2819 m). Bergwasser, eingefaßt in urzeitliche Karbecken und als lebhafter Gebirgsbach begleiten den Anstieg durch begrünte Mulden zum weiten Sattel der Fuorcla, an der sich der Piz Sesvenna zum erstenmal zeigt.

Nach Norden, zur Fuorcla Sesvenna, wendet der Hauptgipfel seine beste Seite. Mit dem Schmuck eines Gletschers unterstreicht er seine Ausnahmestellung, denn nur in seinem Nordbecken hält sich in der Sesvenna-Gruppe noch nennenswertes Eis. Die Wasser des Vadrett Sesvenna fließen in das Val Sesvenna ab, von dort kommt eine Route aus dem schweizerischen Unterengadin herauf. Der Gletscher erlaubt in seinem geschlossenen Hochbecken eine hindernisfreie, mäßig steile Route hinauf zu einer deutlich ausgeprägten Senke (3090 m) rechts des mit »Foratrida« bezeichneten Felskopfes, am Beginn des Ostgrates. Der Pickel kann zurückbleiben, der blockige, rauhe Gratfels bietet eine abwechslungsreiche, wenig schwierige Kletterei zum höchsten Punkt in der Südtiroler Grenze zur Schweiz. Für die touristische Betreuung des Piz Sesvenna fühlt sich die Sektion Mals mit Markierungen am Ostgrat und einem Gipfelbuch zuständig.

Im weiten Umkreis ist kein Berg höher, der Blick gleitet in allen Richtungen der Windrose über ein unendliches Gipfelmeer – im Westen leuchten die weißen Berge der Bernina, ein Traumziel der Bergsteiger!

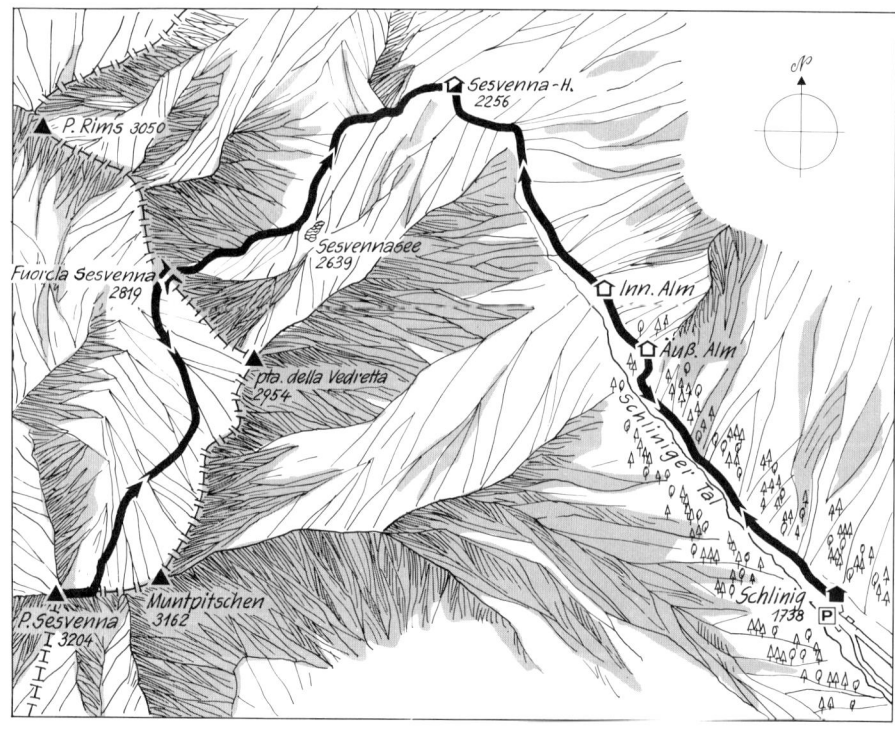

Tourensteckbrief

Ausgangsort
Schlinig 1738 m, im Schliniger Tal.

Die Tour in Stichworten
Schlinig 1738 m – Sesvenna-Hütte 2256 m – Fuorcla Sesvenna 2819 m – Piz Sesvenna 3204 m – Fuorcla Sesvenna – Sesvenna-Hütte – Schlinig.

Schwierigkeit/Anforderung
II = mäßig schwierig, 1½-Tage-Tour, mittlere Anforderung, Gletscher-/Felstour.
Aus dem oberen Vinschgau, von Burgeis, gute Anfahrt zum Dorf Schlinig. Ab Parkplatz auf Almfahrweg, Markierung Nr. 1, fast eben zum Talschluß und über eine Geländestufe (»Schwarze Wand«) auf gutem Weg hinauf zum Hochbecken der Schliniger Alm mit der Sesvenna-Hütte. Ab Hütte markierter Steig Nr. 5, teils steil, nach Westen zum weiten Sattel der Fuorcla Sesvenna; dort Abstieg nach Markierungen und Steigspuren (ca. 80 Höhenmeter) zum Sesvenna-Gletscher und über ihn, meist Trasse, nach Süden zu einer deutlichen Scharte am Ansatz des Sesvenna-Ostgrates (3090 m); auf dem gut gangbaren Blockgrat, wenig ausgesetzt, nach Markie-

rungen zum Gipfel. Routenverlauf übersichtlich, im gletscherfreien Gelände markiert, Pickel günstig!
Nur für erfahrene Berggeher.

Höchste Wegestelle/Gipfel
Piz Sesvenna 3204 m.

Anstiegsleistung
Ab Schlinig 1500, ab Sesvenna-Hütte 1000 Höhenmeter.

Abstieg
Wie Anstieg.

Gehzeiten
Schlinig 1738 m – Sesvenna-Hütte 2256 m: 2 Stunden. Sesvenna-Hütte – Fuorcla Sesvenna 2819 m: 1½ Stunden; Fuorcla Sesvenna – Piz Sesvenna 3204 m: 2 Stunden. Abstieg zur Sesvenna-Hütte: 2½ Stunden.
Gesamtgehzeit: Ab Sesvenna-Hütte 6 Stunden.

Hütten/Stützpunkte
Sesvenna-Hütte 2256 m, AVS-Sektion Mals, 60 Betten und Matratzenlager, bewirtschaftet von Mitte Juni bis Mitte Oktober.

Karten/Literatur
Kompass-Wanderkarte 1:50 000, Blatt 52, Vinschgau.

Der Piz Sesvenna (rechts) verbirgt sich im Nordwesten von Südtirol, im Grenzkamm zur Schweiz, und dominiert als höchster Gipfel der Sesvenna-Gruppe.
Der Anstieg aus der Schweizer Seite, von rechts das Val Sesvenna herauf, ist lang und trifft sich im Hochbecken des Sesvenna-Gletschers (Bildmitte) mit dem kürzeren Zugang von der neuen Südtiroler Sesvenna-Hütte über die Fuorcla Sesvenna (= Aufnahme-Standort).
Der Schlußanstieg beginnt an dem Firnsattel rechts des in Bildmitte aufragenden Felskopfes und läuft in nicht schwieriger Felsroute zum Gipfel. Links der Muntpitschen.

Tip
Weitere lohnende Gipfeltouren im Umkreis der Sesvenna-Hütte: Muntpitschen 3162 m (evtl. in Verbindung mit dem Piz Sesvenna), Föllerkopf 2953 m, Rasaß-Spitze 2941 m, Piz Rims 3050 m.

60 Zehnerkopf
2674 m
Elferspitze
2925 m

Zwischen Haider Alm und Schöneben

wenig schwierig Wandertour

Vom Sesvenna-Grenzkamm zweigt an der Rasaß-Spitze (2941 m) ein Seitenkamm nach Norden gegen Reschen, weite Alphänge und ein dichter Waldgürtel fallen nach Osten zum Vinschgau ab. Diese Gipfelkette überhöht reizvoll die Reschener Seenstufe, den Reschensee und den Haider See, ihre sanften Formen bergen die Haider Alm und Alpweiden, die von den Reschenbauern schon seit Jahrhunderten genützt werden. So alt wie diese Hochweiden wird wohl auch der Hirtensteig zwischen der Haider Alm und Schöneben sein, auch die Pfade hinauf zu den Gipfeln haben gewiß Hirten ausgetreten, wenn sie ihren Schafen nachgestiegen sind. In den durch viele Bauerngenerationen immer gleichen Rhythmus im Leben mit der Bergnatur hat die Technik eingegriffen. Die Haider Alm und Schöneben glänzen im Winter als Skistationen, aber mit der

Frühlingssonne verschwindet die laute Skifahrerwelt, die Alpweiden grünen, die Rinder und Schafe kommen herauf und nehmen für die Sommermonate wieder ihre angestammten Rechte wahr. St. Valentin auf der Haide (1470 m) verdankt seinen bekannten Ruf vor allem seinen Wintersportmöglichkeiten, im Sommer und Herbst wird es von ungezählten Reisenden nur als Durchgangsstation an der Reschenstraße angesehen. Ein Gondellift verbindet den Ort mit der Haider Alm (2120 m), seine Aufstiegshilfe dient im Sommer dem Bergwanderer – das Paradies dort oben kann nicht mehr in die Abgeschiedenheit von einst zurückfallen. Nach den Skifahrern entdecken aber immer mehr Sommerurlauber das hübsche Bergdorf St. Valentin, die Gipfel im Kammzug nach Schöneben und die mit Zirben und Niederwuchs bestandenen Osthänge versprechen aussichtsreiche, erholsame Wanderungen über einer geschichtsträchtigen Landschaft. Tief unten schimmert der große Stausee, unschuldig und so, als wäre er schon immer vorhanden und hätte nicht die altgewohnte Heimstatt vieler Menschen für alle Zeiten ausgelöscht. Würde nicht als Symbol der Vergangenheit der alte Grauner Kirchturm aus dem Seespiegel ragen, ginge vielleicht niemand der Geschichte nach, um zu erfragen, wie es früher einmal war.

Im Kammzug westlich der Reschenseen reizen zwei gut sichtbare Berge zu einer Gipfeltour; die Haider Alm und Schöneben bieten sich als Ausgangsorte an. Der Zehnerkopf, 2674 Meter, als nördliche, markante Höhe orientiert sich nach Schöneben, die mit 2925 Meter erheblich höhere Elferspitze erhält ihren kürzesten Anstieg von der Haider Alm. Ihr auffallendes Gipfelkreuz ist meist schon das geplante Ziel aller gehtüchtigen Wanderer, die bei der Bergstation den Korblift verlassen. Die Wege Nr. 9 und 14 weisen die Richtung nach Norden, die Nr. 14 läuft entlang der Waldgrenze weiter und markiert den aussichtsreichen Höhenweg nach Schöneben, die Nr. 9 zweigt nach kurzer Gehzeit ab, führt in den unteren Alphängen zuerst mäßig, dann steil und mühsam hinauf zur Haider Scharte (2746 m); ein schrofiger Rücken trägt das Steiglein zur herrlichen Aussicht der Elferspitze! (2¹/₂ Stunden ab Haider Alm).

Schöneben (2100 m), im Winter ein betriebsames Skizentrum, hat keinen Tal-

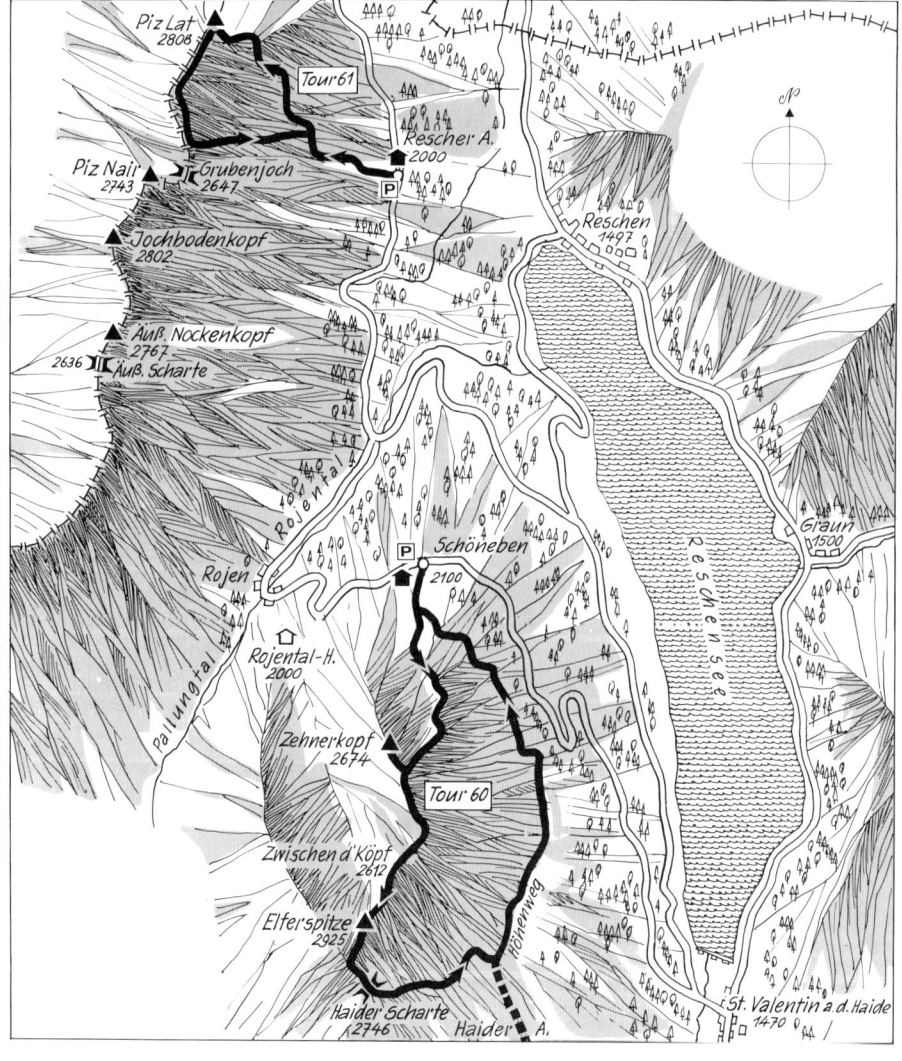

lift, es wird von St. Valentin durch eine breite Waldstraße und von Reschen mit einer Zufahrt aus dem Rojental erschlossen. Für ausdauernde und selbständige Bergwanderer empfiehlt sich der große Parkplatz beim »Skihaus Schöneben« als guter Start für eine Rundtour, die in einem Reschen-St.-Valentiner-Wanderverzeichnis drei Sterne verdienen würde!

Der Tag beginnt auf den sanft geneigten Grashängen – daher wohl der Name –, oft weglos, nur schwach markiert, führt die Route zum Zehnerkopf. Die Einsamkeit des kleinen, überdachten Holzkreuzes, das Blickfeld zur Tiefe des Seespiegels, zu seinen Orten am Ufer, zur bäuerlichen Einschicht von Rojen und in den nördlichen Halbkreis der Bergwelt ist ein erster Höhepunkt. Die Wanderung vom Gipfel auf Steigspuren knapp unter oder noch besser direkt über den felsigen Kamm zu einer weiten Einsattelung im Süden des Zehnerkopfes (»Zwischen d'Köpf«, 2612 m) for-

dert Spürsinn für die beste Route, aber das übersichtliche Gelände ist nie schwierig und die stumpfe Pyramide der Elferspitze zudem ein auffallender Wegweiser. Dieser einsame Übergang, das »Pfadfinden« zur Elferspitze erhöht die Wanderfreude, die am Gipfelkreuz wiederum einen Höhepunkt in der Aussicht, diesmal vor allem zum südlichen Halbkreis, erfährt. Die weite Schau und den Abstieg über die Haider Scharte teilt man vielleicht mit vielen Bergfreunden, aber schon an der Abzweigung des Höhenweges nach Schöneben, knapp vor der Haider Alm, wird es wieder ruhig. Dieser Rückweg fällt in die günstigen Nachmittagsstunden, die südwestliche Sonne beleuchtet die Gebirgsfalten östlich der Reschenseen und die weißen Gipfelfirne im Ötztaler Hauptkamm. Der reizvolle Höhenweg sammelt nochmals die Landschaftsbilder am Ostufer des großen Stausees, unbeschwert wandert man in leichtem Auf und Ab – lange! – zurück nach Schöneben.

Im Südtiroler Bergraum, vor dem Sesvenna-Grenzkamm zur Schweiz, ragt die Elferspitze als höchster Gipfel. Aus dem oberen Vinschgau, im Bereich der Reschenseen, kann niemand diese 2925 Meter hohe Pyramide übersehen, und so gilt ihr, meist ab Haider Alm, ein reger Besuch. Die beiden Bergsteiger schauen vom Zehnerkopf zu ihr hinüber.

Der Bergwald hat in Schöneben seine Grenze, nur einzelne starke Lärchen und Wetterzirben wagen sich als Vorposten höher; dicht bewaldet sinken die Hänge in das Rojental zur Furche des Rojenbaches ab. Inmitten sonniger Wiesenmatten erzählt der Weiler Rojen (1968 m) ein Kapitel aus der Tiroler Bergbauerngeschichte, das bis in das 14. Jahrhundert zurückreicht; das Kirchlein St. Nikolaus ist der Bezugspunkt für die Sonnenuhr der Gipfel: Zehnerkopf – Elferspitze – Zwölferkopf!

Tourensteckbrief

Ausgangsort
Reschen 1497 m, am Reschenpaß.

Die Tour in Stichworten
Reschen 1497 m – Schöneben 2100 m – Zehnerkopf 2674 m – »Zwischen d'Köpf« 2612 m – Elferspitze 2925 m – Haider Scharte 2746 m – Höhenweg Haider Alm – Schöneben.

Schwierigkeit/Anforderung
I = wenig schwierig, Tagestour, mittlere Anforderung, Wandertour.
Von Reschen Auffahrt auf breiter Bergstraße zum »Skihaus Schöneben« (großer Parkplatz, kein Sommerbetrieb). Ab Parkplatz über Almgelände entlang der Lifttrasse zur Bergstation Fraiten (2323 m), nach Markierung Nr. 11 (Kompass-Karte Nr. 9) zur Ostflanke des Zehnerkopfes und auf Steig, teilweise steil, zum Gipfel. Ab Gipfel nach Steigspuren (keine Markierung!) über den Grat nach Süden, abwärts zum Sattel »Zwischen d'Köpf« vor dem Gipfelaufbau der Elferspitze. Nach Steigspuren in übersichtlichem Blockgelände teils steil, wenig schwierig, zum Kreuz. Ab Elferspitze Abstieg zur Haider Scharte und zur Liftstation Haider Alm (auch Sommerbetrieb, 2120 m), vielbegangene, markierte Route. Vor der Haider Alm (ca. 2300 m, die Alm ist nicht sichtbar) Abzweigung nach links, Tafel: »Schöneben Nr. 14«; auf dem sehr lohnenden Höhenweg zurück zum Parkplatz auf Schöneben. Übergang vom Zehnerkopf zur Elferspitze nicht markiert, einsame, aber gut übersichtliche Route. Nur für selbständige Bergwanderer.

Höchste Wegestelle/Gipfel
Zehnerkopf 2674 m, Elferspitze 2925 m.

Anstiegsleistung
Ab Schöneben 1000 Höhenmeter.

Abstieg
Ab Zehnerkopf wie Anstieg; bei Übergang zur Elferspitze – Haider-Alm – Schöneben siehe Tourenbeschreibung. *Oder* ab Elferspitze zur Liftstation Haider Alm (2120 m) und Abfahrt nach St. Valentin auf der Haide (1470 m) an der Reschenstraße.

Gehzeiten
Schöneben 2100 m – Zehnerkopf 2674 m: 1 1/2 Stunden; Zehnerkopf – Elferspitze 2925 m: 2 Stunden. Abstieg: Elferspitze – Haider Scharte 2746 m – Abzweigung Höhenweg nach Schöneben ca. 2300 m: 1 Stunde; (weiter zur Haider Alm: 1/2 Stunde); Höhenweg nach Schöneben: 2 Stunden.
Gesamtgehzeit: Ab Schöneben 6 1/2 Stunden.

Hütten/Stützpunkte
Berggasthaus Haider Alm 2120 m, private Bewirtschaftung.

Karten/Literatur
Kompass-Wanderkarte 1:50 000, Blatt 52, Vinschgau; Freytag-Berndt-Wanderkarte 1:50 000, Blatt S 2, Vinschgau – Südliche Ötztaler Alpen.

Die in diesem Vorschlag empfohlene Rundtour von Schöneben über den Zehnerkopf zur Elferspitze mit Abstieg zur Haider Alm und auf dem Höhenweg zurück nach Schöneben ist lang, aber voll großartiger Landschaftsbilder. Der Höhenweg (Bild) hält den Saum des Bergwaldes ein, der zum Reschensee abfällt und vermittelt nach Osten, zum Einschnitt des Langtauferer Tales und zum Ötztaler Hauptkamm, prächtige Ausblicke.

Sesvenna-Gruppe

61 Piz Lat
2808 m

An der »Dreiländerecke«
Österreich – Schweiz – Italien

wenig schwierig
Wandertour

Der Name »Piz Lat« verrät den rätoromanischen Ursprung, wird aber wahrscheinlich viel weniger bekannt sein als die Berggestalt, die zu ihm gehört. Ob man vom Inntal oder aus dem Vinschgau herauf nach Reschen kommt, der 2808 Meter hohe Piz Lat als mächtiger Querriegel zum Reschenpaß ist nicht zu übersehen. Sein auffallender grauer Kalkfels bildet den Nordpfeiler der Sesvenna-Gruppe, an dem der Grenzkamm zwischen Südtirol und der Schweiz ausläuft. Die Grenzen zweier Länder haben sich vor langer Zeit an dieser Landmarke orientiert: Die österreichische Donaumonarchie und das schweizerische Graubünden begegnen sich, wer weiß wie lange schon, am Piz Lat. Das Jahr 1920 brachte die neue Grenze zwischen Österreich und Italien hinzu, und seitdem gibt es nördlich, knapp unter dem Gipfel des Piz Lat, eine »Dreiländerecke« (2179 m).

In der Zeit zwischen den Kriegen war den Italienern der Piz Lat seiner Position wegen so wichtig, daß von Reschen hinein zum Rojental und auf seinen Südosthängen Militärstraßen und Saumwege entstanden, die heute dem Tourismus nützen. Die Sommerfrische in den Dörfern am Reschensee ist beliebt, an schönen Tagen bleibt das hohe Holzkreuz des Gipfels selten einsam. Von den Wanderern und der schönen Aussicht hinab zum Reschensee lebt der neue Almgasthof »Rescher Alm«, an seinem kleinen Parkplatz in ca. 2000 Meter Höhe läuft die Straße von Reschen aus. Der Anstieg zum Piz Lat verkürzt sich durch die Auffahrt zur Alm auf gemütliche 2¹/₂ Stunden Gehzeit – ein Angebot, das jedem Feriengast Freude und Erholung bringen wird.

Tourensteckbrief

Ausgangsort
Reschen 1497 m, am Reschenpaß.

Die Tour in Stichworten
Reschen 1497 m – »Rescher Alm« ca. 2000 m – Piz Lat 2808 m – »Rescher Alm« – Reschen.

Schwierigkeit/Anforderung
I = wenig schwierig, Halbtagestour, mäßige Anforderung, Wandertour.
Von Reschen ca. 9 km Auffahrt zum Almgasthof »Rescher Alm«. Ab Parkplatz kurz auf der Straße bis zur Abzweigung nach links zu einem Almweg und nach Markierung Nr. 5 mäßig steil zu einem Bergkreuz (2252 m); ab Kreuz auf der Trasse eines alten Militärweges nördlich gegen den Gipfelaufbau des Piz Lat, ab ca. 2500 m nach Steigspuren und Markierungen zum Gipfel.
Für alle Bergwanderer geeignet.

Höchste Wegestelle/Gipfel
Piz Lat 2808 m.

Anstiegsleistung
Ab Reschen 1300, ab »Rescher Alm« 800 Höhenmeter.

Abstieg
Wie Anstieg; *oder* entlang des Piz-Lat-Südkammes zur ersten Scharte und von dort, teils Steigspuren, zurück zum Anstiegsweg.

Gehzeiten
»Rescher Alm« ca. 2000 m – Bergkreuz 2252 m – Piz Lat 2808 m: 2¹/₂ Stunden. Abstieg: Piz Lat – Südkamm – Scharte – Bergkreuz – Rescher Alm: 2¹/₂ Stunden.
Gesamtgehzeit: Ab »Rescher Alm« 5 Stunden.

Hütten/Stützpunkte
Almgasthof »Rescher Alm« ca. 2000 m, private Bewirtschaftung.

Karten/Literatur
Siehe Tour 60.

Dieses alte Bergkreuz verzeichnen die Karten auf einer Höhe von 2252 Meter mit einem Standort südöstlich vor dem Felsriegel des Piz Lat (Gipfel links vom Kreuz). Der Wanderer kommt von der »Rescher Alm« herauf an ihm vorbei, erhält noch die Hilfe eines alten Saumweges bis zum Gipfelhang, den ein steiles Steiglein erklimmt.

Bergsteigen in Südtirol

»Wohl ist die Welt so groß und weit und voller Sonnenschein …«. Die ersten Worte des Südtiroler Heimatliedes begleiten wie ein voller Akkord ein Landschaftsbild, das uns das Tal der Etsch von Meran nach Bozen zeigt. Im Bozener Talbecken vereinigt sich der Eisack mit den Wassern der Etsch, beide Flüsse scheiden in ihrem Lauf vom Brenner »bis zur Salurner Klaus'« das Bergsteigerparadies Südtirol in einen östlichen und westlichen Landesteil. Das Lied weist auf die Grenzen von Südtirol hin: »Wo König Ortler seine Stirn hoch in die Lüfte reckt, bis zu des Haunolds Alpenreich, das tausend Blumen deckt.« Sein Klang schwingt durch das »Land im Gebirge« – so nannte man Südtirol bis zur Mitte des 13. Jahrhunderts, noch ehe es die Grafen von Tirol gab. Die Worte des Heimatliedes zeigen den Tourenspielraum auf, den die beiden Bände *»Bergsteigen in Südtirol«* ausfüllen:
Band 1: »Zwischen Bozen und Sexten« führt vom Eisacktal bis zum Haunold in den Sextener Dolomiten.
Band 2: »Zwischen Bozen und Reschen« nimmt den Vinschgau als Leitlinie.
Nord- und südseits der breiten Talfurche erfüllt eine großartige, zum Teil noch einsame Bergwelt hochgesteckte Wünsche im Eis und Urgestein, beschenkt aber auch den Wanderer mit vielen leichten, aussichtsreichen Gipfeln. Die Audienz bei »König Ortler« ruft wieder Worte des Heimatliedes in Erinnerung, die an das Ende des Bergsommers mahnen, wenn sie verkünden: »Das Jahr vergeht, die Zeit verrinnt …« In Südtirol jedoch folgt dem Bergsommer ein goldener Herbst. Lang und warm verweilt die Sonne über dem »Land im Gebirge«, das aus Obst- und Rebgärten über sanftes Mittelgebirge zum Steilfels der Dolomiten und zum Eishaupt des Ortlers aufsteigt, dem Bergsteiger und Wanderer viele Freuden bereitet und er beim Weine das Land lobt: »Drum auf und stoßt die Gläser an …«

Sepp Schnürer

155

Praktische Hinweise

Alle Vorschläge dieses Tourenbuches sind Gipfeltouren. Allein schon dadurch heben sie sich von der Tageswanderung zu einer Hütte oder einer Wanderung von Hütte zu Hütte ab; sie erfordern ein höheres Maß an Bergerfahrung und eine bessere, überlegte Ausrüstung. Im westlichen Südtirol, zwischen Bozen und dem Reschenpaß – die Trennung zum östlichen Südtirol, zwischen Bozen und Sexten, vollziehen die Flußtäler von Eisack und Etsch – werden 2 Eintausender, 34 Zweitausender und 48 Dreitausender vorgestellt und die Anstiege auf den Normalwegen beschrieben. (Band 1: Zwischen Bozen und Sexten, 56 Zweitausender und 25 Dreitausender).

Unter Normalwegen werden im alpinen Sprachgebrauch immer die üblichen, leichtesten Anstiege, unabhängig vom Schwierigkeitsgrad der Alpenskala, verstanden, das heißt ein sogenannter Normalweg kann nach der Alpenskala auch mit der Schwierigkeit I oder II und sogar noch höher bewertet sein und dadurch für den Normalbergsteiger die Grenze seiner Leistungsfähigkeit bedeuten. Alle Tourenvorschläge der beiden vorliegenden Bände »Bergsteigen in Südtirol« richten sich nach dieser Grenze aus, keine Bergfahrt überschreitet nach den bisher allgemein gültigen Einstufungen die Schwierigkeit II–III der Alpenskala. In Fels und Eis erfahrene Bergsteiger können demnach alle aufgezeigten Touren begehen, aber auch geübte und mit den Gefahren und Anforderungen des Hochgebirges vertraute Bergwanderer finden in den beiden Bänden eine Vielzahl von Routen, die ihrem Leistungsvermögen entsprechen.

Schwierigkeit/Anforderung

Diesem Tourenwerk habe ich den Begriff »Bergsteigen« vorangestellt. Allgemein gültig und im »Alpin-Lehrplan« (BLV-Verlagsgesellschaft, Herausgeber Deutscher Alpenverein in Zusammenarbeit mit dem Österreichischen Alpenverein) festgehalten sind darunter: *Bergwandern, Felsklettern, Eisgehen* und *Skibergsteigen* zu verstehen. Der »Alpin-Lehrplan« trifft folgende Aussage:

»*Bergwandern* ist Bergsteigen in der grundlegenden Form, wobei gebahntes und wegloses Gelände fast ausschließlich durch die Bewegungsformen des Gehens und Steigens bewältigt wird. Auch das Bergsteigen im Hochgebirge zählt vom Bewegungsablauf her dazu.

Felsklettern ist Bergsteigen im Felsgelände, wobei zur Fortbewegung die Hände entscheidend mitbenützt werden. Die Beinarbeit allein reicht zum Gleichgewichtserhalt nicht mehr aus.

Eisgehen ist Bergsteigen im Eis und Schneegelände, wobei mittels spezieller Ausrüstung (Steigeisen, Eispickel) das Gelände in den Bewegungsformen des Gehens, Steigens und Kletterns bewältigt wird.«

Ergänzend soll dazu gesagt sein, daß das Begehen von Klettersteigen selbstverständlich auch Bergsteigen ist und seinem Charakter nach einen Platz zwischen Bergwandern und Felsklettern einnimmt.

Von diesen bergsteigerischen Tätigkeiten stuft die allgemein bekannte Alpenskala nur das Felsklettern in die Schwierigkeitsgrade I–VI ein. Das Bergwandern unterliegt demnach keiner Schwierigkeitsbewertung, auch das Eisgehen nur insoweit, als in einer bestimmten kombinierten Tour Felsgelände zu bewältigen ist.

Die meisten aufgezeigten Bergfahrten unterliegen dem Begriff »*Bergwandern*«; das »*Eisgehen*« betrifft die Hochtouren am Zentralalpenkamm, in der Ortler-Gruppe und eine Tour in der Sesvenna-Gruppe. Die Wandertouren würden demnach (siehe vorangegangene Erläuterung) keine Schwierigkeitsbewertung nach den Kriterien der Alpenskala verdienen und sich in der theoretischen Betrachtung somit untereinander nicht abheben. Naturgemäß unterscheiden sich jedoch, bedingt durch das Gelände, des zu bewältigenden Höhenunterschiedes und der sich daraus ergebenden Anstiegszeiten, die Touren ganz erheblich. Im Hinblick auf den praktischen Nutzen dieses Tourenwerkes ist es demnach notwendig, die sehr unterschiedlichen Schwierigkeiten und Anforderungen der einzelnen Bergfahrten deutlich und übersichtlich (siehe »Übersicht der Touren nach Schwierigkeit«) aufzuzeigen, damit jeder Bergsteiger und Bergwanderer nach eigener Einschätzung seiner Leistungsfähigkeit und Erfahrung »seine Touren« finden kann. Diese Entscheidungshilfe erscheint mir sehr wichtig, und so habe ich allen Tourenvorschlägen eine eigene – von der Alpenskala unabhängige – Bewertung der technischen Schwierigkeit und zusätzlich eine Aussage über die körperliche und geistige Anforderung, also der Ausdauer und Bergerfahrung, vorangestellt. Diese doppelte Bewertung kam nach meinen eigenen Erfahrungen in jeder der beschriebenen Touren zustande. Wegen ihrer klaren, allgemein verständlichen und im bergsteigerischen Wissensstand verankerten Aussage, aber mit auf meine Tourenbücher abgestimmten Inhalten, verwende ich die Begriffe der Alpenskala in folgenden Schwierigkeitsstufen:

I = wenig schwierig
II = mäßig schwierig
III = schwierig
IV = sehr schwierig

Damit, so glaube ich, ist eine genügend differenzierte Unterscheidung der Touren bezüglich ihrer Schwierigkeit gegeben.

Nachdem aber die »Schwierigkeit« allein, die sich aus dem Gelände ergibt, nach meiner Ansicht noch keine erschöpfende Aussage über eine Bergtour sein kann (sie sagt z.B. nichts über den zu bewältigenden Höhenunterschied aus), erachte ich es für notwendig, mit dem zusätzlichen Begriff »*Anforderung*« eine zweite, wichtige Entscheidungshilfe für alle Bergfahrten meiner Tourenbücher einzuführen. Die jeweilige Anforderung:

gering – mäßig – mittel – groß

berücksichtigt die Dauer einer jeden Bergfahrt, z.B. 1- bis 2-Tage-Touren, die zu bewältigende Höhendifferenz und die Gehzeiten. Letztere sind so bemessen, daß der geübte Wanderer und Bergsteiger diese Zeiten gut einhalten kann. Zu beachten ist, daß die Einstufung der Schwierigkeit sowie der Anforderung nach normalen, sommerlichen Tourenverhältnissen erfolgte. Bei Schlechtwetter können durch Regen, Schneefall, Wind und Kälte sehr schnell wesentlich schwierigere Verhältnisse als angegeben eintreten, dadurch längere Gehzeiten und auch höhere Anforderungen an Ausdauer und Bergerfahrung entstehen.

Ausrüstung

Jeder erfahrene Bergwanderer und Normalbergsteiger – auf diesen Kreis ist die Tourenauswahl abgestimmt – wird wissen, was er an notwendiger Ausrüstung braucht. Bequeme, zweckmäßige und dabei leichte Kleidung und Bergschuhe erhöhen die Sicherheit; bei Felstouren und Klettersteigen müssen Klettergürtel, Reepschnur, Karabiner und gegebenenfalls ein Seil mitgenommen werden, bei Gletschertouren sind Seil, Pickel und Steigeisen unerläßlich! Die Erfahrung, diese Ausrüstung auch richtig einzusetzen, kann nur in langer Übung und im häufigen »Umgang mit dem Berg« erworben werden.

Bergsteigen muß man, wie jede andere Sportart auch, lernen. Fehlt im eigenen Freundes- und Bekanntenkreis ein erfahrener Begleiter und Lehrmeister, so bieten die Sektionen des Deutschen Alpenvereins (DAV), des Österreichischen Alpenvereins (ÖAV), des Alpenverein Südtirol (AVS) sowie angegliederte Berg- und Skischulen und viele private Bergsteigerschulen gute, vielseitige Ausbildungsmöglichkeiten an. Auch Lehrschriften (z.B. »Alpin-Lehrplan«) vermitteln Wissen, das in der Praxis am Berg unerläßlich ist. Die eigene Bergerfahrung jedoch und die gewissenhafte Einschätzung des eigenen Könnens und Leistungsvermögens möchte ich als den wichtigsten Bestandteil einer jeden Bergausrüstung nennen!

Hütten und Wege

Die Berggebiete Südtirols besitzen eine große Zahl gut geführter Schutzhäuser und sind mit einem dichten, rot-weiß-rot markierten und mit Nummern bezeichneten Wegenetz erschlossen. Sehr viele Hütten gehören dem Club Alpino Italiano (CAI) und stammen aus der Hinterlassenschaft des früheren Deutschen und Österreichischen Alpenvereins aus der Zeit vor dem Ersten Weltkrieg. Die Ausstattung der Wirtschafts- und Schlafräume sowie der sanitären Anlagen liegt oft unter dem Standard der Hütten des Deutschen Alpenvereins, aber zunehmend erreicht eine Modernisierungswelle, angekurbelt vom CAI und unterstützt vom italienischen Staat, auch diese alten, traditionellen Bergsteiger-Stützpunkte. Der Italienische Alpenclub vergibt die Bewirtschaftung durchwegs an Südtiroler, die trotz vieler Schwierigkeiten den Hüttenbetrieb mit großem persönlichem Einsatz führen. Der Alpenverein Südtirol (AVS) strebt eigenen Hüttenbesitz an und öffnete dem Bergtourismus in den letzten Jah-

ren neue, moderne Schutzhäuser. Mitglieder des Deutschen und des Österreichischen Alpenvereins können auf allen Hütten des CAI und des AVS bei Vorlage des gültigen Mitgliedsausweises Gegenrechte in Anspruch nehmen.

Karten/Führer/Literatur

Die Landkarte gehört als wichtige »Ausrüstung« zu jeder Bergfahrt. Allgemein eingeführt und in jedem Südtiroler Ort greifbar ist die Kompass-Wanderkarte 1:50 000. Dieses Kartenwerk war meine Planungsgrundlage; alle Örtlichkeiten, Ausgangsorte, Hütten, Pässe, Gipfel und die Höhenangaben habe ich daraus entnommen. Dazu kommt vom Verlag Freytag-Berndt ein gleichwertiges, neues Kartenwerk, ebenfalls mit dem vorteilhaften Maßstab 1:50 000 hinzu, das in fünf Blättern ganz Südtirol abdeckt. Als nützlich und für Bergtouren überall in Südtirol zuständig möchte ich das vom Landesfremdenverkehrsamt für Südtirol (Waltherplatz 8, I-39100 Bozen) herausgegebene Taschenbuch »Schutzhütten in Südtirol« empfehlen. Zur Tourenplanung am Zentralalpenkamm dienen zudem die Karten des Deutschen Alpenvereins (DAV) im vorteilhaften Maßstab 1:25 000 sowie die Alpenvereinsführer. Vorliegende Gebietsführer über einzelne Südtiroler Gebirgsgruppen (Bergverlag Rudolf Rother GmbH, München) sind in den Tourensteckbriefen angeführt.

Mein Bestreben ging dahin, die ausgewählten Bergfahrten mit allen wichtigen touristischen Angaben – aus eigener Kenntnis – klar und übersichtlich darzustellen. Dazu dienen der jeder Tourenbeschreibung angefügte »Tourensteckbrief« und die Kartenskizze, die den Tourenverlauf anzeigt. Das jedem Buch beigegebene *Begleitheft* verwertet die Daten des »Tourensteckbriefes« und die Skizze. Die wichtige optische Information vermittelt mein sorgfältig ausgewähltes Bildmaterial.

Bergrettung – Alpines Notsignal

Auch in Südtirol gibt es einen organisierten Bergrettungsdienst. Bergsteiger, die durch Unfall, Abkommen vom Wege oder Wettersturz in eine Notlage geraten, in der eine Selbst- oder Kameradenhilfe nicht mehr möglich oder ausreichend ist, müssen versuchen, die nächste Meldestelle des Bergrettungsdienstes zu verständigen oder, wenn dies unmöglich

ist, mit dem »Alpinen Notsignal« auf sich aufmerksam machen. Alpenvereinshütten sind meist auch eine durch ein Schild bezeichnete und mit Telefon oder Funk ausgerüstete Meldestelle, auch ein Gasthaus im nächsten Talort, eine Carabinieri-Station oder eine Finanzwache sind Meldestellen. Das »Alpine Notsignal« wird akustisch und optisch, also hör- und sichtbar, gegeben.

Zur *Hilfeanforderung:* sechs Signale in einer Minute in Abständen von je 10 Sekunden, eine Minute Pause, dann Wiederholung.

Zur *Antwort:* drei Signale in einer Minute in Abständen von je 20 Sekunden, eine Minute Pause, dann Wiederholung. Jeder Bergsteiger und Wanderer, der das Notsignal vernimmt, sollte darauf Antwortzeichen geben, außerdem ist er verpflichtet, die nächste Bergrettungsstation zu verständigen. Eine ausreichende Information ist für die Meldestelle wichtig! Dafür sollte man das *Schema der »fünf W«* verwenden:

Was ist geschehen? (Art und Zahl der Verletzten)

Wann ist es passiert? (Zeit des Unglücks)

Wo ist der Verletzte? (genaue Ortsangabe)

Wer meldet? (Personalien)

Wetter im Unfallgebiet (Sichtweite).

Natur- und Umweltschutz

Dem Gedanken des Natur- und Umweltschutzes und den Erfordernissen daraus kommt auch in Südtirol die notwendige Bedeutung zu. Die Regierung der Provinz Bozen hat ein sehr strenges Schutzgesetz für den Bestand der Flora und Fauna erlassen und außerdem durch Gesetz in Südtirol bis jetzt den »Schlern-Naturpark«, den »Naturpark Geisler-Puez« und den »Naturpark Texelgruppe« geschaffen. Der »Nationalpark Stilfserjoch« bedeckt einen Großteil der Ortler-Gruppe und schließt auch Gebiete der Provinzen Trient und Sondrio mit ein. Eine Beschilderung weist an den Zugängen die Naturparke aus, in denen sich der Bergtourist frei bewegen kann, aber nicht zelten, lärmen, Feuer machen und selbstverständlich keine Abfälle hinterlassen darf. Aber auch die nicht durch Gesetz und Tafeln geschützte Gebirgsnatur ruft alle Wanderer und Bergsteiger auf: *Schützt Blumen, Pflanzen und Tiere, laßt keine Abfälle zurück, haltet die Berge sauber!*

Übersicht der Touren nach Schwierigkeiten

Diese Übersicht ordnet die Touren in vier Schwierigkeitsstufen (siehe »Praktische Hinweise«) ein. Die Einstufung erfolgte nach meinen eigenen Erfahrungen in jeder Tour und beschreibt die technische Schwierigkeit im Vergleich der Touren untereinander, unabhängig von eventuellen Führerangaben. Damit der Charakter einer jeden Bergfahrt möglichst deutlich erkennbar ist, habe ich im Tourensteckbrief neben der technischen Schwierigkeit auch die nach meiner Ansicht jeweilige Anforderung an Ausdauer und Bergerfahrung in vier Stufen angegeben. Grundlage für diesen Wert ist vor allem die Höhendifferenz vom Talausgangsort (Parkplatz) oder der Hütte zum Gipfelziel, in Verbindung mit der gegebenen Zeitdauer (1- oder 2-Tage-Tour). Es kann also eine technisch nur »wenig schwierige« Tour auf Grund der Höhendifferenz und der Wegestrecke sehr wohl eine »große Anforderung« verlangen.

Bergsteigen mit Sepp Schnürer

Sepp Schnürer

Dolomiten

Täler, Pässe, Wege, Hütten, Gipfel

Sepp Schnürer hat in Wort und Bild ein außergewöhnliches Buch geschaffen. Auf einer großen Dolomiten-Rundreise führt er durch alle Täler, über Pässe, auf den schönsten Wanderwegen zu bekannten Hütten, zu Gipfeln, Klettersteigen und Höhenwegen. 321 brillante, weitgehend großformatige Farbfotos vermitteln die ganze Faszination dieser herrlichen Bergwelt. Die prägnanten und informativen Texte sind auf die Bilder abgestimmt und stellen alle Täler, Pässe und Gebirgsgruppen eindrucksvoll vor. Touristik-Informationen über Talorte, Hütten, Gipfel, Wanderwege, Höhenwege, Klettersteige, Seilbahnen, Lifte und vieles mehr geben wertvolle Hinweise für Urlaub und Reise. Dieser repräsentative Bildband ist das ideale Geschenkbuch für Bergfreunde und alle Dolomiten-Besucher.

240 Seiten, 321 Farbfotos, 1 farbige Übersichtskarte

Hohe Routen Dolomiten

Auf Normalwegen und Klettersteigen zu 24 Dreitausendern und 42 Zweitausendern

Für den Normalbergsteiger, den Klettersteigfreund und den geübten Wanderer erschließt Sepp Schnürer in seinem 2. »Hohe-Routen-Buch« das Kalkgebirge der Dolomiten. Er führt den Leser in die Geisler- und Puez-Gruppe, zu Langkofel, Sella und Schlern, Rosengarten, Latemar und Marmolata, in die Pala-Gruppe, zu den Pragser Dolomiten, in die Kreuzkofel-Fanis-Gruppe, zu den Sextener, Ampezzaner und Zoldiner Dolomiten und in die Schiara.

223 Seiten, 54 Farbfotos, 2 Schwarzweißfotos, 1 farbige Übersichtskarte

Hohe Routen Ortler – Adamello – Brenta

Zu 68 Dreitausendern westlich der Etsch

Dieses Buch umfaßt lückenlos das für Normalbergsteiger interessante Tourenangebot in der Ortler-, Adamello- und Brenta-Gruppe. Sepp Schnürer beschreibt seine »Hohen Routen« mit der ihm eigenen Genauigkeit und Sorgfalt: 44 Tourentage führen zu 68 Dreitausendern, 11 Zweitausendern und 34 Hütten. Ein besonders informativer Stellenwert kommt – neben den Haupttexten – den zusammenfassenden »Touristischen Angaben« zu. Sie geben zusätzlich Auskunft und Hinweise über Tourenverlauf, Gehzeiten und Hütten. Sepp Schnürer und seine Frau haben sämtliche Touren wieder selbst begangen. In Verbindung mit den schon erschienenen Bänden liegt damit ein Gesamtwerk vor, in dem ein Band den anderen ergänzt – es beinhaltet für den Normalbergsteiger die lohnendsten und schönsten Hochtouren in den Dreitausender-Regionen der Ostalpen!

217 Seiten, 53 Farbfotos, 41 Schwarzweißfotos, 2 farbige Übersichtskarten

BLV Verlagsgesellschaft München

Kombi-Bergsteigerbücher von Sepp Schnürer

BLV Kombi-Bergsteigerbuch
Sepp Schnürer

Südtirol zwischen Bozen und Sexten

Bergwandern und Bergsteigen

Dieser erste Band »Südtirol zwischen Bozen und Sexten« beschreibt die Tourenparadiese im östlichen Südtirol: Tuxer Kamm, Zillertaler Hauptkamm, Westliche Venediger-Gruppe und Rieserferner-Gruppe, Pfunderer Berge, Sextener und Pragser Dolomiten, Kreuzkofel-Fanes-Gruppe, Geisler-Puez-Gruppe, Sella, Langkofel, Schlern, Rosengarten, Latemar und Eggentaler Berge.
56 Tourenvorschläge führen auf Normalrouten und Wanderpfaden zu 25 Dreitausendern- und 56 Zweitausender-Gipfeln, zu bekannten und unbekannten Bergen. Der präzise, informative Text ist geprägt von Sepp Schnürers Erfahrung, die er auf seinen Touren sammeln konnte, und die dieses Tourenbuch zu einem zuverlässigen und interessanten Führer durch die Bergwelt gemacht hat.

158 Seiten und 71 Seiten Kurzführer, 111 Farbfotos, 26 Tourenskizzen

BLV Kombi-Bergsteigerbuch
Sepp Schnürer

Klettersteige Dolomiten—Brenta

In diesem Buch stellt Sepp Schnürer aktuell in Wort und Bild 55 Klettersteige in den Westlichen und Östlichen Dolomiten sowie in der Brenta-Gruppe vor. Neben den präzisen Beschreibungs- und Informationstexten beinhaltet das Buch auch allgemein Wissenswertes über die Klettersteige und die jeweilige Gebirgsgruppe. Das Begleitheft in Taschenformat zum Mitnehmen bietet eine Kurzfassung der Routenbeschreibungen sowie eine Wiederholung aller Kartenskizzen.

160 Seiten und 72 Seiten Kurzführer, 125 Farbfotos, 32 Tourenskizzen, 2 Übersichtskarten

BLV Kombi-Bergsteigerbuch
Sepp Schnürer

Zillertaler Alpen— Stubaier Alpen

Bergsteigen und Bergwandern

70 sorgfältig ausgewählte Tourenvorschläge führen den Bergwanderer und den Bergsteiger vom Tal zur Hütte, von Hütte zu Hütte, zu berühmten Gipfelzielen, aber auch zu manch einsamem Berg weit abseits der Moderouten: zu insgesamt 44 Hütten, 51 Zweitausendern und 41 Dreitausendern. Aktuelle Aufnahmen und informativer Text zeigen und beschreiben die Zillertaler Gründe mit der Reichenspitzgruppe, den Zillertaler Hauptkamm vom Großen Löffler zum Großen Möseler, das Tuxer Eisgebirge mit Olperer, die Tuxer Voralpen mit Rastkogel und Lizum, das Stubai mit Zuckerhütl, Wildem Freiger, Habicht, Serles, Kalkkögel sowie die Franz-Senn-Hütte mit ihrem Gipfelkranz und den Sellrainer Bergrahmen.

160 Seiten und 80 Seiten Kurzführer, 141 Farbfotos, 30 Tourenskizzen, 2 Übersichtskarten

BLV Kombi-Bergsteigerbuch
Sepp Schnürer

Hohe Tauern

Bergsteigen und Bergwandern

Hier behandelt Sepp Schnürer den großartigen Bergraum der Hohen Tauern: Ankogel-, Hafner-, Reißeck-, Kreuzeck-, Goldberg-, Sadnig-, Schober-, Glockner-, Granatspitz- und Venediger-Gruppe, Lasörlingkamm, Defereggen Alpen und Rieserferner-Gruppe.
66 sorgfältig ausgewählte Touren führen den in Eis und Urgestein erfahrenen Bergsteiger und den geübten Bergwanderer auf Normalrouten zu 46 Zweitausendern und 57 Dreitausendern. Auch der Hüttenwanderer kommt auf seine Kosten: 50 Hütten werden mit Talorten und Zugängen beschrieben.

160 Seiten und 80 Seiten Kurzführer, 93 Farbfotos, 41 Tourenskizzen, 1 Übersichtskarte

BLV Verlagsgesellschaft München